BIBLIOTHÈQUE DES CONNAISSANCES UTILES

CANARDS
OIES ET CYGNES

PALMIPÈDES DE PRODUIT
D'ORNEMENT ET DE CHASSE

BLANCHON. — Canards, oies et cygnes.

LIBRAIRIE J.-B. BAILLIÈRE & FILS

Traité de zootechnie générale par Ch. CORNEVIN, professeur à l'Ecole vétérinaire de Lyon. 1891, 1 vol. gr. in-8 de 1,088 pages, avec 204 figures.................................. 22 fr.

Traité de zootechnie spéciale. Les oiseaux de basse-cour, par Ch. CORNEVIN. 1895. 1 vol. gr. in-8, 300 pages, avec 116 fig. et pl. color........................ 8 fr.

Traité de l'âge des animaux domestiques, d'après les dents et les productions épidermiques, par Ch. CORNEVIN et X. LESBRE, professeurs à l'Ecole vétérinaire de Lyon. 1896, 1 vol. gr. in-8 de 462 pages, avec 211 fig...................... 15 fr.

Les oiseaux de parcs et de faisanderies, par Remy SAINT-LOUP. 1895, 1 vol. in-18 jésus, 350 p., avec 100 fig., cart. 4 fr.

Les oiseaux de basse-cour, par Remy SAINT-LOUP. 1895, 1 vol. in-18 jésus de 350 pages, avec 100 fig., cart........ 4 fr.

L'amateur d'oiseaux de volière, par Henri MOREAU. 1891, 1 vol. in-18 jésus 432 p., avec 51 fig., cart. (*Bibl. des conn. utiles*)... 4 fr.

Les animaux de la ferme, par E. GUYOT, 1 vol. in-18 jésus de 344 pages, avec 146 fig., cart. (*Bibl. des conn. utiles*). 4 fr.

Mémoire sur la structure intime du foie et sur la nature de l'altération connue sous le nom de foie gras, par A. LEREBOULLET, in-4, avec 4 pl. col.................... 7 fr.

Les Oiseaux, par A.-E. BREHM. Edition française par Z. GERBE, 2 vol. gr. in-8 de 1697 p., avec 428 fig...... 24 fr.

La Vie des Oiseaux, par D'HAMONVILLE. 1890, 1 vol. in-16 de 400 p., avec 18 pl. (*Bibl. scient. contemp.*)........ 3 fr. 50

Les oiseaux utiles, par TROUESSART. 1892, 1 vol. in-4 avec 44 planches col. par Léo-Paul ROBERT, cartonné...... 35 fr.

Faune ornithologique de l'Europe occidentale, par OLPHE-GAILLARD. 1895, 4 vol. in-8..................... 50 fr.

Les Oies, par OLPHE GAILLARD. 1896, in-8, 116 p...... 3 fr.

Les Canards, par OLPHE GAILLARD. 1896, in-8, 213 p. 6 fr.

Les Cygnes, par OLPHE GAILLARD. 1896, in-8, 21 p..... 1 fr.

Pêches et Chasses zoologiques, par le marquis de FOLIN. 1893, 1 vol. in-16 de 332 p., avec 117 fig (*Bibl. scient. contemp.*).. 3 fr. 50

Traité de zoologie agricole et industrielle, par P. BROCCHI, professeur à l'Institut agronomique. 1 vol. gr. in-8 de 984 pages, avec 603 figures, cart............................ 18 fr.

Aide-mémoire de zoologie, par le professeur Henri GIRARD. 1894 1 vol. in-18 de 312 pages, avec 90 fig., cart...... 3 fr.

Traité élémentaire de zoologie, par Léon GÉRARDIN, professeur à l'école Turgot. 1893, 1 vol. in-8 avec 500 fig. 6 fr.

H. L. ALPH. BLANCHON

CANARDS, OIES ET CYGNES

PALMIPÈDES DE PRODUIT

D'ORNEMENT ET DE CHASSE

Avec 73 figures intercalées dans le texte

INSTALLATION, NOURRITURE,
INCUBATION, ÉLEVAGE, ÉJOINTAGE, MALADIES,
TRANSPORT DES OISEAUX ET DES ŒUFS
ACQUISITION DES OISEAUX
ESPÈCES, RACES ET VARIÉTÉS

PARIS
LIBRAIRIE J.-B. BAILLIÈRE ET FILS
19, RUE HAUTEFEUILLE, PRÈS DU BOULEVARD SAINT-GERMAIN

1896
Tous droits réservés

CANARDS, OIES ET CYGNES
PALMIPÈDES DE PRODUIT, D'ORNEMENT ET DE CHASSE

INTRODUCTION

Depuis que l'Aviculture est en vogue, de nombreux traités sur cette matière ont surgi ; néanmoins l'amateur qui désire s'occuper d'oiseaux aquatiques ne trouvera dans ces ouvrages que peu de renseignements utiles, à moins que ce ne soit sur les oies et canards domestiques.

Pour les Cygnes, les Oies sauvages, les Bernaches et autres Canards, à part les quelques lignes que leur consacrent quelques traités de faisanderie, l'éleveur est obligé de compulser les diverses revues et plus spécialement le *Bulletin de la Société d'Acclimatation* pour y consulter les travaux de MM. de Montlezun, Rogeron, Courtois, marquis de Brysay, etc., ou de traduire les articles anglais de MM. Sclater, Gould, etc., ainsi que le livre de madame R. Hubbard.

Nous avons cru faire œuvre utile en analysant

dans les pages qui vont suivre les articles susmentionnés et en les réunissant au peu de notre savoir personnel pour écrire un ouvrage traitant de la presque totalité des oiseaux aquatiques qui peuvent intéresser l'amateur.

Nous n'insisterons pas ici sur l'importance de cette éducation, ni du produit des palmipèdes de basse-cour, il y a là une source de revenu constant pour la ferme plus rapide qu'avec les autres animaux, et à l'appui de ce dire nous renvoyons le lecteur aux élevages d'oies en Alsace et à Toulouse et de canards dans le midi de la France.

Quant aux oiseaux d'ornement ils peuvent devenir une source de produits, et comme preuve nous citerons la communication suivante de M. Courtois à la Société d'Acclimatation qui démontrera les bénéfices que peut rapporter la réussite des espèces rares.

« Je crois vous être agréable en vous donnant les résultats que j'ai obtenus avec une cane de Paradis, que vous m'avez cédée le 7 février 1875 au prix de 400 fr. la paire. Je vous ai livré :

En 1876,	4 mâles à 80 fr.	320 fr.	
	2 paires à 250 fr.	500	1,095
	1 paire à M. Cronau	275	
En 1877,	10 paires à 250 fr.		2,500

En 1878, 3 mâles à 75 fr.   225 ⎫
         8 femelles à 75 fr. 600 ⎬ 825
En 1879, 10 mâles et femelles à 45 fr.   450
En 1880, 8 mâles et femelles   320 fr. ⎫
A des étrangers, 2 paires à 90 fr. 180 ⎬ 500

« En résumé cet oiseau remarquable a donné.

En 1876 .... 1,095 fr.
En 1877 2,500
En 1878 825
En 1879 450
En 1880 500
En 1881 .... »
En 1882 .... »
En 1884 100
          Total...... 5,470 fr.

« Ce chiffre dispense de commentaires. »

Si ce livre, en faisant connaître les splendeurs et les avantages des charmants oiseaux dont nous nous occupons et dont on peut facilement orner pelouses et pièces d'eau, peut amener quelque nouveau prosélyte à l'aviculture et être de quelque utilité à ceux qui s'occupent déjà des palmipèdes, nous nous croirons largement récompensé de nos peines.

H.-L. ALPH. BLANCHON

La Beaume-Cornillanne, par Montmeyran (Drôme)
Décembre 1895.

PREMIÈRE PARTIE

INSTALLATION.— NOURRITURE.— ÉLEVAGE.— MALADIES.— TRANSPORT

CHAPITRE PREMIER

INSTALLATION

Beaucoup de personnes hésitent à tenter l'élevage des oiseaux aquatiques de profit ou d'ornement, croyant qu'il est nécessaire pour réussir d'avoir à sa disposition une pièce d'eau ou un bassin de quelque étendue.

Cette crainte est erronée, et si, dans l'éducation de quelques grands oiseaux, un lac est préférable à une simple mare, cette dernière est la plupart du temps suffisante et même superflue dans certains cas, comme pour l'élevage de l'oie, du canard mulet (qui se passent volontiers complètement d'eau) et de ces nombreuses et charmantes petites variétés de canards, mandarins, carolins et autres, que l'on peut garder et faire reproduire dans une volière ou dans un parquet à faisans, avec un baquet ou bain-de-pied pour toute pièce d'eau.

L'installation diffère selon le but que l'on se propose et les moyens que l'on a à sa disposition.

Basse-cour. — Veut-on élever des oiseaux de produit, la basse-cour est suffisante, pourvu qu'elle contienne un trou boueux rempli d'eau, une petite mare, pour permettre aux canards, — si l'on ne s'adonne pas exclusivement aux canards mulets et aux oies, — de venir y barbotter.

Un bassin de plus grandes dimensions, un ruisseau d'une certaine largeur serait évidemment préférable, surtout parce qu'il constituerait une notable économie dans la nourriture.

Les canards, passant la plus grande partie de la journée à barbotter dans l'eau et à y chercher une nourriture animale qu'ils trouvent en abondance dans un parcours un peu étendu, réclament des distributions moins fréquentes et moins abondantes que ceux qui ne peuvent trouver cette alimentation supplémentaire.

Habitation. — L'habitation des Palmipèdes est aussi des plus simples.

Oies et canards peuvent être logés dans le même local que les autres oiseaux de basse-cour, mais il est pourtant préférable qu'ils soient isolés avec des entrées particulières.

Dans la basse-cour, pour que chaque espèce de volaille puisse recevoir les soins spéciaux qu'elle nécessite, le logement devrait être subdivisé en autant de parties que l'on a d'espèces; si l'emplacement est petit, ces diverses parties peuvent être superposées, mais dans ce cas oies et canards doivent occuper les cases inférieures.

Comme ces oiseaux ont besoin d'un courant d'air pour les rafraîchir pendant la nuit, il est bon de faire aux extrémités opposées de chaque pièce deux ouvertures disposées vis-à-vis l'une de l'autre et fermées de volets. Afin de maintenir une température plus chaude en hiver, on fermera les volets ; pour interdire l'accès de l'habitation aux chats, renards, belettes ou fouines, les fenêtres seront garnies d'un fin grillage.

On devra, pour construire le poulailler, choisir une exposition chaude l'hiver et fraîche l'été, de manière à ce que oies et canards trouvent leur logement agréable et ne soient pas tentés de le déserter pour aller coucher à l'aventure.

La meilleure exposition est celle du levant, de manière à être abritée des vents froids et humides et recevoir les rayons bienfaisants du soleil du matin que tous les oiseaux adorent. Le midi serait trop chaud ; le soleil darde pendant de longues heures sur les prisonniers et les épuise.

Une grande propreté est de toute nécessité ; le sol sera garni d'une abondante litière de paille, que l'on changera souvent ; une fois par an, tout le local sera blanchi à neuf au lait de chaux et de temps en temps après avoir fait sortir les habitants et bien bouché les ouvertures, on procédera à de bonnes fumigations de soufre, qui détruiront et les microbes et les insectes parasitaires.

La meilleure clôture des parquets est le grillage galvanisé d'une maille de 22 millimètres, qui empêchera l'entrée des moineaux, ces impudents maraudeurs. On aura, pour le faire ressortir à l'œil, le soin de peindre ce grillage en vert foncé, jamais en couleur claire ; ceci est absolument recommandé par tous les

Fig. 1. — Volière-omnibus (Leroy et Lagrange).

éleveurs et empêche les oiseaux de se précipiter violemment contre un obstacle qu'une couleur claire rend moins visible.

Si l'on veut élever des canards d'ornement et si l'on ne se contente pas des petites espèces, on devra, si l'on n'a pas de pièce d'eau à sa disposition, pratiquer l'élevage en volière (fig. 1 à 4).

Fig. 2. — Volière-faisanderie (Voitellier).

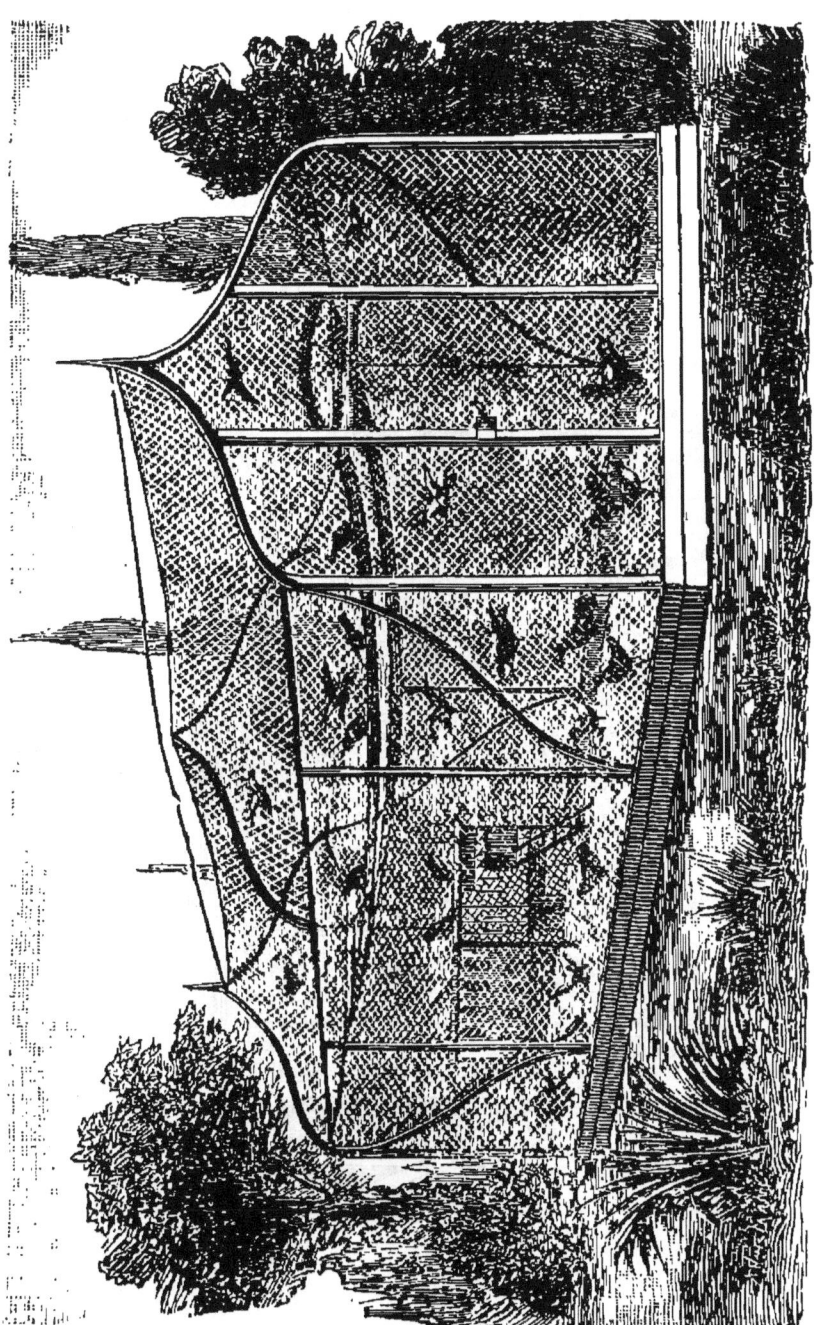

Fig. 3. — Volière toute en fer (Voitellier).

Pour la forme et la construction des volières, l'amateur n'aura qu'à suivre son goût; nous représentons ici quelques modèles qui conviendront à toutes les bourses.

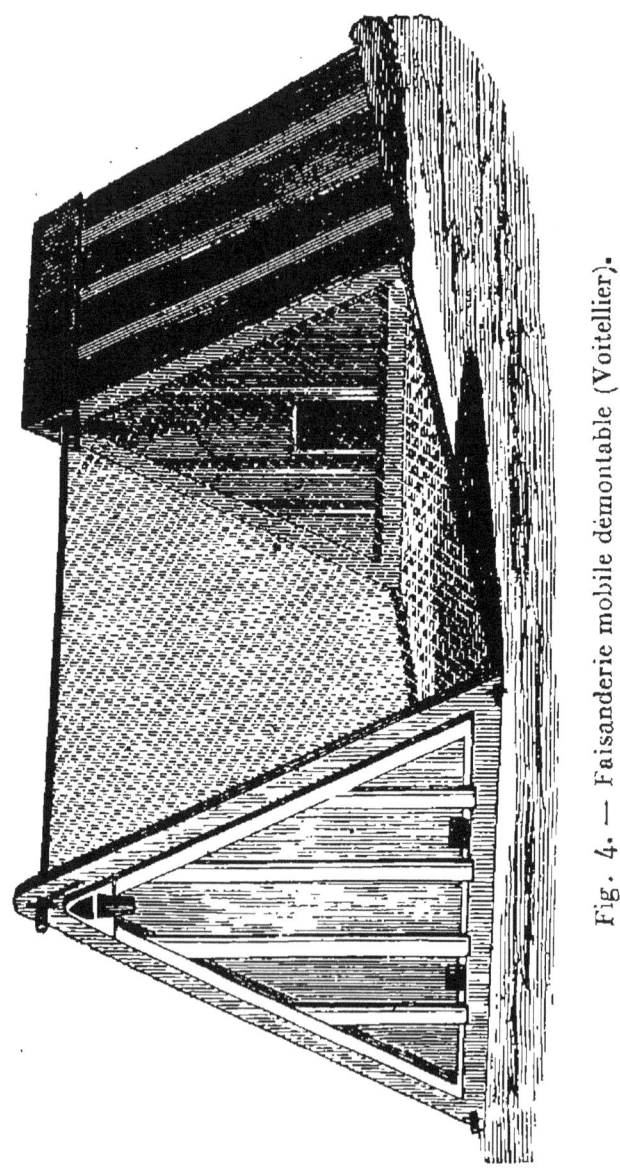

Fig. 4. — Faisanderie mobile démontable (Voitellier).

C'est d'abord la volière-omnibus de Leroy et Lagrange (fig. 1).

La volière-faisanderie, couverte en filet métallique d'un seul morceau et sans couture, de Voitellier (fig. 2).

La volière toute en fer, avec grillage à simple torsion, de Voitellier (fig. 3).

Enfin la faisanderie mobile et démontable de toutes pièces avec parc recouvert d'un filet métallique, de Voitellier (fig. 4).

Le sol sera complanté de petits arbustes de buissons qui permettront aux oiseaux de se cacher et de faire à l'ombre leur sieste pendant la chaleur du jour; il sera garni de sable et de fin gravier de rivière.

On garnira certains endroits de rocailles autour desquels l'on plantera des buissons et des arbres verts, ce seront d'excellents coins où les femelles viendront pondre.

Bassin. — Un bassin en ciment ou en zinc comme en vendent les marchands d'appareils d'élevage sera placé au centre; mais il est de toute importance de pouvoir le vider facilement et renouveler l'eau. Chaque amateur aura vite trouvé la disposition la plus pratique, suivant le cas où il aura un filet d'eau permanent, une source ou qu'il sera obligé d'amener l'eau d'un réservoir, ou encore de la transporter dans un arrosoir.

Une double pente (fig. 5), pour l'accès et pour la sortie du bassin, permet aux canetons de circuler facilement et il n'y a aucun danger de les voir se noyer, comme cela arrive souvent, même dans les bassins les plus plats.

Fig. 5. — Bassin pour canetons (Voitellier).

Une assez bonne précaution est de garnir de ciment ou de béton les alentours du bassin, cela empêchera les canards de labourer avec leur bec la terre et de faire une boue qui salirait promptement l'eau du bassin.

Derrière cette pièce d'eau en miniature on élèvera une sorte de monticule en terre de 1 mètre de haut environ, un buisson en garnira le sommet, ce sera le lieu de prédilection des mandarins et des carolins qui pourront surveiller les alentours; un vieux tronc d'arbre remplirait le même but.

Pièce d'eau. — Plus fortuné l'amateur qui pourra avoir à sa disposition un grand bassin ou une pièce d'eau; il pourra tenter l'élevage de tous les oiseaux aquatiques, à l'exception pourtant de quelques espèces réfractaires qui demandent de vastes étendues qui leur rappellent la liberté perdue et des grandes variétés de cygnes dont la grosse taille demande un parcours plus vaste.

Nous allons esquisser en quelques traits un modèle d'installation, où cygnes de petite taille, bernaches, oies et canards se plairont à merveille et auront de nombreuses chances de reproduction.

Cette installation est des plus faciles et des plus modestes, car à la campagne tout le monde à peu près peut disposer d'une source, d'un ruisseau permettant d'établir une pièce d'eau d'une cinquantaine de mètres de long sur douze de large. Cet espace restreint est suffisant pour un grand nombre d'habitants.

Il est certain que la nourriture que les oiseaux trouveront en barbottant sera vite épuisée et que tous les animalcules, insectes, vers, mollusques que les canards et autres oiseaux aquatiques recherchent à l'état de nature disparaîtront rapidement.

Mais on les remplacera par une nourriture animale dont on pourrait faire l'économie avec un parcours plus étendu.

Avec de la propreté, des soins, une nourriture abondante, les dimensions indiquées plus haut sont donc suffisantes.

La profondeur, de 30 centimètres au commencement, ira en augmentant jusqu'à 1^m 20 au minimum. Les bords seront tantôt complantés de roseaux ou d'autres plantes aquatiques, tantôt complètement nus; les uns seront au niveau de l'eau, les autres surplomberont d'une soixantaine de centimètres pour permettre aux canards de *piquer une tête*.

Un sentier, profondément garni de gravier, suit les bords de l'eau, car si on laissait l'herbe venir jusqu'au bord les canards l'auraient vite broutée et, labourant la terre avec leurs becs, ils changeraient rapidement les endroits gazonnés le long de l'eau en espaces sales et boueux, ce qui serait d'un effet des plus disgracieux.

Une île garnie de roseaux et de buissons sera un endroit de prédilection pour toute la bande.

Non loin du bassin, on placera une maisonnette garnie de foin ou bien un panier, suivant les espèces, pour les inviter à venir y faire leur nid; ils accepteront quelquefois ces prévenances, mais pas toujours, et iront souvent nicher dans un autre endroit.

Cabanes et Maisonnettes. — Sur le bord exposé

au soleil levant au milieu des roseaux, des touffes d'arbrisseaux, tout près de l'eau, on établira les abris, les cabanes, les maisonnettes de formes variées, les unes en bois rustique garnies de chaume (fig. 6), les autres peintes et bariolées de plusieurs couleurs (fig. 7, 8, 9, 10 et 11).

Fig. 6. — Hutte en paille pour la ponte des canards, oies, etc. (Lagrange).

Leurs dimensions seront appropriées à la grosseur des espèces à qui elles sont destinées. Un bon modèle, construit en bois blanc, a 30 centimètres de haut, 50 de long et 40 de large; il est sans fond, car presque tous les oiseaux aquatiques préfèrent déposer leurs œufs sur la terre plutôt que sur un plancher. On garnira l'intérieur de paille, de feuilles, de duvet.

D'autres maisonnettes, montées sur quatre pieds, seront placées au milieu de l'eau à quelque distance du bord.

Des abris sans côtés (fig. 12), formés par un toit soutenu par quatre montants, seront mis à la dispo-

Fig. 7. — Cabane à canards et à cygnes (Voitellier).

sition des cygnes et autres oiseaux qui ne supportent pas d'être enfermés et veulent voir de tous les côtés.

Enfin, cachés au milieu des herbes et des roseaux, on placera des pots profonds en terre vernissée, des conduites d'eau en terre d'un diamètre suffisant pour en permettre l'entrée aux canards, des paniers en forme de bouteille pareils, en plus grand, à ceux dont on se sert au billard pour distribuer les billes. Il est prudent d'entourer la pièce d'eau et la partie

Fig. 8. — Cabane à canards (Bouchereaux-Lemaire).

Fig. 9. — Cabane à canards (Bouchereaux-Lemaire).

de pelouse que l'on destinera aux oiseaux d'un grillage de hauteur suffisante pour arrêter les chiens et autres animaux et de mailles assez fines pour empêcher les

Fig. 10. — Cabane à canards et à cygnes pour pièces d'eau ou pelouses (Lagrange).

canards de la plus petite espèce de passer au travers.
Une bonne précaution sera aussi de diviser par un

grillage (allant jusqu'au fond de l'eau) la pièce d'eau et la pelouse afin de pouvoir séparer les petites des grosses espèces.

On peut réduire de beaucoup l'espace destiné aux

Fig. 11. — Cabane à canards ou à cygnes (Arnoult-Roullier).

petites variétés et n'en faire qu'une sorte de refuge en perçant dans le grillage des trous d'assez petites dimensions pour en empêcher le passage aux grosses espèces. De cette manière on ne diminue pas de beaucoup le parcours destiné à ces dernières et les petites races peuvent jouir de toute l'étendue de la pièce d'eau, trouvant derrière le grillage un abri s'ils

Fig. 12. — Abri à cygnes (Lemaire).

sont attaqués ou poursuivis par des adversaires plus gros qu'eux.

Habitation d'hiver. — A la fin d'octobre, on voit plusieurs espèces délicates, surtout si elles sont nouvellement importées, se tenir penchées sur une seule patte, l'air misérable, leurs becs, leurs yeux perdant leurs couleurs brillantes. C'est le moment de les rentrer et on les transportera dans une pièce chaude, un des compartiments du poulailler par exemple, de grandeur suffisante avec de larges ouvertures et le sol garni de paille. Cette pièce communiquera par une ou deux trappes avec un petit enclos grillagé bien exposé au soleil. Cet enclos, soigneusement gazonné, aura à l'une de ses extrémités un bassin de dimensions restreintes, mais assez profond et assez grand pour permettre aux oiseaux de se baigner et de nager un peu ; durant le milieu du jour, on ouvrira les trappes et on laissera les reclus vaquer sur le gazon et barbotter à leur aise dans le bassin ; mais dès les premières atteintes de la fraîcheur du soir, il faut les renfermer dans la pièce où ils passeront la nuit ; heureusement qu'en France et surtout dans le Centre et le Midi les Palmipèdes qui réclament ces soins sont bien rares ; il n'y a guère que les espèces nouvellement importées des pays chauds qui réclament ces soins.

Parc. — Maintenant, si vous avez la bonne fortune d'avoir un parc avec une véritable pièce d'eau, point n'est besoin d'avoir autant de soins des oiseaux aquatiques qui égaieront vos eaux.

Disposez le long des bords ou dans les îlots des cabanes, des abris cachés dans les buissons, lâchez vos palmipèdes éjointés par précaution, donnez-leur chaque jour une distribution et ne vous en inquiétez pas davantage.

Malgré les pertes que vous feront subir les renards ou les chiens (elles ne seront pas grandes, car vos oiseaux, recouvrant à peu près la liberté, reprendront leur méfiance et leur prudence innées), vous obtiendrez les plus beaux succès, vous réussirez avec les espèces réputées les plus difficiles.

Un grand point pour élever avec facilité des palmipèdes, c'est d'en avoir un grand nombre, les oiseaux aquatiques aiment absolument la société et il vaut mieux mettre ensemble les petites espèces avec les grosses, pourvu qu'ils aient un peu d'espace, plutôt que de ne pas les réunir du tout; ils feront bande à part, c'est vrai, mais à petite distance : ils sauront chacun que les autres sont là : cela suffit.

C'est M. de la Blanchère (1) qui donne ce judicieux conseil et avec lui encore nous partagerons les idées de Toussenel quant à la question de domestication possible de tous les canards utiles à des points de vue divers, soit chair, soit plume, soit beauté et nous lui emprunterons les lignes suivantes empreintes d'un cachet frappant de vérité:

« C'est dans l'étude intéressante des mœurs du genre canard, dit-il, que nous trouverons la première application de ce magnifique aphorisme d'analogie passionnelle :

« Le granivore est ami de l'homme qui fait venir les grains. On n'ignore pas que la plupart des bêtes ralliées à l'homme, à quelque ordre qu'elles appartiennent, l'éléphant comme le chameau, le cheval

---

(1) De la Blanchère, *Manuel d'acclimatation*.

comme la brebis, la vache, le lapin, le porc, la volaille, sont unanimes à confesser que leur attachement pour l'homme leur est venu principalement de l'amour de celui-ci pour les dons de Cérès. L'amour du pain a été le commencement de la sagesse pour les espèces dociles, et il n'y a pas jusqu'aux espèces les plus carnivores et les plus rebelles par nature à la frugivorie, comme le chien et le chat, que l'homme n'ait pliées à ses propres appétits par la puissance lénitive du pain. Ce phénomène jette un grand jour sur la loi des rapports moraux de l'homme et de la bête.

« Mais l'amour du pain ne suffit pas dans la rémipédie (Palmipèdes), pour constituer la pleine condition de domesticabilité ; il faut que le rémipède cumule encore avec cette disposition la solidité des chaussures. Il est presque impossible de rallier l'oiseau nageur qui ne peut pas marcher sur le gravier sans se blesser.

« Le cygne, l'oie et le canard, qui sont les espèces rémipèdes le plus anciennement ralliées à l'homme, ne doivent cet avantage et cet honneur qu'à la supériorité de leur chaussure. Il y a des siècles que l'homme eût domestiqué toutes les autres espèces, n'eût été l'impossibilité de leur faire une existence tolérable en terre ferme. Beaucoup de ces espèces, et des plus estimables sous le rapport de la beauté, du plumage et de la bonté de la chair, ont tentés d'imiter l'exemple du canard; mais une excoriation rapide des doigts et des membranes qui leur rend, au bout de quelques instants, la marche et la station douloureuses les a toujours contraints de renoncer à la tentation. Tous les Palmipèdes de l'ancien groupe des lamellirostres peuvent être domestiqués, mais à la condition préalable que la basse-cour sera transformée en bassin de neptune et que les eaux de cette pièce ne gèleront jamais. »

CHAPITRE II

NOURRITURE

Blé, orge, maïs. — La meilleure nourriture, d'après l'avis de la plupart des éleveurs, est, pour la généralité des oiseaux aquatiques, un mélange de blé, orge, sarrasin, avec un supplément de maïs et de chanvre pour les sujets nouvellement importés.

Les pâtées farineuses sont aussi fort appréciées par tous ces oiseaux ; malheureusement elles sont vite éparpillées sur le gazon et s'y aigrissent rapidement.

Le pain jeté à l'eau est une friandise et apporte de la variété dans l'alimentation.

Pommes de terre. — Les pommes de terre bien bouillies, chaudes et mélangées avec un peu de farine, constituent une bonne nourriture pour les oies et les grosses espèces de canards.

Verdure. — Il ne faut pas oublier la verdure, qui est si nécessaire aux Palmipèdes et à moins qu'il n'y ait abondance d'herbes ou autres plantes à la disposition des oiseaux, il faut leur en distribuer de bonnes brassées et les jeter à l'eau ainsi que toutes espèces de salades, laitues, chicorées, etc.

Nourriture animale. — Il ne faut pas omettre, avec quelques espèces, les Tadornes et Casarkas, par exemple, les distributions de nourriture animale : vers, escargots, dont on a préalablement cassé la coquille; limaces, chrysalides si communes dans nos contrées séricicoles sont les bien venues ; lorsque l'appétit des variétés, introduites depuis peu, se ralentit, il est bon de leur donner des morceaux de viande bouillie retirée du pot au feu.

Fig. 13. — Mangeoire submersible.

Mangeoire. — Nous ferons remarquer à ce propos l'utilité d'une mangeoire submersible en zinc, munie d'un long manche (fig. 13). Elle se place sous l'eau très facilement au moyen du manche planté en terre sur la rive et cela à la profondeur que l'on veut;

elle offre ce double avantage que le grain est à l'abri des oiseaux et rongeurs terrestres et qu'il trempe dans l'eau, ce qui est très favorable aux oiseaux aquatiques.

On peut aussi mettre à la disposition des Palmipèdes un abreuvoir comme celui qui sert aux poules (fig. 14).

Fig. 14. — Abreuvoir syphoïde hygiénique à trois augettes en fonte de fer (Lagrange).

Régularité dans la nourriture. — La régularité dans la nourriture, tant au point de vue de l'heure des distributions que de la quantité, est une des choses les plus importantes et c'est à l'amateur de décider selon ses convenances particulières s'il donne les repas en deux ou trois fois par jour, ou s'il met le matin à la disposition de ses pensionnaires une nourriture suffisante pour la journée.

Une très bonne habitude est de siffler d'une certaine manière toutes les fois que l'on vient auprès des oiseaux, soit pour leur apporter leur nourriture, soit pour toute autre chose. On se fait ainsi reconnaître de loin et l'on n'effraye point ses élèves.

Régime. — Telle est en général la nourriture la plus propre aux oiseaux dont nous nous occupons.

Mais il est de toute importance que l'éleveur connaisse les mœurs de ses pensionnaires en liberté et qu'il remarque si, comme les Céréopses, indifférents à l'eau, ils passent leur temps sur terre à brouter, ou si, comme les Bernaches, ils se nourrissent de reptiles, de mollusques ou d'herbes aquatiques; il faut qu'il sache s'il a affaire avec des variétés qui plongent et prennent leur nourriture sous l'eau ou qui ne la prennent qu'à la surface.

Ces remarques, avec l'expérience, pourront changer du tout au tout le régime et seront le meilleur guide pour ces cas particuliers.

Du reste, dans chaque monographie, nous nous efforcerons de faire ressortir ces caractères et nous indiquerons les changements à la nourriture générale que nous venons d'indiquer.

CHAPITRE III

INCUBATION

Ponte des œufs. — La tranquillité est une chose des plus essentielles pour obtenir la reproduction des Palmipèdes; l'éleveur ne peut espérer visiter à chaque instant le nid d'une Bernache ou d'un Mandarin comme si c'était celui d'une poule de son poulailler; pour peu que les œufs soient touchés, les environs du nid dérangés, les canards n'hésiteront pas à tout abandonner.

L'amateur aura bien placé auprès de l'eau des maisonnettes, des nids bien garnis de paille et de duvet, mais souvent la cane ne fera pas de cas de ces intentions et ira déposer ses œufs sous un buisson ou dans un coin caché. Laissez-la faire; si vous craignez que l'endroit soit découvert, abritez-le avec des claies garnies de paille, avec des paillassons, mais ne vous avisez pas de changer le nid de place.

Les œufs sont pondus; l'éleveur est embarrassé: laissera-t-il ses œufs à la mère ou les fera-t-il couver par une poule ou une dinde ? ou bien encore usera-t-il d'un incubateur ?

Incubation par la mère. — Il est peut-être plus prudent d'enlever les œufs à la cane; — on a ainsi la chance de voir se produire une deuxième ponte.

Toutefois si l'endroit est bien clos, si la mère

montre un vif désir de couver (ces espèces réclament absolument cette lourde tâche, comme les cygnes par exemple), il ne faut point hésiter dans ces cas et nous n'avons rien à conseiller, si ce n'est de laisser faire la mère et tout ira mieux que si l'on s'en mêlait, la nature dirigera et s'acquittera bien de la tâche ; mettre plusieurs fois par jour à la disposition des jeunes les pâtées qui leur conviennent est la seule intervention nécessaire.

Certaines variétés de Canards nichent sur les arbres ou autres endroits élevés ; — on a vu des Mandarins nicher dans le chaume ou les chenaux de maisons environnant leur parc, d'autres choisir pour y établir leur nid des cages à pigeon. — Dans ce cas, lorsque le nid ne surplombe pas l'eau, il faut avoir le soin au moment de l'éclosion de garnir le sol d'une épaisse couche de paille, car les jeunes en sautant du nid, ne rencontrant pas la nappe liquide, ne manqueraient pas de s'assommer.

Si cela est possible, on fera bien aussi d'entourer à l'aide de panneaux mobiles en grillage le nid et la mère au moment de l'éclosion ; l'on empêchera ainsi les jeunes d'aller de suite à l'eau, mais cela n'est pas toujours faisable et l'on est obligé de tolérer aux jeunes l'accès de la pièce d'eau, car la majeure partie des canes ne supportent ni la réclusion, ni les boîtes à élevage.

Les œufs que l'on a retirés aux parents peuvent être confiés soit aux dindes et aux poules, soit aux incubateurs artificiels.

Dindes couveuses. — Les dindes sont d'excellentes couveuses, très utiles pour des œufs de dimension supérieure à ceux des poules.

Rien n'est plus facile que de forcer une dinde à couver. — On prend une dinde élevée en liberté et nullement préparée au rôle qu'elle doit remplir. On la place dans une caisse ou un panier muni d'un couvercle et garni de paille. Le couvercle doit être assez bas pour empêcher la dinde une fois renfermée de se tenir debout. Tous les matins, elle a un quart d'heure de liberté pour manger, puis elle est réintégrée dans son étroite prison; au bout de quelques jours, elle commence à s'habituer à son nouveau rôle. On lui met alors quelques œufs artificiels ou même de simples pierres de la forme d'œufs, elle prend alors des allures de couveuse et se décide à couver pour de bon. Le couvercle est alors supprimé et elle reçoit les œufs. Ces préparatifs demandent une quinzaine de jours, ils réussissent généralement.

Une fois qu'elles se sont décidées à couver, les dindes peuvent faire sans interruption plusieurs couvées : quatre ou cinq généralement; si l'on en a mis couver plusieurs à la fois, l'éclosion arrivée, une seule mère conduit tous les jeunes et les autres recommencent une nouvelle incubation. On peut donc faire attendre pendant plus d'un mois une dinde sur des œufs artificiels afin de pouvoir lui confier des œufs, dès la ponte dont on ne peut prévoir le moment exact chez les oiseaux aquatiques.

Poules couveuses. — Il existe diverses opinions

sur le choix de la race de poules destinées à couver des œufs de Palmipèdes, mais il est évident que l'on doit prendre une couveuse de taille convenable et mauvaise pondeuse afin qu'elle reste le plus longtemps possible avec les jeunes. Les Brahma, les Langshan feront très bien pour les gros œufs, les Dorking, les Wandyottes pour les moyens, et quant aux petits les Négresses sont très recommandables et sont sans aucun doute d'excellentes mères. M. Vekemans, l'habile directeur du jardin zoologique d'Anvers, recommande pour l'élevage des petits canards les Négresses croisées qui sont de bonnes couveuses, de bonnes mères restant longtemps avec les jeunes. Les Benthams sont de trop petite taille et ne peuvent abriter les jeunes dès qu'ils ont quelque peu grandis. M. Leroy de Fismes déclare avoir trouvé une couveuse et une mère excellente dans la poule noire de Madagascar.

On a soin, avant de lui confier les œufs, d'essayer la couveuse sur des œufs artificiels en plâtre ou sur de vieux œufs; si elle couve avec ardeur, si, couchée sur son nid, elle se laisse donner des petites tapes sur le dos sans se déranger et en faisant entendre seulement des gloussements plaintifs, on peut être sûr d'elle et lui donner les œufs qu'elle doit couver.

On place généralement les poules ou dans des nids garnis de vermine ou dans des caisses privées d'air, et où faute d'espace elles sont courbées sur leurs œufs. Dans ces conditions, la couveuse s'irrite, se garnit de vermine, casse des œufs et quand les jeunes éclosent, ils sont dévorés par les poux et ne tardent pas à succomber; du reste l'air rare et vicié qui pénètre dans ces boîtes étouffe les jeunes encore dans l'œuf. Plus nous imitons la nature, plus la réussite est certaine et si la poule couveuse pouvait être placée à terre couverte par un simple toit et entourée d'un grillage for-

Fig. 15. — Boîte à couver (Delmas).

mant en quelque sorte une petite volière où elle pût boire et manger ainsi que marcher et se rouler dans la poussière à volonté, les œufs écloraient en plus grand nombre et les jeunes seraient bien plus vigoureux.

Boîtes à couver. — Voici une boîte (fig. 15), qui remplit les conditions de bien-être demandées et qui peut être facilement et économiquement construite; c'est une boîte carrée de 40 à 50 centimètres de largeur sur chaque face et de 40 centimètres de hauteur percée de trous sur les côtés pour la libre circulation de l'air. Le dessus de cette boîte ferme par un couvercle à charnières qu'on ouvre lorsqu'on veut lever la couveuse et la faire manger et que l'on referme aussitôt. Sur un des côtés une trappe, glissant dans une rainure extérieure, donne une ouverture suffisante pour livrer passage à la poule lorsque son repas terminé, on la fait replacer doucement sur ses œufs évitant ainsi les accidents qu'elle pourrait causer en voulant s'échapper lorsqu'on l'y replace de force ; la boîte n'a pas de fond ; l'expérience a démontré que la fraîcheur de la terre facilite les éclosions, mais l'on aura soin de grillager le fond pour mettre les œufs à l'abri des rats ; à l'aide de panneaux mobiles, on for-

Fig. 16. — Boîte à couver (Bouchereaux-Lemaire).

mera un petit parcours grillagé où la poule viendra prendre ses repas. Cette boîte a été, croyons-nous, inventée par l'habile aviculteur de Fismes, M. Leroy, et l'on peut se la procurer chez M. Lagrange, d'Autun.

On peut aussi faire couver les poules dans la boîte à élevage de Bouchereaux-Lemaire, à Choisy-le-Roi (fig. 16).

La boîte d'élevage système de L. Delmas, à Muids, sert à la fois de *Pondoir* et de *Boîte à couver* (fig. 17).

Elle devient, après l'éclosion des poussins, la *Boîte d'élevage* utile pour le bon élevage des poussins, *par la poule couveuse*. — Elle est munie d'un double fond : l'un à claire-voie et mobile (de façon à en rendre le nettoyage facile), est placé à 0^m02 du sol, assurant ainsi par une bonne aération la bonne réussite des couvées. L'autre, à fond plein, se développe sur

Fig. 17. — Boîte d'élevage, système Delmas.

charnières en deux parties, et forme ainsi, une fois relevé, deux cloisons, séparant à l'intérieur la boîte d'élevage en deux compartiments distincts. Deux couvées peuvent se faire simultanément, et après éclosion, en retirant une poule couveuse, on peut conlier, sans difficulté, à une seule mère, les poussins des deux couvées.

Les deux cloisons se rabattent alors, et le fond à claire-voie se retrouve couvert par ces deux mêmes cloisons qui forment le fond plein de la boîte d'élevage. On rabat le couvercle, on ferme les portes devant, on ouvre les deux descentes latérales, et la mère restant prisonnière, les poussins peuvent entrer et sortir.

Grâce à ce système de boîte, le grand élevage de Normandie confie journellement à une seule poule jusqu'à 60 et 70 poussins, produit de plusieurs couvées, sans que la mère s'en aperçoive.

Chaque jour, à la même heure, on visitera les couveuses, on leur donnera de 15 à 20 minutes de liberté, pour leur permettre de boire, manger, étirer leurs membres, on les maintient pendant ce temps soit sous une mue, soit dans l'espace grillagé de la boîte que nous venons de décrire.

On a remarqué qu'à l'état de liberté, les poules quittaient leurs nids tous les jours pendant une vingtaine de minutes, mais au fur et à mesure que l'incubation avance, elles quittent leurs œufs de moins en moins longtemps. Il résulte de ces observations que, s'il faut leur laisser pendant les dix premiers jours vingt minutes de liberté, on doit après ce temps réduire de moitié ce repos journalier.

Il est aussi nuisible d'accorder pendant ce temps une trop grande liberté aux couveuses, car elles ne se remettent pas volontiers au nid et ne reprennent l'incubation qu'à regret.

On a remarqué que les oiseaux aquatiques lorsqu'ils quittent le nid recouvrent leurs œufs, avec du duvet, il sera bon de les imiter et de recouvrir les œufs avec un morceau de drap lorsqu'on lèvera la couveuse.

Au commencement de l'incubation et tous les huit jours environ, la poule devra être garnie de poudre insecticide qui la débarrassera de la vermine et après chaque couvée, l'intérieur de la boîte devra être badigeonné à l'eau de chaux.

Mirage des œufs. — Au bout du troisième jour, on examinera les œufs et ceux qui seront reconnus clairs seront mis de côté afin de servir de nourriture aux jeunes.

Il existe plusieurs instruments pour mirer les œufs : nous citerons l'ovoscope de Voitellier (fig. 19) et le mire-œufs de Lagrange (fig. 20).

On peut en construire un très facilement. Dans un morceau de carton un peu fort, coupez un trou oval de la grandeur d'un œuf de l'espèce que vous avez mis couver, un peu plus petit pourtant, de manière à ce qu'il ne puisse passer au travers.

Pour examiner les œufs, on se rend dans une chambre obscure, éclairée par une lampe placée près d'un miroir afin que la lumière soit réfléchie. On place l'œuf à mirer dans le trou que l'on a découpé dans le carton et on l'expose à la lumière; si les rayons passent au travers de l'œuf celui-ci est clair (fig. 20), s'il est fécondé l'on doit voir une tache claire en forme d'araignée (fig. 21).

Il est aussi très prudent de mettre couver le même jour deux poules, car si le nombre des œufs clairs

Fig. 18. — Ovoscope. Appareil à mirer les œufs permettant de constater si les œufs sont fécondés après trois jours d'incubation (Voitellier).

dépasse la proportion habituelle, on peut réunir les deux couvées sous la même mère.

Couveuses artificielles.

Couveuses artificielles. — Les couveuses artifi-

Fig. 19. — Mire-œufs pour reconnaître si les œufs sont fécondés ou s'ils sont frais (Lagrange).

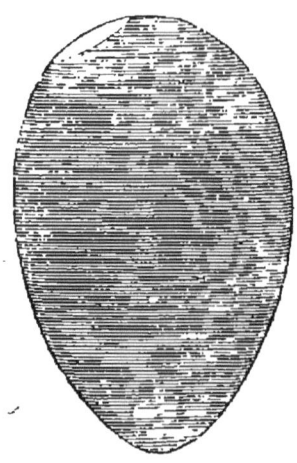

Fig. 20. — Œuf clair ou non fécondé (Voitellier).

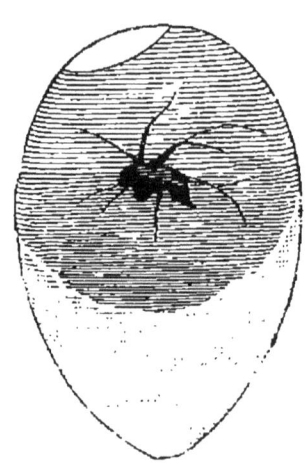

Fig. 21. — Œuf vu après 3 jours d'incubation (Voitellier).

cielles sont maintenant bien perfectionnées. Citons celles de MM. Lagrange (fig. 22), Voitellier (fig. 23

et 24), Roullier et Arnoult, Gombault, Hearson et renvoyons aux indications que donneront les fabricants sur la marche de leurs appareils.

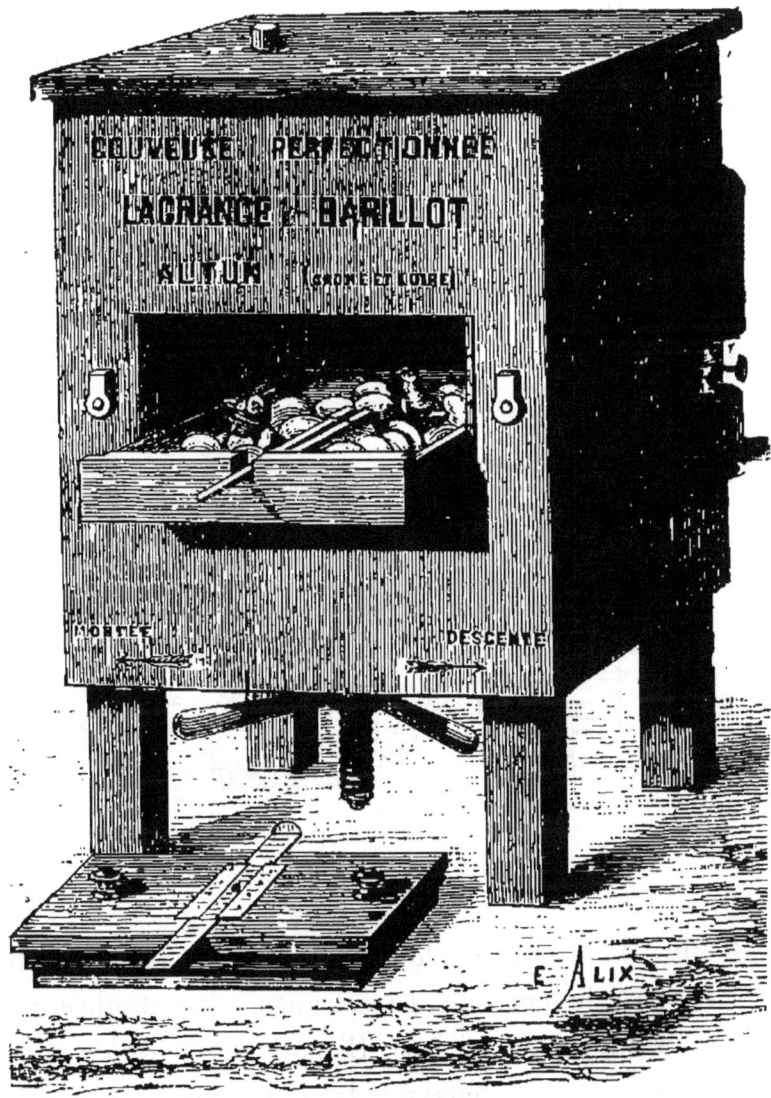

Fig. 22. — Couveuse à tiroir, à hauteur variable (Lagrange).

Peut-on faire couver des œufs d'oies et de canes dans une couveuse artificielle ?

Faut-il la même température, les mêmes soins que pour les œufs de poule ?

« On pourrait y répondre à ces deux questions, dit M. Voitellier, par la simple affirmation, car tous les œufs peuvent éclore dans les couveuses avec la même température et les mêmes soins.

« Cependant si l'on s'adonne spécialement à l'incubation d'œufs d'oiseaux aquatiques, il est bon d'observer certaines précautions.

« Une machine un peu grande est préférable à une

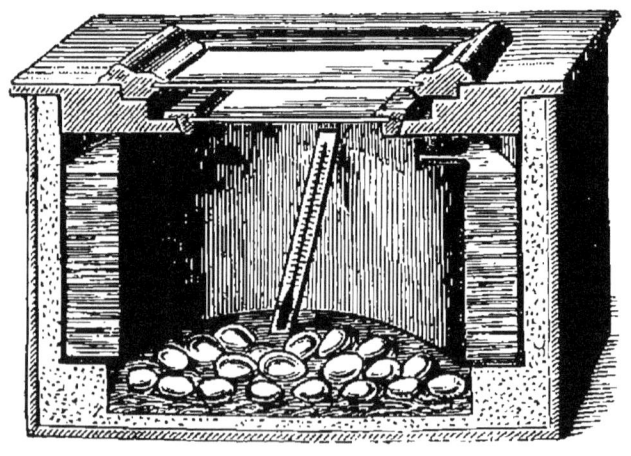

Fig. 23. — Couveuse artificielle Voitellier.

petite; il est plus facile d'y maintenir une humidité régulière, la température est aussi plus stable et l'aération mieux distribuée. Si pour les œufs de poules il faut éviter de dépasser le point normal de 40 degrés, il faut y veiller encore plus pour les œufs de canes. Pour ces derniers le sable du fond de la couveuse n'est jamais trop mouillé. Plus l'humidité est

3.

grande pendant tout le cours de l'incubation, mieux l'éclosion se fait et plus les canetons sont gros et vigoureux au sortir de la coquille. Il faut bien se garder, pour augmenter l'humidité, de jeter de l'eau sur les œufs à l'approche de l'eclosion, cela produit l'effet contraire et rend l'éclosion impossible.

« Il suffit de jeter chaque jour un ou deux verres d'eau tiède dans le sable placé sous le casier où reposent les œufs. »

Fig. 24. — Couveuse artificielle n° 3, pour 150 œufs (Voitellier).

Plus encore que ceux de poules, les œufs des oiseaux aquatiques demandent à être mis très frais en incubation et le meilleur moyen d'obtenir une bonne éclosion est de ne pas employer des œufs de cane ayant plus de quinze jours de ponte.

Éclosion des œufs. — A l'éclosion, le caneton est généralement plus long que le poussin à se débarrasser de sa coquille. Ce n'est pas une raison pour chercher à lui porter secours et lui prêter un aide qui serait plus nuisible qu'utile.

Si la température est maintenue bien régulière et si l'atmosphère de la couveuse est suffisamment chargée d'humidité, l'éclosion se fera toute seule dans les meilleures conditions.

Les jeunes palmipèdes se passent de mère plus aisément que les poussins; l'éleveuse ou mère artificielle la remplace à merveille, on entourera celle-ci de panneaux grillagés qui formeront un petit parc où les jeunes pourront s'ébattre à leur aise.

CHAPITRE IV

ÉLEVAGE

Premiers soins. — Le succès des incubations, on ne peut assez le recommander aux éleveurs inexpérimentés, n'est jamais la récompense de ceux qui viennent à tout moment troubler les couveuses. Tout dérangement au moment de l'éclosion est funeste; il est pourtant des personnes qui s'imaginent que rien ne peut réussir sans leur aide. Au moment où les poussins bêchent leur coquille, ils soulèvent la poule pour regarder le nombre d'œufs brisés; la poule lorsqu'on veut la soulever se serre contre ses œufs et généralement écrase un ou deux jeunes qui ne demandaient qu'à vivre et à grandir. Il est vrai que l'on voit quelquefois des canetons qui n'auraient pu sortir de la coquille sans aide, mais pour un de sauvé combien n'en condamne-t-on point qui seraient parvenus à se dégager d'eux-mêmes! C'est un remède à faire à la dernière extrémité seulement.

Pendant les premiers vingt-quatre heures, on doit se borner à les laisser tranquilles sous la poule en ne les dérangeant que pour enlever les débris de coquilles.

Au bout de ce temps, les jeunes ont complètement absorbé la dernière nourriture que leur fournissait encore l'œuf et ont assez de force pour sortir de dessous leur mère.

Si la mère a été installée dans la boîte que nous avons décrite plus haut, il vaut autant ouvrir la trappe et la laisser seule; elle quittera le nid d'elle-même aussitôt que les jeunes seront capables de courir et de prendre leur nourriture.

Il n'est pas besoin de réfuter l'habitude ridicule qui consiste à prendre dès l'éclosion les jeunes et à leur faire boire du lait et avaler un ou deux grains ou bien un peu de poivre. A l'état de nature, cela se passe-t-il ainsi et pourtant les canetons sont bien plus vigoureux et robustes que leurs congénères élevés en captivité. La nature est bien plus habile que l'homme; malheureusement souvent ce dernier n'est pas assez intelligent pour le comprendre.

Dans l'incubation artificielle, les jeunes dès l'éclosion sont placés dans une sécheuse (fig. 25), pendant 24 heures environ.

Boîtes d'élevage. — Au bout de 24 heures, on

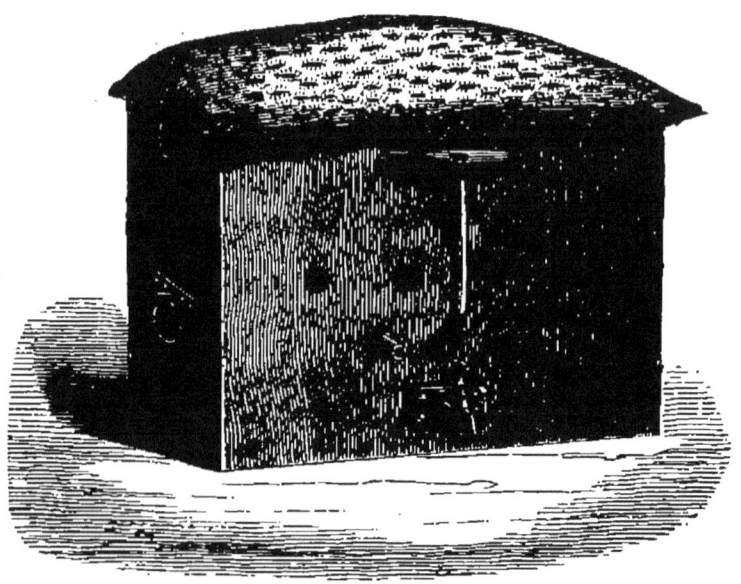

Fig. 25. — Sécheuse Voitellier.

Fig. 26. — Boîte d'élevage Gérard.

place les jeunes avec leur mère dans la boîte d'élevage.

Il existe bon nombre de modèles de ces appareils.

On peut recommander :

La boîte d'élevage de Gérard (fig. 26) ;

La petite éleveuse ou boîte à élevage de Voitellier

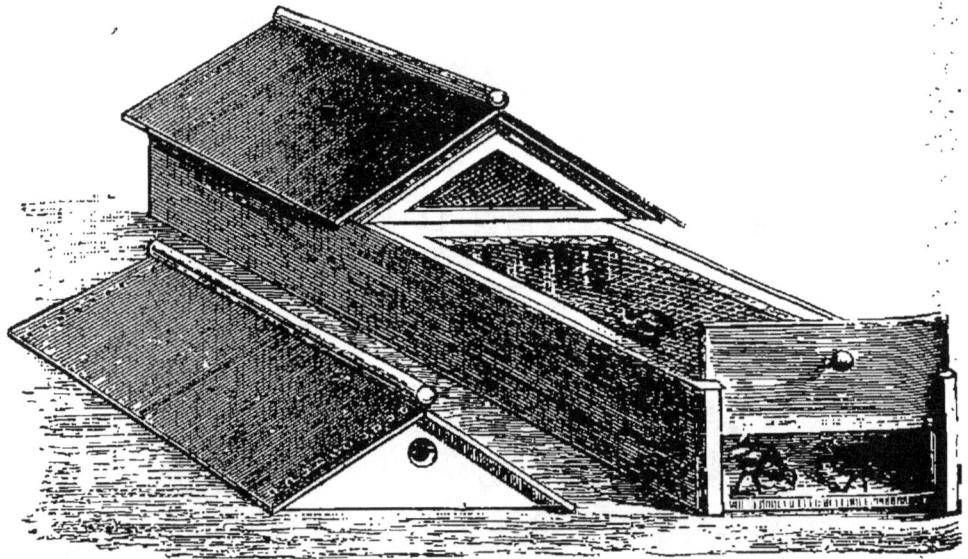

Fig. 27. — Petite éleveuse ou boîte à élevage (Voitellier).

(fig. 27), qui sert pour les faisanderies, pour l'élevage des perdreaux et colins, mais qui peut servir aussi pour les canards ;

La boîte d'élevage de Lagrange, qui se fait isolée (fig. 28) ou avec des panneaux grillagés (fig. 29).

Un des appareils les plus pratiques est celui de M. Lemaire, de Choisy-le-Roi.

« La nouvelle boîte de M. Bouchereaux-Lemaire est divisée en deux compartiments inégaux dont l'un, le plus petit, est destiné à recevoir la mère et l'autre, le plus grand, est réservé aux poussins qui peuvent parcourir les deux compartiments en passant à travers le grillage de la séparation (fig. 30).

Fig. 28. — Boîte d'élevage (Lagrange).

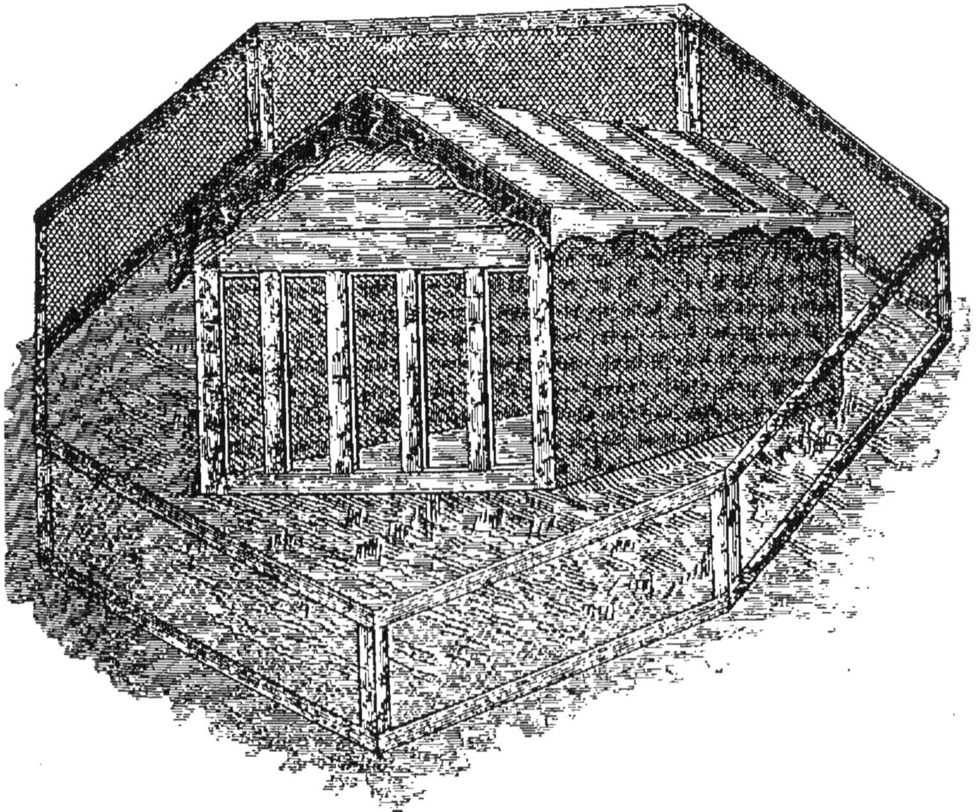

Fig. 29. — Boîte d'élevage avec panneaux grillagés (Lagrange).

Le toit du petit compartiment où la mère est retenue prisonnière est en pente pour faciliter l'écoulement des eaux, et des trous pratiqués dans les panneaux latéraux établissent avec la façade principale, qui est grillagée, un courant d'air purificateur perpétuel.

Fig. 30.— Boîte à élevage (Bouchereaux-Lemaire).

Le grand compartiment ou cage réservée aux poussins est grillagé en dessus (fig. 31) et peut se recouvrir

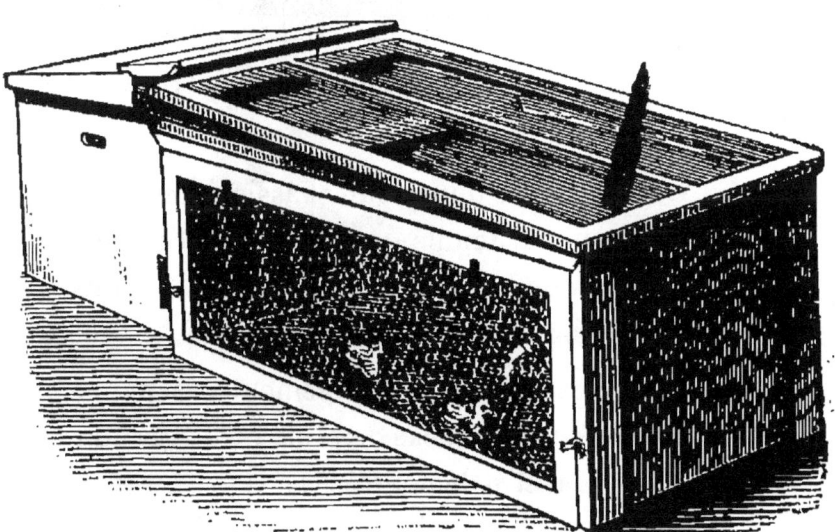

Fig. 31. — Boîte à élevage (Bouchereaux-Lemaire).

par un vitrage mobile établi également en pente pour chasser les eaux et que l'on adapte sur le dessus lorsque le temps est pluvieux (fig. 32).

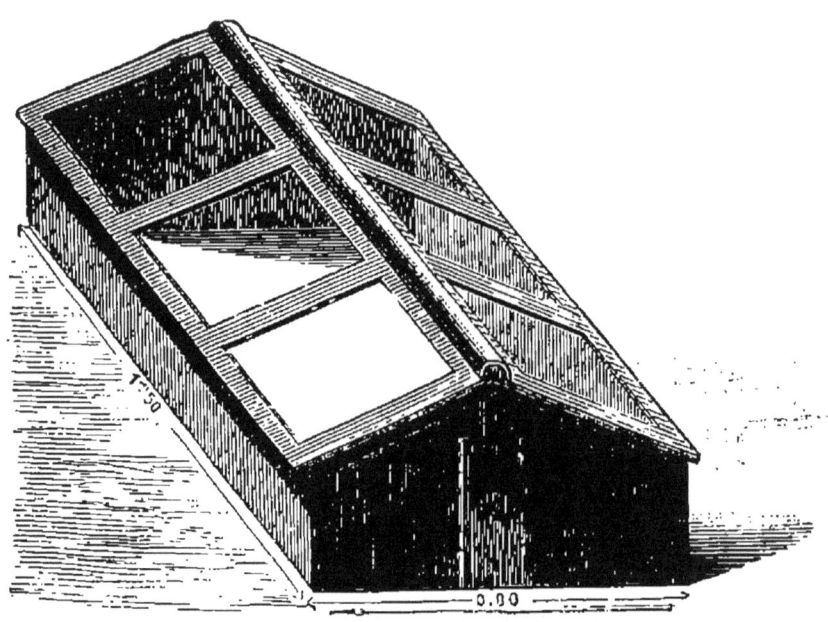

Fig. 32. — Éleveuse vitrée (Bouchereaux-Lemaire).

Ce vitrage, formé d'un seul châssis, intercepte tou passage à la pluie, tandis que le vitrage composé de deux vanteaux de la boîte Gérard n'a jamais mis les poussins à l'abri de l'inondation.

Sur les côtés s'adaptent également des panneaux pleins, dont l'utilité, en cas de pluie ou de grand vent, n'a pas besoin d'être démontrée (1).

(1) La Perre de Roo, *Monographie des poules*.

On garnit d'une couche de sable fin le fond de la boîte et on y installe des canaris et de petites mangeoires, en ayant soin de ne pas mettre à la portée de la mère la nourriture destinée aux jeunes; le sable devra être fréquemment changé et on évitera de le mettre dans la boîte lorsqu'il est encore humide.

Signalons pour l'élevage artificiel l'éleveuse à lampe de Lagrange d'Autun (fig. 33).

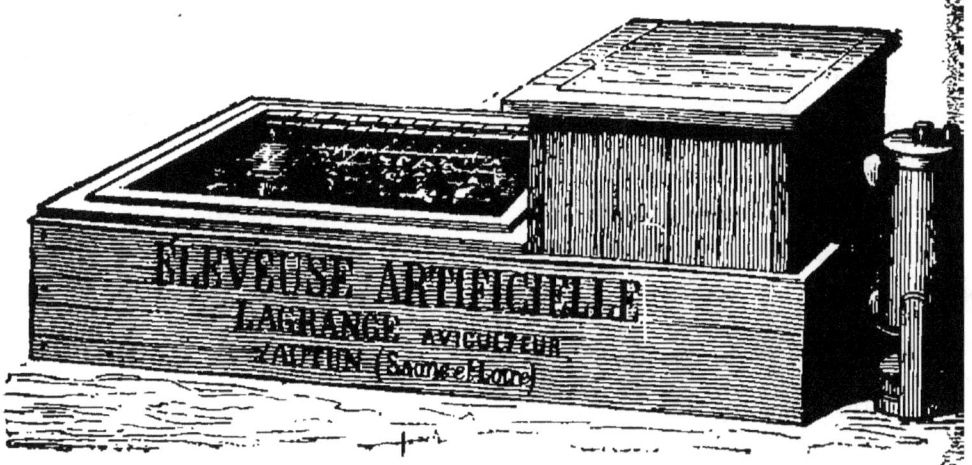

Fig. 33. — Éleveuse à lampe (Lagrange).

Première nourriture. — La première nourriture des jeunes palmipèdes (nous ne parlons ici que des espèces délicates d'ornement, car en parlant de l'élevage des oies et des canards domestiques nous relaterons quelques données sur leur élevage qui demande beaucoup moins de soins) se composera d'une pâtée d'œufs durs, de mie de pain et de salade avec une poignée d'œufs de fourmis; il faudra, si possible, leur procurer des lentilles d'eau qu'on leur donnera toutes mouillées, car elles contiennent dans leurs racines et leurs feuilles une grande quantité d'insectes et de mollusques aquatiques.

On leur donnera à boire dans un plat et de petites dimensions ou mieux dans un canari, où ils ne pourront se baigner et où l'eau sera toujours propre; il faut surtout, pendant la première quinzaine, empêcher les canetons d'aller à l'eau, car, si l'eau était froide, ils prendraient des refroidissements funestes.

Au bout d'une huitaine, on peut introduire dans leur régime des macaronis bouillis, des morceaux de cœur de bœuf cuits et hachés menu, des vers de farines, des hannetons desséchés, des sauterelles, du sang de bœuf desséché et granulé, du millet, du chenevis sans oublier de la verdure, puis on les habitue petit à petit à une nourriture plus granivore.

Manière de se procurer les diverses sortes de nourritures. — Au moment où les jeunes palmipèdes perdent leur duvet pour prendre leurs premières plumes, il faudra augmenter la nourriture animale; vers de terre, asticots, limaces coupées en morceaux leur seront donnés avec les insectes et pâtées ci-dessus désignés et toujours avec beaucoup de verdure, salades, mourons, lentilles d'eau.

M. Deyrolle nous indique aussi une nourriture qui a donné de très bons résultats.

« Il est tout d'abord évident que, pour assurer le succès de l'élevage de jeunes canards, surtout ceux des espèces peu habituées encore à la captivité, il faut chercher à leur procurer une nourriture aussi ressemblante que possible à celle qu'ils trouveraient en liberté ; pour cela certains éleveurs prétendent que plus l'eau est sale et bourbeuse, plus les jeunes ont de chance de prospérer et l'expérience a démontré la justesse de cette remarque. Mais est-ce bien parce que l'eau est bourbeuse que ces oiseaux sont bien portants ? Évidemment non ; ils seraient mieux encore dans une eau claire et transparente si elle contenait les infusoires, les crustacés et les insectes microscopiques qui forment la base de leur nourriture. Dans le jeune âge, lorsqu'on voit les canards barboter dans la vase qu'ils soulèvent et étendent dans l'eau, si on les saisit prestement et qu'on ouvre leur bec on y verra une foule d'animalcules qui y sont retenus par les lamelles qui garnissent les deux côtés des mandibules et leur servent de tamis pour trouver leur nourriture.

On sait que ces animalcules ne se développent que par l'influence de la fermentation des matières animales ou végétales en décomposition dans l'eau ; or l'eau bourbeuse n'est rendue opaque que par la grande quantité de ces détritus qui y sont en suspension et permettent aux animaux microscopiques de se multiplier avec une prodigieuse fécondité.

«Là est tout le secret de la réussite, donnez ces animalcules à vos élèves.

« Les divers moyens que l'on peut employer pour cela sont assez simples.

« Si dans votre voisinage, vous connaissez quelques mares ou étangs, rien de plus facile alors. Vous prenez un fil de fer formant cercle, vous le fixez solidement après un manche long de 3 à 4 mètres, un rotin solide fait bien l'affaire, vous cousez autour du cercle une poche en toile forte et assez serrée pour retenir les infusoires. Je ne parle pas de ceux si petits que vos canards n'apprécieraient pas, comme par exemple les bactéries, sorte de petits bâtonnets imperceptibles qui se trouvent en masse si considérable sur certaines flaques d'eau, qu'ils les recouvrent d'une couche bleuâtre unie. Cette couche est uniquement composée d'animalcules qui n'ont pas un dixième de millimètre de long; mais tous les infusoires ne sont pas aussi microscopiques.

« En pêchant d'abord sur la surface de l'eau, on ramènera une petite plante qui végète libre à la surface et que l'on a appelée *lentille d'eau;* elle ressemble assez à ce légume, car elle est ronde, composée souvent de plusieurs lobes et étendue sur l'eau elle en couvre parfois complètement la surface. Au milieu de ces *lemna* (comme les appellent les botanistes) une foule d'animaux vivent; on pêche donc à la fois plantes et bêtes et vos canards avaleront les uns et les autres avec avidité.

« On pêche ensuite entre deux eaux pour capturer tout ce qui nage constamment; mais où la récolte des bêtes est surtout abondante, c'est quand on ramène le dessus de la vase. Nous disons le dessus avec intention, car un peu profondément il n'y a plus rien, un centimètre ou deux au plus, c'est autant qu'il faut ramener.

« On verse le tout sur un tamis en crin très fin, de

façon à laisser égoutter l'eau et on en reverse plusieurs fois afin d'entraîner autant que possible la vase.

« On plonge le tout dans un grand baquet plein d'eau et on agite assez fortement, puis on laisse reposer quelques minutes. La terre tombe au fond et tous les animaux nagent et vont dans tous les sens, on les capture alors avec un petit tamis placé au bout d'un bâton ou un filet plus petit dans le genre de celui que nous avons indiqué précédemment. On récolte ainsi un nombre considérable de ces petits animaux qui peuvent aisément se conserver pendant plusieurs jours, en les mettant dans des baquets pleins d'eau ou des tonneaux qui, s'ils ont contenu du vin ou du cidre, auront été soigneusement nettoyés pour enlever le goût de vin qui ferait immanquablement mourir ces animalcules. Au fond du récipient, on met une couche de terre d'environ un centimètre, puis on y ajoute des plantes aquatiques, des lemnas et autres ; toutes celles qui poussent complétement submergées sont préférables.

« Mais si les mares et les petits cours d'eau sont très éloignés de chez vous, il vous est fort difficile et fort dispendieux d'aller chercher au loin la provende pour vos élèves; coupez alors six tonneaux en deux, nettoyez bien l'intérieur et placez-les dans un endroit où ils puissent recevoir les rayons du soleil pendant une partie de la journée; mettez au fond une couche de terre, plutôt argileuse, d'environ 5 centimètres, puis deux ou trois cailloux rugueux en pierre meulière si possible, emplissez-les d'eau et versez dans chacun cinq ou six litres que vous avez été chercher dans une mare bien peuplée. Jetez en sus quelques débris de matières animales, quelques os de poulets ou de lapins pas trop décharnés, mettez des lemnas et des plantes aquatiques en assez grande quantité et laissez le tout tranquillement pendant quelques jours. Vous verrez bientôt toute une nombreuse population aquatique se développer avec une rapidité vertigineuse.

« Évitez qu'il ne pénètre dans vos baquets des grenouilles, salamandres, larves de demoiselles. Je signalerai les coléoptères ou scarabées aquatiques, les phryganes porte-bois, car ils dévoreraient tout. Si vous rencontrez dans vos réservoirs de ces hôtes importuns, donnez-les à vos gros canards qui n'en feront qu'une bouchée.

« Souvent on trouve des masses de larves de cousins dans les tonneaux d'arrosage: vous pourrez les offrir à vos canards, qui vous débarrasseront d'un voisin importun, car le jour où toutes ces larves prendront des ailes, ce sera pour aller vous tourmenter pendant votre sommeil.

« Vos baquets bien peuplés, vous pourrez en vider un chaque jour au profit de vos élèves, dans un bassin que vous aurez fait exprès pour eux et qui sera entouré de grillages assez larges pour leur permettre de passer, mais assez serrés pour laisser leurs parents dehors.

« Nous ajoutons aussi, d'après l'avis de M. Courtois, un de nos éleveurs les plus émérites, que la propreté est absolument indispensable aux jeunes canards et que donner de l'eau bourbeuse à certaines espèces c'est les vouer à une mort prochaine (1). »

Du reste, tout dépend des mœurs des oiseaux à l'état libre. Si quelques jeunes se contentent de graines et s'élèvent sans œufs de fourmi ni pâtées spéciales, d'autres, au contraire, refuseront absolument les graines et ne mangeront que des substances animales, tel est le cas des Harles et des Eiders. On nourrira alors ces canetons de morceaux crus de mouton, de bœuf, de pâtées animales et de tout petits poissons.

De l'étude des mœurs des oiseaux en liberté, de la connaissance exacte de la nourriture des adultes et de leur manière d'élever les jeunes à l'état sauvage dépend, comme nous l'avons dit, la réussite dans l'élevage. Nous venons d'en tracer les grandes lignes et si dans les monographies qui vont suivre nous paraissons nous appesantir plus qu'on ne le jugerait utile sur certains faits, sur certaines habitudes des oiseaux en liberté, c'est pour permettre à l'éleveur de modifier en connaissance de cause les conseils généraux que nous venons de donner.

Nous devons donner quelques détails particuliers sur la manière de se procurer les diverses sortes de nourriture.

Lentilles d'eau, lunilles, lenticules (Lemna). — Ce sont des plantes aquatiques à racines filamenteuses, dont les feuilles petites et arrondies comme des

---

(1) Deyrolle fils, Journal *l'Acclimatation*.

lentilles flottent à la surface de l'eau, dans les mares et les fossés.

On pêche ces plantes à l'aide d'un râteau et on les rapporte dans un sac de toile.

Elles fourmillent d'œufs et d'insectes de toutes sortes, enchevêtrés dans leurs racines.

Œufs de fourmi. — On trouve partout les larves de fourmis, que l'on appelle improprement *œufs*.

Dès que l'on a découvert une fourmilière, on la découvre vivement d'un coup de bêche et l'on prend les œufs avec une petite bêche ou truelle et l'on tamise vivement pour se débarrasser de la terre et des fourmis; les œufs passant au travers des mailles du tamis, on les reçoit sur un morceau de flanelle et l'on emporte la récolte que l'on peut conserver quelque temps à l'abri de la chaleur.

Il est pourtant préférable de ne pas abandonner ainsi la fourmilière; on cueille une branche de chêne garnie de feuilles que l'on met dans le trou que l'on a creusé et avec les débris on reconstruit la fourmilière. Les fourmis déposeront de nouveau des larves sur les feuilles et quelques jours après il suffira de retirer la branche de chêne et de la secouer dans le sac.

On peut aussi installer près de la fourmilière un pot à fleurs soulevé d'un côté par une petite pierre, les fourmis viendront d'elles-mêmes y déposer leurs œufs et la récolte sera facile. Toutefois, si le temps est à la pluie, on ne trouvera rien dans le vase, les fourmis auront enlevé leurs larves et les auront déposés au fond de la fourmilière.

Sauterelles.—Elles peuvent être données en même temps que les hannetons ; après la première huitaine de juin elles se trouvent dans tous les prés.

Grillons (*cri-cri*) et **blattes** (*cafards*).—Ils sont excellents aussi à distribuer à cette époque, ils se trouveront facilement chez les boulangers.

Hannetons. — On peut aisément se les procurer au printemps.

Ils forment une très bonne nourriture pour les canetons déjà un peu âgés.

Pour les conserver, on les desséchera au four sans les carboniser et on les pulvérisera.

Il ne faut toutefois pas abuser de cette nourriture.

Voici un appareil facile à construire qui permet de se procurer pendant le printemps de grosses quantités de hannetons ou autres insectes que l'on fera dessécher au four ; il consiste en un tonneau à peu près rempli d'eau et dont l'intérieur est enduit de goudron jusqu'au niveau de l'eau ; sur les bords, on pose une croix en bois destinée à supporter une lanterne ou une lampe. Les hannetons ou autres insectes attirés par la lumière se précipitent sur les verres de la lanterne d'où ils tombent dans le tonneau et se noient.

Vers de farine.—Ils se trouvent dans les moulins et les boulangeries. Pour s'en procurer, on étend la nuit près des sacs de farine une toile humide ; les vers, qui aiment la fraîcheur, viennent se cacher sous cette toile et le lendemain matin on n'a plus qu'à les cueillir.

Ces vers peuvent être gardés dans une boîte aux

trois quarts pleine de son et de farine ; si on laisse ces vers passer à l'état de chrysalides, puis de papillons, on peut, en remplaçant le couvercle par une fine gaze forcer les mères à pondre dans la boîte qui sera bientôt garnie d'une multitude d'insectes.

Asticots. — Nom vulgaire des larves de la mouche. Ils peuvent être produits en grande quantité. C'est une nourriture azotée et hygiénique.

M. Lagrange (d'Autun) a construit dans ce but un meuble pratique et bon marché, qui comporte, à sa partie supérieure, une caisse dont le fond consiste en un grillage à mailles serrées et revêtu d'un couvercle à claire-voie et charnières permettant d'introduire les débris de viande que l'on veut convertir en asticots. L'appareil est disposé à l'air libre, mais à l'abri de la pluie, sous un hangar par exemple, et les mouches s'empressent d'y venir déposer leurs œufs qui ne tardent pas à se transformer en larves.

Lorsque les asticots ont atteint la grosseur d'un grain de riz, ils cherchent à s'enfouir sous terre pour subir leurs transformations naturelles (chrysalides et insectes ailés) : alors ils descendent, passent à travers le grillage et finalement tombent dans un tiroir destiné à les recevoir et garni d'une couche de son et de farine. Ils séjournent dans ce milieu, s'y épurent, et lorsque la ligne grise longitudinale qu'ils portent à la partie supérieure a disparu et qu'ils sont devenus d'un blanc de lait, vous pouvez les extraire et les distribuer à vos oisillons, qui se les disputent à titre de friandise.

Pour les retirer, il suffit de verser le contenu du tiroir sur un tamis à mailles très fines qui ne laisse passer que la farine et retient les asticots.

Cette *proie vivante qui remue* a le don d'exciter les convoitises des jeunes élèves.

Sang desséché. — Il se prépare facilement en battant avec une baguette du sang frais pour en séparer la fibrine et en le faisant ensuite dessécher au four.

On trouve dans le commerce ce sang tout préparé.

CHAPITRE V

ÉJOINTAGE

Théorie de l'éjointage. — « L'éjointage qui est presque absolument nécessaire avec beaucoup d'espèces de cygnes, oies et canards, pour les empêcher d'aller rejoindre dans les airs leurs congénères à l'état libre est, nous dit M. de la Blanchère, une opération des plus simples que l'on pratique journellement et qui a pour but en retranchant à l'oiseau le *fouet* d'une aile, c'est-à-dire la partie qui dirige son vol, de détruire son équilibre de locomotion aérienne et par conséquent de le retenir prisonnier sans qu'il soit séquestré.

« Nous venons de dire que rien n'est plus aisé à pratiquer que l'éjointage mais à condition que l'opérateur saura ce qu'il fait et ce qu'il faut faire.

« Dans ces termes on peut éjointer cent canards à

l'heure avec une perte insignifiante de un ou deux pour cent pendant les semaines suivantes.

« L'anatomie de l'aile est (*fig*. 34) semblable chez l'oiseau à celle du bras, membre antérieur de l'homme, mais assez différente cependant pour remplir son adaption naturelle. L'oiseau a, comme nous, un os humérus, qui s'articule à l'épaule; nous le voyons seul en *A*. Au coude *C* s'articulent chez l'oiseau comme chez nous deux os qui forment l'avant-bras *D*. C'est en dessous le cubitus, os du coude, en dessus le radius.

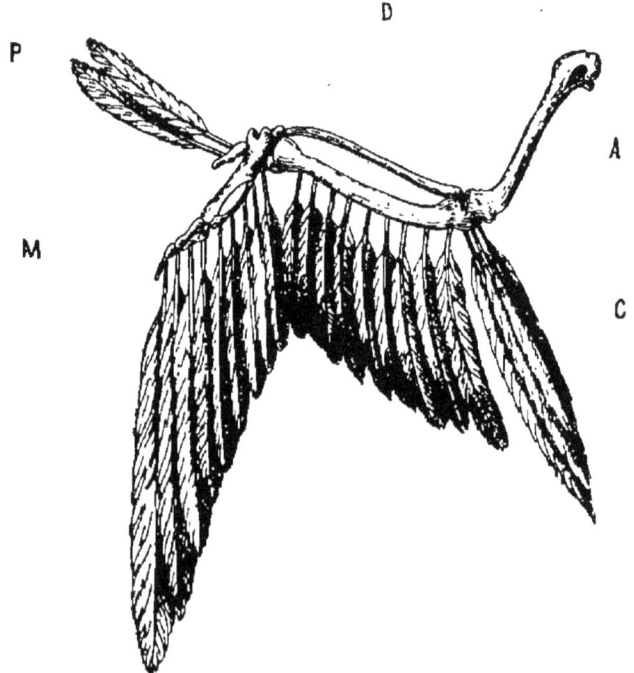

Fig. 34. — Anatomie de l'aile.

« A leurs extrémités réunies doit s'articuler la main, ce qui arrive chez l'homme; mais, chez l'oiseau, elle est atrophiée, c'est-à-dire non développée dans quelques-unes de ses parties. Nous rappellerons qu'entre nos doigts et notre poignet se voit la paume de la main, que l'anatomie appelle le *carpe*, qui est un assemblage de petits os constituant nos doigts, mais réunis sous la peau.

« Chez l'oiseau, *P* représente le pouce, le carpe et les doigts ; *M* représente la main les quatre autres doigts plus ou moins déjointés et réunis parce qu'il fallait là une très grande force pour les plumes, les plus importantes les Remiges, les Rames — qui dirigent et assurent le vol.

« Ce sont ces plumes qu'il s'agit d'enlever par l'éjointage ; si on les arrachait seulement, elles repousseraient et à moins d'une surveillance continue, impossible quand on élève de grands nombres d'oiseaux, un beau jour, au moment où l'on s'y attendrait le moins, les individus disparaîtraient. Il faut donc retrancher la main ; ce que l'on fait près du pouce.

« On enlève ainsi onze plumes, les rémiges primaires, celles du pouce ou pennes bâtardes demeurant intactes. Il en repousse généralement deux près du point de section, total : neuf enlevées.

« A cinq plumes, c'est-à-dire à la première phalange, l'éjointage est insuffisant et quoique l'oiseau soit gêné pour le haut vol, il peut parfaitement s'échapper.

« Dans l'un ou l'autre cas, lorsque l'oiseau ferme son aile, il ramène naturellement sur *M C*, par conséquent les pennes cubitales ou rémiges secondaires cachent toujours les primaires, ce qui fait que lorsque l'oiseau n'essaie pas de voler la mutilation ne s'aperçoit pas.

Pratique de l'éjointage. — Pour procéder à l'éjointage, on se sert de forts ciseaux bien aiguisés. On place l'oiseau entre les deux jambes, puis on saisit le fouet de l'aile, droite si l'on veut, la paume de la main gauche appuyée sur le dos de l'oiseau, les deux doigts postérieurs bien réunis les uns contre les autres, le pouce et l'index serrant fortement l'avant-bras entre le radius et le cubitus. Le ciseau est alors passé entre le pouce et l'aileron obliquement vers l'opérateur et le coup de ciseau est donné en renversant un peu en dehors, ce qui enlève brusquement la partie à amputer. Puis rapidement, au moyen d'un crayon de nitrate d'argent que l'opérateur tient par son enveloppe entre les dents, il cautérise parfaitement la section à peine humide de quelques gouttelettes de sang. Pendant ce temps la main gauche, tenant l'aile, n'a pas bougé et la compression que les deux doigts exercent sur l'avant-bras est utile pour éviter la perte de sang.

« On lâche l'animal opéré qui gagne l'eau ou l'ombre, et ne paraît pas souffrir sensiblement.

« S'il s'agit d'un fort oiseau, d'un cygne par exemple, on se réunit deux opérateurs, dont l'un tient l'animal, tandis que l'autre éjointe.

« Tant qu'on opère des oiseaux adultes, on peut le faire en tout temps, mais on évitera les grandes chaleurs; il faut attendre le mois de septembre pour les jeunes.

« Ne jamais employer le feu pour cautériser, cela

fait venir un callus toujours disgracieux, tandis que le nitrate termine tout sans déshonorer l'aile (1). »

Voici un moyen encore plus simple et qui réussit infailliblement.

Un aide tient l'oiseau et écarte l'aile, on coupe les plumes de l'aileron jusqu'au niveau de la dernière articulation interphalangienne, que l'on enserre dans un fil élastique en caoutchouc préalablement tendu. On noue et l'oiseau est remis en liberté. Les suites de l'opération sont des plus simples, l'oiseau ne paraît nullement souffrir, il conserve sa gaieté et sa voix, l'aileron se dessèche d'abord et finit par tomber, le moignon ne suppure pas.

Attache des 5 ou 6 premières pennes. — On peut aussi, sans pratiquer l'éjointage, empêcher les oiseaux de prendre leur vol en employant le moyen suivant indiqué par M. Rogeron :

« Prendre simplement un fil de fer mince ou mieux un fil de cuivre, percer la première penne de l'aile à l'endroit où le tuyau est devenu plein et opaque, c'est-à-dire environ au quart de sa longueur à partir de la base avec une épingle fine et coulante afin de ne pas fendre la plume. Par ce petit trou passer le fil de fer, choisir les cinq ou six premières pennes, le mieux possible dans leur ordre naturel, puis les lier, sans trop serrer, sept à huit tours afin que cette ligature soit assez grosse et ne coupe pas les plumes. De cette façon jamais le lien ne coule, ne se détache ou ne

---

(1) De la Blanchère, *Manuel d'acclimatation*.

pourrit et l'oiseau au repos n'est jamais défiguré ; il semble jouir de ses deux ailes.

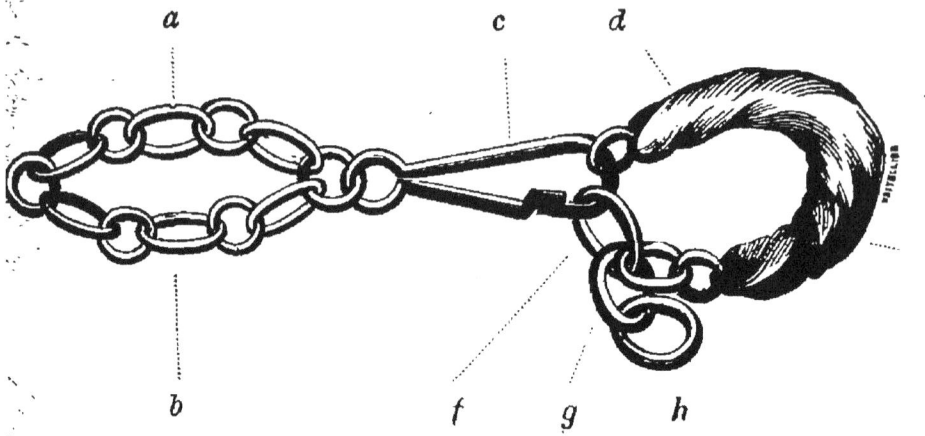

Fig. 35. — Entrave Voitellier. — *a*, *b*, anneaux ; *c*, mousqueton ; *d*, *e*, partie de la chaînette garnie de peau ; *f*, *g*, *h*, anneaux.

Entrave de Voitellier — On peut aussi employer l'entrave qu'a inventée M. Voitellier, de Mantes.

Fig. 36. — Entrave Voitellier appliquée.

« Voici, dit-il, en quoi consiste mon entrave, c'est une petite chaînette munie d'un porte-mousqueton et dont la moitié est garnie de peau (fig. 35). Une des extrémités de la chaînette entoure les premières pennes de l'aile. L'autre extrémité se passe autour du bras de l'aile et vient s'attacher dans le porte-mousqueton, qui se trouve ainsi placé dans le milieu (fig. 36). L'oiseau peut remuer l'aile librement, mais il ne peut l'étendre assez pour voler ; quand l'entrave est placée, elle est complètement invisible et l'oiseau

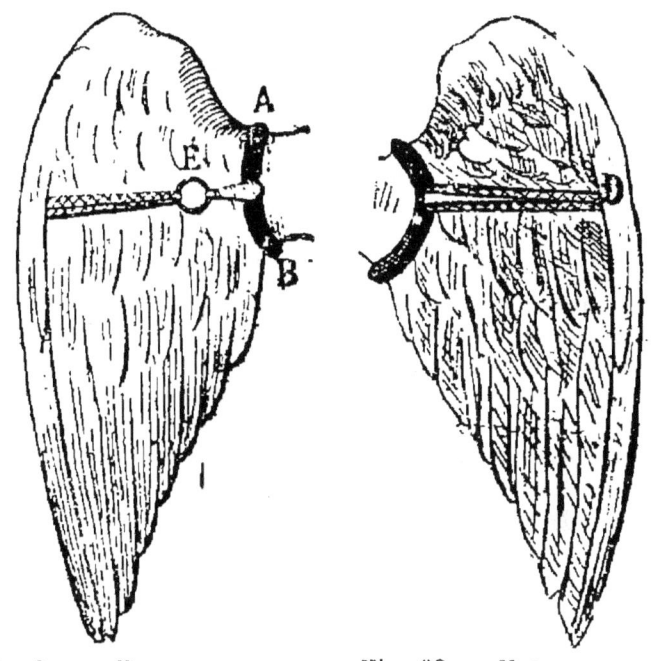

Fig. 37. — Entrave express du Faisandier genre Dannin.   Fig. 38. — Entrave express du Faisandier genre Dannin.

conserve sa tournure et son élégance sans être gêné dans ses mouvements.

« En une minute une entrave est placée, elle se retire en un instant lorsqu'on veut rendre la liberté aux captifs. »

Entrave de M. Dannin. — M. René Dannin est

l'inventeur d'une entrave dont le système d'attache est particulier; le porte-mousqueton et les anneaux pouvant blesser les oiseaux, l'entrave ne peut tomber dans aucun cas ; il est donc facile de lui donner une longueur suffisante pour laisser l'aile assez libre pour permettre aux oiseaux de couver leurs œufs avec la plus grande facilité.

Cette entrave consiste en une petite chaînette recouverte entièrement de caoutchouc, terminée par un fil de fer assez mince, que l'on passe au travers de l'aile et que l'on fixe très facilement au moyen d'une disposition spéciale (fig. 37 et 38).

On voit que les moyens d'empêcher les oiseaux de recouvrer leur liberté ne manquent pas ; à chacun d'employer celui qui lui paraîtra le plus pratique et le plus sûr.

CHAPITRE VI

MALADIES

Les oiseaux aquatiques sont sans contredit moins délicats et moins sujets aux maladies que les autres oiseaux; mais une fois qu'ils sont atteints ils sont bien plus difficiles à soigner.

Le moment de l'importation des canards et autres palmipèdes se fait généralement à l'automne ; aussi arrive-t-il habituellement que les maladies qui se développent dans un lot d'oiseaux nouvellement arrivés sont des refroidissements et de la diarrhée. Dans ce cas il faut immédiatement retirer de la pièce d'eau ou de la volière les sujets contaminés et les placer dans une chambre ou dans un autre local chaud et sec, avec un plancher garni d'une épaisse litière de paille ; il ne faut pas négliger de chercher à exciter leur appétit en leur donnant du pain trempé dans du lait chaud, du riz, des macaronis bouillis, le tout donné tiède. Il est de toute importance d'entretenir l'appétit des malades et de les forcer à continuer à prendre leur nourriture, car sans cela leur état s'aggraverait rapidement et ils ne tarderaient pas à mourir de faiblesse.

La saison de la mue est un moment critique pour les oiseaux nouvellement importés, c'est le moment de redoubler d'attention, de leur donner des aliments fortifiants et animalisés en abondance et de mêler aux grains habituels une certaine quantité de chanvre.

Anémie. — L'anémie se reconnaît aux pâles couleurs du bec et des tarses, ainsi qu'à la maigreur du sujet ; elle est assez fréquente.

Le meilleur remède est une nourriture plus fortifiante, plus animalisée, du sang desséché par exemple, et l'on donnera tous les jours quelques morceaux de viande ou du pain trempé dans de l'huile de foie de morue.

Boiterie. — Elle est souvent le résultat du manque de parcours soit terrestre, soit aquatique, qu'ont à leur disposition les oiseaux et qui ne leur permet pas de faire un exercice suffisant.

Plusieurs variétés de canards, comme les fuligules,

ont les pieds excessivement tendres et brûlants par suite de blessures qu'ils se font en marchant sur le gravier.

Il faut alors mettre les oiseaux pendant quelque temps dans une chambre ou une volière, dont le sol sera garni de tan ou de sable très fin.

On lavera chaque jour soigneusement les pieds avec de l'eau chaude et on les enduira de vaseline et de glycérine.

Constipation. — Elle est souvent produite par une nourriture trop granivore, et surtout par un excès d'avoine.

Il faut changer de régime : donner de la verdure aux malades.

Si la constipation persiste, on peut administrer une purgation : deux ou trois grammes de sulfate de soude dans une grande cuillerée d'eau donneront un bon résultat.

Diarrhée et Dyssenterie. — Elle résulte généralement d'une alimentation trop herbivore ou trop mouillée et se guérit par un changement de nourriture.

Elle est aussi souvent produite par les vers.

On la guérira, dans ce cas, en donnant des vermifuges.

La *dyssenterie* est un degré plus intense de la diarrhée.

Il faudra séquestrer les malades, leur donner des pâtées de son, de recoupe, de farine d'orge dans lesquelles on incorporera du charbon de bois finement pulvérisé. On donnera aussi de la poudre carminative. On recommande aussi de l'eau ferrée comme boisson.

Diphtérie. — C'est une des maladies qui fait le plus de ravages chez l'éleveur et c'est généralement les espèces les plus rares et les plus précieuses qu'elle atteint. M. Mégnin, un de nos maîtres en médecine vétérinaire, s'est occupé de cette question et nous allons résumer les conseils qu'il donne.

Les symptômes de la diphtérie varient suivant la forme qu'elle affecte ou les organes envahis.

« Quand elle siège *à la gorge*, nous dit M. Mégnin, dans la trachée et les bronches, l'oiseau tousse, ouvre le bec, respire difficilement et vite.

« Quand les *cavités nasales* sont prises, il y a un écoulement par le nez.

« Dans la *forme ophtalmique*, les yeux se recouvrent de pellicules blanches, se ferment et souvent sont poussés au dehors par les tumeurs intraorbitaires ou qui se développent autour des yeux.

« Dans la *forme œsophagienne*, l'oiseau perd l'appétit et meurt rapidement sans présenter d'autres symptômes.

« Dans la *forme intestinale*, il y a de la diarrhée, de l'amaigrissement, l'appétit est conservé et la mort est lente à venir.

« La *forme hépatique* ou *tuberculeuse du foie* est la forme la plus insidieuse et la plus grave ; l'appétit est conservé et on ne constate qu'un amaigrissement lent et progressif, ce qui fait que l'oiseau peut vivre longtemps et semer des germes de contagion autour de lui sans qu'on se doute de la terrible épidémie qui couve et qu'on ne pourra plus combattre quand elle sera déclarée, parce que depuis longtempsle mal aura jeté ses racines ; il faudra donc toujours examiner attentivement le foie des oiseaux qui meurent dans les parquets et les volières, malgré le bon état de santé apparente (1). »

La connaissance de la nature de la diphtérie des oiseaux indique où doivent tendre les efforts du thérapeutiste, à savoir : détruire le parasite, mais comment pourrait-on aller l'atteindre dans l'épaisseur des organes internes? Et y arriverait-on?

Il resterait toujours des tumeurs qu'il a produites qui ne se résorbent pas et qui apportent un obstacle invincible aux fonctions des organes qu'elles obstruent. On peut donc dire, et malheureusement avec certitude, que lorsque la diphtérie a envahi les organes internes du tronc chez un oiseau, c'est un animal perdu.

On ne peut en effet obtenir la guérison d'un volatile malade de cette affection que quand les lésions sont localisées dans une partie accessible aux instruments, comme dans le bec ou dans l'arrière-bouche, ou lorsqu'elles forment des tumeurs autour des yeux et au cou.

Dans le premier cas, on enlève les produits pseudomembraneux avec une curette et l'on cautérise la surface qu'elle occupait avec le crayon de nitrate d'ar-

---

(1) Mégnin, journal l'*Acclimatation* et journal l'*Eleveur*.

gent ou avec de la poudre d'alun calciné ; ce moyen nous a souvent réussi, lorsque la maladie est tout à fait au début ; des badigeonnages au miel rosat, auquel on ajoute une prise de fleur de soufre et quelques gouttes d'acide chlorhydrique, nous ont aussi donné de très bons résultats même lorsque la maladie tendait à s'étendre dans l'œsophage et menaçait les parties les plus profondes des organes digestifs, mais il a été complètement impuissant, aussi bien que tout autre, lorsque les produits diphtériques sont sous forme de plaques ou de tumeurs dans ces mêmes organes profonds.

La diphtérie étant surtout dangereuse par son pouvoir contagieux, on prévient son extension en isolant immédiatement les malades, en désinfectant la basse-cour et les volières au chlorure de chaux, aux acides étendus, surtout à l'acide phénique, au sulfate de fer en solution, en purifiant l'eau de boisson par des renouvellements fréquents et par l'addition de quelques grains de sulfate de fer, par une alimentation saine et propre, à laquelle on ajoutera une prise par tête de la poudre suivante :

Salycilate de soude.......	5 gr.
Hyposulfite de soude.....	5 gr.
Quinquina gris pulvérisé.	10 gr.
Gingembre pulvérisé.....	20 gr.
Gentiane jaune pulvérisé..	10 gr.

M. Godry indique le traitement suivant, dont il déclare avoir obtenu d'excellents résultats :

« Comme pinceau j'emploie les plumes de l'aile des

poules de ma basse-cour et j'introduis profondément dans la gorge et l'arrière-gorge une de ces plumes trempées dans un collutoire qui se compose de :

Glycérine...............	30 grammes.
Eau distillée............	30 —
Borate de soude..........	8 —
Chlorhydrate de cocaïne...	1 —

« Je conseille d'essayer de ce remède. Chaque fois que vous aurez des oiseaux atteints de toux avec râle et écoulement nasal, vous pourrez le mettre à l'épreuve.

« J'ajoute à ce traitement comme vermifuge une petite boulette de beurre frais, roulée tantôt dans des graines de semen-contra, tantôt dans de la poudre d'assa fœtida et j'en fais avaler deux par jour aux malades (1). »

L'humidité, la trop grande agglomération, le manque de propreté et de désinfectant sont souvent les causes premières de la diphtérie.

La diphtérie des volailles est sans danger pour l'homme.

Empoisonnement par la ciguë, la morelle, la belladone et autres solanées. — Il donne lieu à peu près aux mêmes symptômes que le vertige, accompagné en plus de chutes, les ailes étendues, et de convulsions plus ou moins violentes.

Le lait chaud en abondance suffit pour guérir cet accident.

---

(1) Godry, *Bulletin de la Société d'Acclimatation*, numéro du 15 janvier 1889.

Empoisonnement par les orties. — Les orties attaquées par les pucerons causent des dommages et des désordres chez les oies.

On les guérit en leur faisant boire de l'eau saturée de chaux.

Empoisonnement par les graines d'ailante. — Les Palmipèdes sont très friands des graines d'ailante ou vernis du Japon, qui est un poison sans remède pour eux. Nous recommandons d'éloigner absolument les élèves des plants de cet arbre.

Goutte et rhumatismes. — Ces deux maladies se guérissent par un régime fortifiant.

On recommande les feuilles de céleri, et comme boisson une solution de biphosphate de chaux à dix pour cent.

Il est aussi très bon de plonger les membres malades trois ou quatre fois par jour, et cela pendant 4 ou 5 minutes, dans des bains de vin bouilli saturé de sel.

La goutte provient souvent de courants d'air ; dans ce cas, il faut envelopper les membres de flanelle et les enduire d'huile de laurier, la guérison ne tarde pas à se produire.

Maladie du foie. — Cette maladie, que l'on provoque intentionnellement chez les oies et canards pour la production des foies gras destinés à la confection des pâtés (1), se reconnaît à la difficulté dans

---

(1) Lereboullet, *Recherches sur la structure intérieure du foie et sur la nature de l'altération connue sous le nom de foie gras*. Paris, 1853.

la démarche et à la grosseur de l'abdomen, qui va parfois jusqu'à traîner sur terre.

Cette maladie bien déclarée est inguérissable, le meilleur est de suivre un traitement préventif en donnant quelquefois aux oiseaux des feuilles de dent de lion (pissenlit) mêlées à leurs pâtées.

Ophtalmie ou maladie des yeux, inflammation de la paupière. — Lorsqu'elle n'est pas due à la diphtérie, cette maladie se guérit par des lotions plusieurs fois répétées par jour d'eau de guimauve, et en saupoudrant la paupière tantôt avec une poudre composée mi-partie de calomel et de sucre, tantôt avec une autre composée mi-partie d'oxyde de zinc et de sucre.

Si le mal n'est pas d'origine diphtérique, la guérison surviendra dès les premiers pansements.

Dans l'autre cas, on pourra les appliquer, tout en suivant le traitement de la diphtérie.

Plaies et fractures. — Il arrive souvent que les canards et autres oiseaux aquatiques, qui sont parfois d'humeur belliqueuse, ont des plaies assez graves.

Il est bon de séquestrer l'oiseau blessé pour éviter de nouvelles meurtrissures au même endroit et de laver la blessure avec du vinaigre ; la plaie ne tardera pas à se cicatriser.

Les fractures se guérissent aussi d'elles-mêmes très rapidement.

S'il s'agit d'une aile, on assujettit les parties brisées au moyen d'une couture passée dans la peau de ces parties, de manière à donner à l'aile cassée l'attitude de celle restée saine; le fil ou la soie est retiré après la guérison.

S'il s'agit d'un tarse brisé, un bout de tuyau de plume d'oie, ou un petit morceau de bois, selon la grosseur de l'oiseau, maintiendra droit, à l'aide de ligatures de laine, le membre brisé et la guérison ne tardera pas, une quinzaine de jours après, en général.

Vers. — Les oiseaux aquatiques ont souvent des vers.

Comme traitement préventif, on fera bien de leur donner de temps en temps des oignons qu'ils mangent avec avidité.

Dès qu'on voit quelques vers dans leurs fientes, il faudra mêler à la pâtée de la racine de fougère mâle, du semen-contra, le tout en poudre.

Vertige. — Le vertige se reconnaît à un tournoiement presque perpétuel, l'oiseau paraît ivre; il est en général dû à une insolation trop prolongée.

On saigne l'oiseau sans tarder à une veine très apparente qui se trouve sous l'aile ou bien à une autre placée sous la membrane des doigts; mais la première donne plus de sang.

CHAPITRE VII

TRANSPORT DES OISEAUX ET DES ŒUFS

Transport des oiseaux. — Pour le transport des oiseaux par mer, nous ne pouvons mieux faire que citer les instructions de la Zoological Society de Londres.

1° Pour l'exportation, l'on doit choisir autant que possible des oiseaux habitués à la captivité ;

2° S'il n'est pas possible de se procurer de ces oiseaux, les volatiles sauvages doivent avoir, dès leur capture, les ailes et la queue coupées aussi court que possible.

On les placera dans une chambre éclairée par en haut et dont le sol sera garni de sable et de mottes de gazon. On y répandra de la nourriture.

On pourra les embarquer, dès qu'ils s'effraieront moins de la présence de l'homme ;

3° La nourriture consistera en graines de toutes sortes, salades, fruits, pain, œufs, viande bouillie et hachée ;

4° Les cages de voyage devront être allongées, divisées en deux parties d'environ 60 centimètres carrés et juste assez haute pour permettre aux oiseaux de se tenir droits. Elles seront pleines, sauf sur le devant, où se trouvera un grillage métallique ou des barres de bois assez serrées les unes des autres pour empêcher les oiseaux de prendre la fuite ;

5° Le sommet devra être garni de toile à une certaine distance, afin d'empêcher les oiseaux de se briser la tête en essayant de prendre leur vol ;

6° Sur le devant de chaque compartiment se trouvera une mangeoire mobile, dont un tiers sera garni de fer blanc ou de zinc pour pouvoir contenir de l'eau ;

7° Le fond devra toujours être garni de sable et de

5.

petits graviers indispensables pour faciliter la digestion des oiseaux ;

8° Le devant sera arrangé de manière à pouvoir être garni d'une toile, afin de pouvoir plonger les oiseaux dans l'obscurité ;

9° On devra tous les jours nettoyer les boîtes ;

10 On donnera tous les jours de la verdure aux prisonniers.

Pour *les petites distances*, les oiseaux seront enfermés dans des petits paniers ronds de 30 à 35 cm. de hauteur et de 60 à 70 cm. de diamètre, recouverts d'une toile d'emballage cousue après l'introduction des prisonniers.

Si le voyage ne dépasse pas 24 heures, il sera inutile de leur donner de la nourriture ; s'il est plus long, on mettra des graines dans une petite mangeoire ; il est inutile de leur donner à boire. Le fond sera garni de tan ou de paille hachée.

Le moment le plus favorable pour expédier des oiseaux est le soir.

Déballage. — Quelques précautions devront être prises pour déballer les oiseaux arrivant de voyage.

On devra attendre le lendemain matin, s'ils sont arrivés le soir et ne jamais les sortir de leurs paniers pendant la nuit.

On mettra bien en évidence à côté de l'eau une pâtée de pain trempée dans du lait, pour toute nourriture.

Transport des œufs. — Les œufs à couver qui devront être expédiés seront choisis le plus frais possible.

On les placera couchés dans une boîte contenant soit de la sciure de bois (la sciure de chêne est la préférable), soit du son, mais de manière à ce que les œufs n'aient aucun contact ni entre eux ni avec les bords de la boîte. On étendra sur eux, une nouvelle couche de sciure ou de son et l'on fermera le couvercle que l'on vissera, au lieu de clouer pour éviter des chocs.

A l'arrivée, on dévissera doucement le couvercle et on laissera les œufs reposer dans un endroit frais au *moins 24 heures avant de les mettre sous la couveuse.* Ceci est indispensable pour la réussite.

CHAPITRE VIII

ACQUISITION D'OISEAUX

A qui s'adresser. — L'achat d'une paire d'oiseaux aquatiques, surtout s'il s'agit d'une espèce rare, est une opération délicate qui peut donner lieu à plus d'une tromperie, car le plus souvent ce marché se fait par correspondance ; aussi ne pouvons-nous assez conseiller de ne s'adresser qu'à des maisons sûres comme les grands marchands et importateurs de Londres, Hambourg, Marseille, Bordeaux ; nous ne voulons en nommer aucun ici, mais leurs noms sont connus de tous ceux qui s'occupent d'aviculture.

Les grands jardins zoologiques, et plus spécialement le Jardin d'acclimatation de Paris, servent en toute confiance et si les prix paraissent un peu plus élevés qu'ailleurs, on est toutefois sûr d'avoir bien ce que l'on désire et l'éleveur trouvera toujours auprès du courtois directeur de cet établissement les conseils sûrs et habiles qu'il pourra désirer.

Une des grandes préoccupations de l'acheteur sera de se procurer des oiseaux nés en Europe, de parents captifs, plutôt que des sujets récemment importés ou capturés; les premiers seront presque sûrement de bons reproducteurs, on n'aura pas à redouter la mue d'automne, si souvent funeste aux Palmipèdes, l'année de leur importation; on est aussi certain d'avoir des oiseaux habitués à la captivité.

Un second point important est l'âge des sujets achetés, car il est évident que la valeur d'un couple en pleine reproduction n'est pas la même que celle d'animaux qui ont presque perdu cette faculté; c'est là où l'on a besoin d'être sûr de l'honnêteté du vendeur, car il sera très difficile de juger immédiatement de cet âge.

On devra aussi se faire garantir les sexes d'une manière absolue, car, dans certaines espèces, mâle et femelle ont une telle ressemblance qu'il est bien difficile de les distinguer au premier abord et bien souvent, comme chez les cygnes, les femelles sont beaucoup plus rares que les mâles et ont par conséquent beaucoup plus de valeur.

Quant aux espèces de basse-cour, si l'on tient à avoir des sujets de race pure et de toute beauté, le mieux est de s'adresser aux lauréats du concours général de Paris et des concours spéciaux de la Société d'Aviculture, qui céderont sans doute volontiers quelques descendants des reproducteurs primés. Il faut établir une différence entre les lauréats du concours général de Paris et ceux des concours régionaux. A Paris, se donne rendez-vous l'élite des éleveurs. Les Voitellier, les Farcy, les Pointelet (1), et tutti quanti — tandis que dans les expositions régionales la section des oiseaux de basse-cour laisse bien souvent à désirer et les premiers prix n'ont pas toutes les qualités que l'on serait en droit de demander.

Il existe aussi des journaux spéciaux, *le Chenil, l'Acclimatation, le Chasseur illustré,* etc., qui, par leurs annonces, mettent en relation entre eux les éleveurs, soit pour des ventes ou achats, soit pour des échanges. On peut trouver dans ces feuilles d'excellentes occasions, mais nous conseillons vivement de toujours se réserver une faculté de retour en cas de non-convenance, car, sans suspecter en rien la bonne foi des éleveurs, il leur arrive maintes fois de se faire des illusions sur la valeur de leurs produits.

Il est très utile à l'amateur d'oiseaux de se faire recevoir membre de la Société d'acclimatation (2). Cette puissante société, fondée depuis 1854 et dont la situation devient de plus en plus florissante, fait paraître une revue adressée gratuitement à ses membres dans laquelle on trouve, à côté d'articles scientifiques ou pratiques, les observations des éleveurs, le résumé de leurs moyens de réussite dans l'élevage de telle ou

(1) Albertin, successeur.
(2) Siège social, 41, rue de Lille, Paris.

telle espèce difficile. — Quelques pages d'annonces établissent un courant de relations entre les divers membres, tous éleveurs sérieux, en qui on peut avoir confiance. La cotisation est minime (25 fr. par an) ; la publication *Revue des Sciences naturelles appliquées* est bi-mensuelle. La Société d'acclimatation confie en cheptel à ses membres les animaux dont ils désirent tenter l'élevage ; c'est un grand avantage pour quelques éleveurs qui sont arrêtés par les hauts prix qu'atteignent certains Palmipèdes, le Jardin d'acclimatation fait en outre une remise sur le prix de ses ventes, aux membres de la Société.

Il ne nous appartient pas ici de faire l'éloge de la Société d'acclimatation. Ce ne serait qu'un bien juste hommage de notre part, car c'est d'elle ou de ses membres que nous tenons bon nombre de renseignements, de faits qui attireront, nous osons l'espérer, la bienveillante attention de nos lecteurs. Restant cantonné dans la partie qui fait l'objet de cet ouvrage, nous nous bornerons à déclarer que c'est la Société d'acclimatation qui a créé en France la Science avicole et a développé le goût de l'élevage, goût qui va sans cesse en augmentant.

D'autres Sociétés se sont créées depuis, mais dans des buts moins étendus et plus spéciaux ; aux amateurs qui se destinent plus particulièrement à l'élevage des Palmipèdes de produit, nous ne saurions trop recommander la Société nationale d'aviculture (1). C'est cette Société qui organise les intéressantes expositions

(1) Siège social, 24, rue des Bernardins, Paris.

d'oiseaux de basse-cour qui ont lieu au jardin d'acclimatation, elle publie une intéressante revue, *la Revue avicole*, avec annonces gratuites pour les membres. La cotisation est de 15 francs par an.

Il existe encore d'autres sociétés d'aviculture, soit à Paris, soit en province.

Prix moyen des palmipèdes. — Nous donnons ci-dessous le prix moyen des variétés de palmipèdes les plus communes soit d'ornement, soit de produit; ces prix peuvent changer évidemment selon les saisons, l'âge, le mérite des sujets. Ces renseignements nous ont été gracieusement fournis par M. A. Porte, directeur du jardin d'acclimatation de Paris.

	MALE	FEM.
CYGNES		
Cygne muet (*Cygnus olor*) 3 ans	45	75
« « 2 ans	35	65
« « 1 an. (sexe non garanti)	25	25
Cygne à col noir (*Cygnus nigricollis*) 3 ans	275	275
2 ans	225	225
1 an (sexe non garanti)	175	175
Cygne noir (*Cygnus atratus*) 3 ans	125	125
2 ans	100	100
1 an (sexe non garanti)	75	75
CEREOPSES		
Céréopse cendré — *Cercopsis Novæ Hollandæ*	75	75
OIES		
Oie d'Egypte (*Plectropterus Ægyptiacus*)	25	25
Oie sauvage (*Anser Ferus*)	15	15
Oie rieuse (*Anser Albifrons*)	15	15
Oie des Moissons (*Anser Segetum*)	15	15
Oie à bec court (*Anser Brachyrhincus*)	15	15
Oie barrée (*Anser Indicus*)	75	75
Oie du Danube, variété domestique	25	25
Oie de Guinée ou de Siam (*Anser Cygnoides*)	22	22

	MALE	FEM.
OIES *(suite)*		
Oie de Guinée et de Siam, variété blanche......	30	30
Oie de Toulouse (variété domestique)...........	25	25
BERNACHES		
Bernache du Canada (*Bernicla Canadiensis*)....	35	35
Bernache de Magellan (*Bernicla Magillinaca*)...	80	80
Bernache Cravant (*Bernicla Brenta*)..........	10	10
Bernache Nonette (*Bernicla Leucopsis*)........	15	15
CANARDS		
Canard de Bahama (*Dapla Bahamensis*)...,....	40	40
Canard à bec de lait (*Anas Pœcilorhyncha*)....	20	20
» à bec oranger (» *xanthorhyncha*)...	25	25
» à bec rose (*Metopiana peposaca*)........	50	50
» Carolin (*Aix sponsa*).................	20	30
» Casarka ordin (*Tadorna rutila*)........	30	30
» » de Paradis (*Tadorna variegata*)..	60	60
» Garrot (*Clangula glaucion*)...........	12 50	12 50
» Mandarin (*Aix galiriculata*)..........	20	30
» Milouin (*Fuligula ferina*)............	10	10
» Milouinan (» *marila*)............	12 50	12 50
» Morillon (» *cristata*)...........	12 50	12 50
» Nyroca (» *leucopthalma*).......	38	38
» Obscur (*Anas obscura*)..............	25	25
Dendrocygne à bec rouge (*Dendrocygna autumnalis*)................:.....	50	50
» à face blanche (» *viduata*).	25	25
» fauve (» *fulva*)...	50	50
Canard pilet (*Dafila acuta*).................	7 50	7 50
» sauvage ordin (*Anas boschas*)........	10	10
» siffleur (*Mareca penelope*)..........	7 50	7 50
» » du Chili (*Mareca chiloinsis*)....	75	75
» Souchet (*Spatula clypeata*)..........	10	10
» à sourcils blancs (*Anas superciliosa*)....	22 50	22 50
» Spinicaude (*Dafila spinicauda*)........	25	25
» Tadorne (*Tadorna vulpanser*)..........	17 50	17 50
Canard d'Ailesbury, variété domestique........	17 50	17 50
» de Barbarie, variété blanche ou bronzée.	12 50	12 50
» de Duclair......................	17 50	17 50
» de Labrador....................	12 50	12 50
» mignon gris blanc ou panaché........	7 50	17 50
» de Pékin......................	17 50	12 50
» pingouin	25	25
» de Rouen......................	20	20
Sarcelle d'été (*Querquedula circia*)..........	12 50	12 50
» d'hiver (» *crecca*).....	6	6
Harle piette (*Mergus albellus*)...............	7 50	7 50
» ordinaire (» *merganser*).............	7 50	7 50

CHAPITRE IX

ÉLEVAGE DES OIES DOMESTIQUES

L'oie est connue depuis fort longtemps, et son histoire remonte aux temps les plus reculés.

On la considérait en Égypte comme un dieu et une ville portait son nom.

Les poètes grecs ont comparé les jeunes filles à des oies éclatantes de blancheur.

Tout le monde connaît l'histoire des oies du Capitole. En souvenir de ce haut fait, les Romains instituèrent des fêtes et s'abstinrent longtemps de toucher à la chair de leurs sauveurs. La gourmandise l'emporta et ce fut précisément des Gaules qu'on fit venir les oies les plus estimées ; elles venaient en grands troupeaux de la Picardie, traversaient les défilés des Alpes et finissaient par échouer dans les cuisines romaines.

Intelligence de l'oie. — Les oies passent à tort pour être des plus bêtes parmi les oiseaux ; il nous serait facile de citer une multitude de faits qui démontreraient qu'elles ont une assez grande dose d'intelligence pour que leur nom ne soit pas synonyme de bêtise.

M. Lüdwig Büchler raconte l'historiette suivante, ou plutôt la vie tout entière d'une oie bavaroise, remarquable par le développement intense de ses goûts militaires.

Le printemps de 1833 la vit naître chez un boulanger d'Essling et sans que rien pût faire prévoir son mode d'existence futur, elle allait tout d'abord et très régulièrement barbotter avec ses compagnes dans les eaux limpides du Neckar qui passait non loin de là.

Un beau jour, éblouie sans doute par l'éclat des uniformes et des armes, elle abandonne soudain ses compagnes pour s'élancer auprès du factionnaire qui se promenait mélancoliquement devant la porte d'une caserne de *reiter* (carabiniers), voisine de la rivière ; emboîtant le pas au cavalier, elle oppose une résistance passive, mais énergique, aux tentatives faites pour la chasser.

La nuit venue, le factionnaire est placé dans l'intérieur de la caserne dont on avait fermé les grilles, l'oie vole aussitôt par-dessus le mûr d'enceinte pour venir reprendre son poste aux côtés de la sentinelle.

Le lendemain, elle montait toujours la garde, et c'est en vain que le boulanger, son propriétaire, escorté de son personnel, essaya de s'en emparer ; elle sut éluder tous les efforts, échapper à leur poursuite. Ce petit manège, bientôt connu du régiment, avait excité une certaine sympathie en faveur de l'animal.

Un officier en fit l'acquisition et on lui installa une maisonnette en planches autour de la guérite.

Devenue officiellement l'oie du Régiment, elle sut se pénétrer de l'importance de son rôle et rompit à tout jamais avec les oiseaux de son espèce. Dressée aux exigences du service des postes, on la voyait poursuivre à grands coups de bec les bourgeois, les officiers, le colonel lui-même, s'ils passaient trop près du factionnaire ; elle avertissait par ses cris la garde de l'approche des rondes et des patrouilles.

Le régiment, quittant Essling, partit pour Ludwigsbourg, où l'oie aussitôt arrivée reprit son service, au grand étonnement des habitants.

En 1846, une série de manœuvres auxquelles les *reiters* participèrent imposa une séparation momentanée. L'oie dut rester au dépôt et fut privée de son compagnon habituel, le factionnaire de la caserne ; elle sut partager son temps entre la sentinelle de l'arsenal et celle de la poste aux lettres.

Le jour du retour du régiment, on la vit, dès que les premières fanfares se firent entendre, franchir d'un seul vol plusieurs centaines de mètres, pour aller se placer en avant des trompettes et faire une entrée triomphale, marchant la tête haute jusqu'à la caserne. La poste et l'arsenal furent dès lors abandonnés et l'oie reprit sa place au corps de garde.

Effectuant un nouveau changement de garnison en 1849, elle vint, avec son régiment, habiter la caserne de l'arsenal à Ulm, où sa réputation l'avait du reste précédée.

C'est là qu'elle mourut, en janvier 1853, âgée de près de vingt ans (1).

En Allemagne, une vieille femme aveugle était con-

(1) *Bulletin de la Société d'acclimatation.* 1890.

duite tous les dimanches à l'église, par un jars qui la tirait par la robe avec son bec. Lorsque la vieille était assise à son banc, l'oiseau se retirait dans le cimetière pour paître l'herbe et lorsque le service était terminé il reconduisait sa maîtresse à la maison.

Un jour, le pasteur allait rendre visite à cette dame, qui était sortie, mais il trouva la fille et lui exprima quelque surprise qu'elle laissât sa mère s'aventurer toute seule. « Ah ! Monsieur, répondit-elle, nous ne craignons rien, ma mère n'est pas seule, le jars est avec elle (1). »

Logement. — On ne prend pas en général pour les oies toutes les précautions d'hygiène et de propreté nécessaires ; ces pauvres bêtes sont habituellement entassées dans quelque mauvais réduit humide et malsain.

Souvent même elles partagent le logement des poules ; celles-ci passant la nuit sur leurs perchoirs, les oies en reçoivent toutes les déjections et ont le plumage tout sali ; or elles aiment beaucoup la propreté et c'est pour elles une condition de santé.

Elles doivent coucher dans un endroit sain et aéré qu'elles ne partageront qu'avec les canards.

Le sol devra être recouvert d'une litière sèche que l'on renouvelle souvent. L'on obtient ainsi un excellent engrais dont voici d'après Wolf la composition comparée au fumier de cheval :

(1) Ménault, *Intelligence des animaux.*

Pour mille parties de déjections :

	Oie.	Cheval.
Eau	771	710
Matière organique	134	246
Phosphate	5,4	2,1
Azote	5,5	4,5
Potasse	9,5	5,2
Chaux	8,4	5,7
Magnésie	2,0	1,4
Combinaisons sulfureuses	1,4	1,2
Silice et sable	140	125

C'est-à-dire que le fumier de l'oie est très riche en substances les plus utiles pour la régénération des sols cultivés, l'azote, les phosphates et la potasse; de plus ces matières s'y trouvent à l'état si concentré que l'on ne doit se servir d'excréments purs que par petites doses ; il est préférable de les mélanger avec de la terre ou de la litière, de la tourbe, de la sciure ou de tan. Leur ensemble forme un engrais tout préparé qui peut être transporté directement du poulailler sur la terre à féconder. Si l'on désire employer la substance pure, il ne suffit pas de la dessécher, il faut encore prendre la précaution de la broyer, car, dans le cas contraire, les grosses parcelles se roulent en boule et en s'attachant aux racines des plantes peuvent devenir nuisibles.

On peut aussi loger les oies dans un poulailler mobile ou roulant de manière à leur faire passer l'été tout entier au milieu des pâturages.

Nourriture. — L'oie est un animal vorace et gâcheur qui est loin d'être difficile sur la qualité de sa nourriture, qui est presque absolument végétale.

Les oies mangent toutes sortes de graines sèches ou mouillées, des fruits avariés, des pâtées de pommes de terre, de betteraves. Elles sont fort friandes des débris de jardinage, de son et surtout de recoupe ; mais pour réussir dans leur élevage, il leur faut un parcours assez grand pour qu'elles puissent glaner dans les champs, les prairies et les chaumes la presque totalité de leur nourriture et elles ne doivent trouver à la ferme que le complément en graines et en pâtées.

Lorsqu'on élève une certaine quantité d'oies, au lieu de les laisser vaquer autour de la maison, on les mène paître comme un vrai troupeau. Elles mangent alors, les saisissant et les arrachant, toutes les herbes qu'elles rencontrent ; toutefois, il faut remarquer qu'elles ne s'attaquent ni au sainfoin, ni à la luzerne.

Dans les régions chaudes et sans eau de l'Amérique, on fait paître les oies, mais les Américains trouvent un remède à ce manque d'eau, si nous en croyons l'anecdote suivante.

« Un habitant d'Atlanta, voyageant dans l'Alabama, rencontre un matin, entre Potersgay et Millersville, un individu conduisant une douzaine d'oies vers un champ de cotonniers ; chaque oie portait au cou une gourde pleine d'eau. Étonné de voir les Palmipèdes en si singulier équipage, le voyageur en demande la raison à leur gardien. « Les gourdes contiennent la provision d'eau des oies, répondit celui-ci, elles passent la journée à manger les mauvaises herbes des champs de cotonniers, où elles ne trouveraient pas à boire, et quand une de ces volailles a soif elle se désaltère à la gourde d'une de ses compagnes. » Bientôt après le narrateur de cette historiette voyait une oie se rafraîchir en introduisant le bec dans la gourde de sa voisine, prête du reste à demander le même service (1).

L'hiver, lorsque les oies ne peuvent trouver au dehors leur nourriture végétale, il faut leur donner des pâtées de pommes de terre, de recoupe ainsi que tous les débris de la cuisine.

Ponte. — L'oie sauvage est monogame ou du moins le mâle n'a qu'une seule femelle chaque année.

L'oie domestique est polygame et dans nos basse-cours un *jars*, c'est le nom que l'on donne au mâle, peut suffire à cinq ou sept femelles.

Au mois de février et même au mois de janvier, pour la race de Toulouse, l'oie cherche un endroit retiré où tous les deux jours elle vient déposer un œuf; lorsque huit ou dix œufs se trouvent réunis, elle demande à couver; il faut donc chercher le nid que la femelle a choisi (cela est facile en la suivant, lorsque, au commencement de février, on la voit charrier des brins de paille), et enlever tous les œufs au fur à mesure en ayant le soin d'en laisser toujours un. En agissant ainsi, on arrive à pousser la ponte des oies de Toulouse jusqu'à près de cent œufs.

Pour exciter les oies à la ponte, il est bon de leur

---

(1) *Bulletin de la Société d'acclimatation.* 1884.

donner de l'avoine, ainsi que du pain de farine de froment non blutée.

Incubation. — On peut faire couver les œufs d'oie par des poules, mais alors il ne faut pas en mettre plus de six à sept sous la couveuse.

On se sert aussi de dindes, à qui l'on peut donner de douze à quatorze œufs.

Mais l'oie est aussi une bonne couveuse et une bonne mère, les races de Toulouse et d'Embden exceptées. On prépare alors, dans un local tranquille et salubre, un nid de paille, dans lequel on dépose douze à quinze œufs, on y apporte l'oie qui les adopte presque toujours sans difficulté et les couve avec tant d'ardeur que l'on est obligé de venir la lever pour la faire boire et manger.

Éclosion des œufs. — L'éclosion a lieu le trentième jour; dans l'incubation par l'oie, il faut retirer les jeunes à mesure qu'ils naissent et les placer dans un panier garni de laine et dans un endroit chaud. Sans cette précaution, l'oie abandonnerait les œufs non encore éclos; après l'éclosion de ces derniers, on lui rend les jeunes qu'on lui avait enlevés.

Élevage des jeunes. — Les oisons naissent avec un simple duvet; aussi doit-on les préserver du froid; trente-six à quarante heures après l'éclosion, on commence à leur offrir de la nourriture.

Le premier aliment est un œuf dur haché avec de l'herbe blanchie et égouttée également hachée; les repas ont lieu cinq fois par jour à des heures fixes.

Plus tard, on ajoute de la bouillie de millet.

Au bout de deux jours, les oisons broutent le gazon ; à sept jours, on les sort sur le pré, aux heures les plus chaudes de la journée ; aussitôt qu'ils donnent des signes de lassitude, on les rentre, sans les laisser reposer sur l'herbe ; mais avant de les sortir, il faut s'assurer que le temps est sûr, car les orages sont des plus funestes pour eux ; leur duvet les abrite fort mal contre les intempéries et, mouillé, ce duvet imprégné d'une matière mucilagineuse, se colle, s'agglutine et l'oiseau périt.

Graduellement, on arrive après huit jours à sortir les petits oiseaux à l'aube. Il est absolument nécessaire pour leur santé de les sortir de grand matin, quitte à les rentrer pour une heure ou deux s'ils ont froid, car on remarque qu'ils refusent de manger : s'étiolent, contractent même la paralysie des membres inférieurs ou la diarrhée si on ne les sort pas de bonne heure.

On les rentre au contraire dès trois à quatre heures.

On leur donnera alors comme nourriture, du millet de l'orge, du seigle, du riz, le tout bien arrosé d'eau avec des pâtées de son ou de recoupe mélangées avec des feuilles d'ortie, de betteraves hachées menu. Les repas sont plus espacés et on n'en donnera que trois par jour.

Les vieilles oies expérimentées savent d'instinct le moment où les petits peuvent être conduits à l'eau, à l'âge de trois ou quatre semaines, et éviter les étangs où se trouvent des sangsues, fort dangereuses pour les jeunes oisons.

Vers un mois et demi l'on peut commencer à former

le troupeau qui, sous la conduite d'un enfant, ira chercher une partie de sa nourriture au dehors.

Au bout de six ou huit mois, les oisons sont prêts pour l'engraissement, surtout si on les a préparés en les faisant paître dans les chaumes après la moisson ou bien l'on attend le printemps ou l'été suivant.

Ils ne sont complètement adultes et propres à la reproduction qu'à l'âge de deux ans.

Engraissement. — L'oie est de tous les animaux domestiques celui qui prend le mieux la graisse.

On les engraisse généralement durant l'été et l'automne et c'est durant cette dernière saison que l'on obtient les meilleurs résultats; mais le mois de novembre est la dernière limite. L'opération durant de trente à quarante jours, l'on pourrait atteindre le moment ou quelques oies entrent en amour, ce qui les rend réfractaires à toute tentative d'engraissement.

La meilleure préparation à l'engraissement est le grain, notamment l'avoine, le sarrasin et le maïs ; on leur en donne pendant une bonne quinzaine après leur retour des champs et on leur fait boire de l'eau blanchie avec une poignée de farine ou de recoupe.

Il existe plusieurs manières d'engraisser les oies ; nous allons résumer les principales.

Lorsqu'on n'a qu'une petite quantité à engraisser, on les place dans une épinette étroite (fig. 39), où elles ne peuvent se tenir debout, ni exécuter de mouvements latéraux; l'épinette est placée dans un lieu sombre, éloigné du bruit et où, *condition essentielle dans tout engraissement,* les oies ne pourront entendre les cris de leurs camarades restés en liberté. Une pâtée, composée de farine d'orge, de maïs, de sarrasin, ou de pommes de terre délayées dans du lait caillé ou pur sera placée en dehors dans des augettes, de manière

Fig. 39. — Epinette économique pour l'engraissement rapide des volailles (Lagrange).

à ce que l'animal puisse s'en gorger à volonté en passant la tête à travers les barreaux de la cage.

On les place aussi dans des loges en bois par lot d'une douzaine environ ; on les serre assez pour qu'elles ne puissent bouger et la loge est assez basse pour les empêcher de se lever, le pourtour des planches est garni de fentes longitudinales pour permettre à chaque oiseau de passer la tête et de venir prendre sa nourriture dans des auges peu profondes. Les repas consistent, pendant les premiers jours, en avoine, en grains divers et insensiblement on ajoute des pommes de terre cuites avec du lait caillé.

Vers le dixième jour, on y mélange de la farine d'orge ou de sarrasin, des pois cuits, des raves ou des betteraves. On donne trois repas par jour. Quand les repas sont pris, l'on remplacera les augettes par d'autres plus profondes qui contiennent du lait avec de la recoupe, ce qui constitue la boisson des oies jusqu'au prochain repas.

Avec cette nourriture l'on a au bout de dix-huit jours des oies bonnes à manger, dites *demi-grasses*.

Au lieu de mettre les oies dans des loges, on peut les renfermer dans un local quelconque, dont le sol sera garni d'une bonne litière ; le nombre d'oies sera assez grand pour qu'elles soient très serrées et ne puissent faire presque aucun mouvement. Les volets de cette chambre seront rigoureusement fermés et l'on ne donnera de la lumière que trois fois par jour, au moment des repas qui se composeront comme nous venons de l'indiquer.

Empâtement et gavage. — Lorsqu'on veut pousser l'engraissement plus loin encore après avoir engraissé, comme nous venons de le dire, les oies pendant une vingtaine de jours, on les soumet à l'empâtement et au gavage.

On empâte les oies avec un entonnoir en fer blanc (fig. 40), dont le tuyau est assez large pour laisser

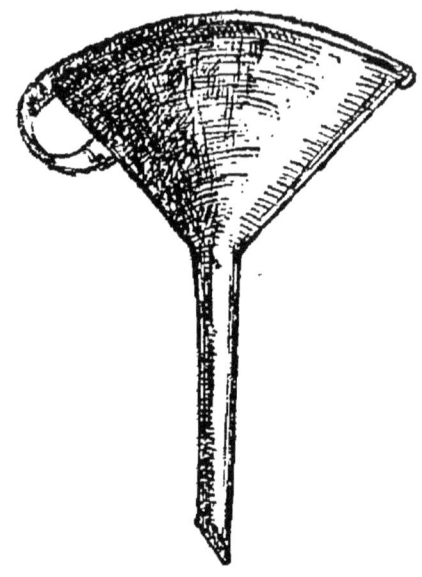

Fig. 40. — Entonnoir pour gavage à la main (Voitellier).

passer des graines de maïs cuites dans l'eau salée ; trois fois par jour on introduit dans le bec des oies le tuyau de l'entonnoir et, avec un petit fouloir en bois, on fait descendre les graines dans le jabot de l'animal. Quand celui-ci est suffisamment rempli, on offre de l'eau à boire. Trente litres de maïs suffisent généralement à engraisser une oie pesant jusqu'à 10 kilos.

Au lieu de graines, on emploie quelquefois des farines d'orge, de sarrasin, des pommes de terre cuites, délayées avec du lait caillé et avec lesquelles on fait des pâtons assez fermes, un peu longs, que

6.

l'on trempe dans du lait pour en faciliter la descente, mais on est aussi obligé d'aider avec la main à cette descente.

Pour activer cette opération, l'on se sert aussi de gaveuses mécaniques.

Le foie est l'objet d'un grand commerce, aussi essaye-t-on à lui faire acquérir un grand développement, jusqu'au point de causer une véritable maladie à cet organe et c'est avec ces foies que l'on fabrique les pâtés si renommés de Strasbourg (1).

Voici comment on s'y prend en Alsace :

On renferme l'animal dans une boîte en sapin assez étroite pour qu'il ne puisse faire presque aucun mouvement. On y trace une ouverture longitudinale pour lui permettre de prendre sa nourriture et de venir boire dans une augette toujours remplie d'eau dans laquelle on a mis du charbon de bois en poudre.

On nourrit l'oie avec du maïs trempé dans de l'eau salée depuis 24 heures et comme il faut un mois pour l'engraissement ainsi que trente litres de maïs, on divise cette ration en soixante parties. Matin et soir on distribue une de ces parties à l'oiseau et on lui administre à la main ou à l'entonnoir ce qu'il n'a pas voulu prendre de lui-même.

Au vingt-deuxième jour, l'éleveur mêle à chaque ration de graines trois cueillerées d'huile de pavot ou d'œillette et cela jusqu'à la fin de l'engraissement, qui dure encore de huit à dix jours.

---

(1) Lereboullet, *Recherches sur la structure intime du foie et sur l'altération connue sous le nom de foie gras.* Paris, 1853.

Lorsqu'on voit apparaître une pelote de graisse sous chaque aile et que l'on remarque de la difficulté dans la respiration, il est temps de tuer la bête, de la plumer et de vendre le foie, qui pèse généralement de 400 à 900 grammes, atteignant quelquefois le poids de 1.000 grammes et valant de 3 à 8 francs.

D'après M. Vienkoff, dans les fabriques les plus renommées, on préfère nourrir les oies au moyen de riz à moitié cuit, de sarrasin et de marrons, le tout en bouillie. Un engraissage parfait demande jusqu'à sept semaines. Les foies pesant jusqu'à trois livres allemandes sont truffés dans la proportion d'une demi-livre de truffes par livre de foie ; on les place sur des tables de marbre dans des glacières, où ils sont laissés une huitaine de jours pour se pénétrer de l'arome des truffes. Après quoi on les met dans des terrines entre deux lits de farce de viande, on bouche le tout à la graisse et l'on fait cuire dans des terrines fermées pendant cinq heures — opération particulièrement délicate et confiée à des spécialistes. Les pots emballés dans des boîtes en fer blanc sont envoyés ensuite dans les cinq parties du monde. Cette industrie rapporte plus d'un million de francs par an.

On engraisse aujourd'hui, ajoute toujours M. Vienkoff, une quantité considérable d'oies pour leur foie, en Autriche et surtout en Hongrie. Vienne est devenu un des centres de la fabrication de pâtés en terrines de faïence, lesquelles sont de fabrication viennoise.

Le pâté de foie gras est d'origine très ancienne ;

Métellus, ce gourmand romain, inventa déjà l'art de faire renfler les foies d'oie en les plongeant tout chauds quelques heures dans du lait miellé; ils sortaient, paraît-il, de ce liquide ayant des qualités recherchées.

Mais celui qui donna sa véritable composition au célèbre pâté de foie gras fut un Normand, Close, cuisinier du maréchal de Contades, gouverneur de Strasbourg. Après le départ du maréchal, Close resta à Strasbourg et de son officine sortit le fameux pâté qui fit le tour du monde.

Produits. — Voici, d'après M. Gobin, le rendement d'une oie du poids vif de huit kilos :

Viande	3. 500	à	1. 25	4. 35
Graisse	2.	à	2. 50	4. 60
Foie	0. 200 (il peut être poussé à 900)	1.	
Intestins, tête, abatis	2. 600			0. 75
Plumes et duvet	0. 250			0. 45
			Total...	11. 15

On procure donc un quadruple produit, la graisse : la viande, la plume et le foie.

La graisse, qui se conserve facilement dans des pots en grès après avoir été fondue, est fort estimée ; certains gourmets la préfèrent pour l'usage culinaire à la meilleure huile d'olive.

La chair est fort goûtée ; sur les tables modestes elle remplace la dinde.

A Noël, lorsque l'hiver arrive, on tue dans les pays producteurs de si grandes quantités d'oies pour les foies qu'on en conserve la viande, soit en la mettant dans de grands pots remplis de graisse, soit en la fumant ou en la salant.

Les plumes ont une assez grande valeur, puisque le kilogramme de plume sèche vaut 2 francs et le duvet 7 francs; trois fois par an: en mai, juillet et septembre, on fait prendre aux oies un bain dans de l'eau claire et on les fait sécher sur le gazon, on les plume sans toutefois les dépouiller complètement. Les plumes, une fois cueillies, sont placées dans un endroit sec, puis, au bout de 15 jours, séchées au four. Les plumes et duvets pris sur des sujets morts ont beaucoup moins de valeur (1).

Dans certains endroits, comme dans la Vienne, on écorche l'oie grasse avant de la livrer à la consommation et on fabrique de sa peau garnie de duvet des imitations de « peau de Cygne » qui sont employées comme garnitures de robes; pour cela on fend par le dos les peaux encore garnie de duvet et on les soulève avec la plus grande précaution. On les trempe, pendant une douzaine d'heures au moins, dans une dissolution d'alun et de sel de cuisine :

Alun.........	100 gr.
Sel de cuisine.	50 gr.
Eau.........	4 litres.

On les fait ensuite sécher à l'ombre et dans un courant d'air, en les étirant trois fois par jour pour les empêcher de se raccornir. On détruit enfin la matière cérumineuse grasse du duvet, soit en les passant au

(1) Voyez Lacroix Danliard, *la Plume des Oiseaux*. Paris, 1892 (*Bibl. des connaissances utiles*).

four et en les battant après, soit en les recouvrant pendant 24 heures de cendres de bois blanc finement tamisées. Une peau ainsi préparée vaut de deux à trois francs.

Des intestins on fait des cordes d'instruments à musique.

CHAPITRE X
ÉLEVAGE DES CANARDS DOMESTIQUES

Le canard domestique était connu des Grecs et des Romains.

Aulu Gelle et Martial, en parlant de ces oiseaux servis sur la table des somptueux Romains, disent qu'on n'y estimait que les aiguillettes et la cervelle.

Varron et Columelle nous ont laissé la description des magnifiques basses-cours où on les élevait.

Intelligence du canard. — La voix nasillarde et discordante du canard semble dénoter peu d'esprit; à l'occasion cependant il montre une rare intelligence.

Voici ce qu'un de nos plus éminents naturalistes a entendu raconter par une personne digne de la plus entière confiance :

« Une jeune dame était assise dans une chambre, près d'une cour où s'ébattaient les poules, les canards et les oies.

« Un canard entra, s'approcha d'elle, saisit du bec le bas de sa robe et la tira vivement. Distraite, elle le repoussa de sa main. Il insista. Un peu étonnée, elle prêta quelque attention à cette pantomime inaccoutumée et il lui parut que le canard voulait l'entraîner dehors. Elle se leva ; il s'empressa de marcher devant elle. De plus en plus surprise, elle le suivit jusqu'au bord d'un bassin où elle aperçut une cane qui avait la tête prise dans la porte d'une écluse. Elle se hâta de dégager la pauvre bête et la rendit au canard qui, des ailes et de la voix, témoigna tout le contentement que lui causait la délivrance de sa compagne.

Logement. — On a généralement l'habitude de loger le canard avec les poules et les autres oiseaux de basse-cour, c'est une grande faute ; car ce pauvre oiseau, qui ne perche point, reçoit pendant toute la nuit les déjections des autres volatiles qui sont logés au-dessus de lui.

Il est donc de toute nécessité de leur trouver un logement particulier, dont on garnira le sol d'une litière de paille, feuilles ou roseaux.

Voici la description d'une installation type.

« C'est un long appenti construit en planches de sapin recouvert en carton bitumé. Il mesure 1^m75 de hauteur au fond, 1^m60 sur le devant, la profondeur est de 1^m50.

« Le toit présente une saillie de 0^m80 pour abriter les animaux de la pluie et du soleil.

« La façade exposée au levant, les côtés, les cloisons intérieures sont garnies d'un grillage à mailles simples de 2 centimètres pour empêcher les bêtes puantes et les rats d'entrer dans le parc. L'hiver je garnis le tout de paillassons.

« En vue de l'élevage des canetons, qui doivent être protégés contre les intempéries de la saison et contre la rapacité des chats et des oiseaux de proie, je réserve une case particulière pour chaque couveuse ou chaque mère. Elle mesure 1^{m}50 au carré.

« Celles qui sont destinées aux adultes ont une largeur qui varie suivant le nombre de canards qu'on se propose d'y loger.

« Dans chaque compartiment destiné aux couveuses, à l'une des encoignures de la construction, j'y confectionne au moyen de paille de seigle un nid avec abri demi-conique, où la cane peut couver en silence.

« Un bassin cimenté peu profond est établi pour 'usage des canetons.

« Comme mobilier, une augette en bois (sur pieds) et un abreuvoir syphoïde.

« Dans la loge des adultes, plusieurs nids construits sur le même modèle que celui indiqué plus haut servent aux pondeuses.

«Afin de soustraire les canards à l'influence de leur propre infection, il faut nettoyer la loge à fond et renouveler la litière tous les deux jours. Les auges doivent être scrupuleusement lavées à l'eau bouillante.

«L'augette, contenant les aliments, sera éloignée de l'abreuvoir, car sans cette précaution les canards promèneraient leur bec du bassin à la pâtée et vice-versa, saliraient leur eau et gaspilleraient surtout une grande quantité de nourriture. »

Nourriture. — Le canard est sans contredit l'oiseau de basse-cour le plus facile à nourrir, il mange de tout et, pourvu qu'il puisse continuellement manger, il ne s'inquiète pas de la qualité. Débris de cuisine, viande, légumes, grains, graines, chenilles, escargots, chrysalides de vers à soie, tout lui est bon ; il n'est pas de fumier, de cloaques, de tas d'ordures où le canard ne trouve quelque nourriture. Par la conformation de son bec, il tamise les eaux sales, les boues, pour en extraire des myriades d'insectes, de vers et de mollusques, que l'on ne peut toujours apercevoir à l'œil nu.

On voit qu'il est d'une grande économie de permettre aux canards de vaquer sur un grand parcours d'eau, car il y trouve de lui-même une bonne partie de sa nourriture.

A la basse-cour, on peut leur distribuer toutes sortes de graines, mais en ayant soin de les mettre en tas afin de leur permettre de les saisir plus facilement avec leur gros bec ; c'est aussi une bonne précaution de les humecter légèrement.

Ils aiment toutes les sortes de pâtées : son, pommes de terre, pain, betteraves, herbes cuites, orties, déchets de légumes, etc.

On peut aussi leur donner le déchet de plusieurs industries : drêches des distilleries, viandes des établissements d'équarrissage, pain de creton, etc. Ces matières donnent peut-être un mauvais goût à la chair des canards, mais il est facile de changer leur régime quelques jours avant de les consommer.

Ponte. Incubation. — Au printemps, on donne à chaque mâle de six à sept femelles, car de monogamme qu'il était en liberté, le canard est devenu polygame à l'état domestique.

Le meilleur âge pour la reproduction est de deux à trois ans.

Il faut noter chez le mâle une curieuse résorption des testicules : après l'époque de la pariade, ils ne sont plus que de la grosseur d'un grain de riz, tandis que à la fin de mars ils sont de la grosseur d'un œuf de poule et ce n'est qu'à ce moment que le mâle peut réellement féconder sa femelle.

Les canes pondent souvent avant ce moment, dès la fin de janvier parfois, mais elles ne tardent pas à abandonner ces œufs, qu'elles reconnaissent inféconds.

Le nombre d'œufs dépend de l'âge et de la race ; si la race commune ne donne qu'une quarantaine d'œufs, les Pékin, les Rouen et les Ailesbury en donnent une centaine et quelquefois plus ; les mulets dépassent encore ce chiffre. Mais pour obtenir cette quantité, il faut, bien entendu, retirer les œufs à mesure qu'ils sont pondus et ne pas laisser couver les canes ; du reste une bonne précaution à prendre est de les tenir enfermées le matin, jusqu'après la ponte; on les empêche ainsi de pondre dans l'eau, accident qui arriverait souvent, ou d'aller déposer leurs œufs dans un nid caché dans les broussailles, que l'on aurait quelquefois beaucoup de peine à découvrir. Les canes de la race commune font un œuf tous les deux jours, tandis que celles des races de Rouen et d'Ailesbury pondent tous les jours, ne prenant qu'un jour de repos par quinzaine environ.

L'incubation peut être faite soit par les canes, soit par des dindes ou des poules, soit encore par des couveuses artificielles; elle dure de 28 à 30 jours.

L'incubation par les poules et les dindes ne demande aucune précaution spéciale.

Quant aux couveuses artificielles, on tiendra seulement l'atmosphère un peu plus humide que pour les œufs de poules. Dans la couveuse Forget, le verre de la lampe passant dans un manchon rempli d'eau donne une humidité régulière.

Éclosion. — Dans le cas où l'on a laissé à la mère le soin de mener à bien sa couvée, il faut avoir la précaution de surveiller le moment de l'éclosion, car, comme l'oie, la cane, dès qu'elle voit deux ou trois jeunes éclos, croit sa tâche terminée et abandonne les autres œufs.

La cane qui élève elle-même ses jeunes est souvent fort méchante et permet peu qu'on s'occupe de ses petits.

Élevage des jeunes. — Les jeunes s'élèvent très facilement, que l'incubation ait eu lieu par une poule, par une cane ou par une éleveuse artificielle; il faut seulement prendre la précaution de ne pas les laisser aller à l'eau avant 5 ou 6 jours.

On les laissera jeûner pendant les premières 24 heures qui suivront la naissance, puis on leur donnera sept à huit fois par jour des pâtées de farines, de feuilles d'orties hachées menu, d'œufs durs, etc., mais quoique destinés à devenir des êtres gloutons, les canetons ne se décident que tardivement à apprendre à manger.

Un des meilleurs moyens de les y engager est de leur jeter pendant les premiers jours des vers de terre vivants, divisés en petits morceaux, dont les mouvements attireront vite les jeunes.

Il faut absolument les protéger de la pluie et du froid; les orages et les fraîcheurs sont souvent une cause de non-réussite pour les couvées précoces; lorsque, malgré toutes les précautions, les canetons sont mouillés, il faut les prendre de suite et les faire sécher devant un bon feu.

A l'âge de six semaines, on leur donne des déchets de grains, des pâtées de son, de pommes de terre, de betteraves ou de navets cuits, ainsi que du blé, de l'orge, du sarrasin, des glands, des limaçons, des vers de terre. Voraces et omnivores, ils profitent de cette nourriture abondante et croissent rapidement.

Lorsqu'ils sont devenus adultes et ont croisé leurs ailes, vers 3 à 6 mois selon la race, ils peuvent être soumis à l'engraissement.

Engraissement. — On traite les canards comme les oies; on les engraisse soit en liberté, soit dans des épinettes (fig. 41) avec ou sans introduction forcée de pâtons ou de matières alimentaires à l'aide d'entonnoirs ou de gaveuses. On leur donne des pâtées de farine, du maïs échaudé, des racines cuites, des glands, des châtaignes concassées.

Dans le Languedoc, pour l'obtention des foies gras

qui servent à confectionner les fameux *pâtés de Nérac*, on prend des canards déjà assez gros et on les met en épinette dans un local assez obscur; trois ou quatre fois par jour, on les gave avec une bouillie de farine de maïs en ne leur donnant à boire qu'un peu de lait écrémé. L'opération dure de 15 à 20 jours.

Fig. 41. — Epinette pour l'engraissement de toutes volailles (Voitellier).

On s'aperçoit que l'engraissement est suffisant lorsque les plumes de la queue s'écartent en éventail et sont plus relevées qu'en l'état ordinaire.

« Pour retirer avec tout son volume le foie si recherché, blanc et jaune, entremêlé de cette graisse si fine qui lui donne un goût si savoureux, il faut tuer le canard sur sa digestion. » (Mariot-Didieux.)

Un canard de petite race bien engraissé pèse 2 kilogrammes, un Rouen ou un Ailesbury 4 kilog. à 4 kilog. 500, un mulet de 5 à 6 kilos ; le foie atteint le poids de 200 à 350 grammes.

En Angleterre, l'élevage des canards donne lieu à une industrie spéciale dont le siège est Ailesbury, petite ville du comté de Buckingham.

Voici les principales lignes de cet élevage (1).

Les marchés de Londres sont approvisionnés de grandes quantités de ces canards Ailesbury et, quoique cela puisse paraître incroyable, il arrive souvent que les trains emportent à Londres dans une seule nuit plus d'une tonne de canetons de six à huit semaines, venant d'Ailesbury ou des villages environnants. On ne les tue généralement pas avant l'âge de 7 à 8 semaines, moment où les bons sujets atteignent le poids de 4 livres. Les prix varient beaucoup suivant la saison et s'ils atteignent quelquefois 10 à 20 francs la paire vers le milieu de mars, ils vont en diminuant graduellement jusqu'à la fin de juin, époque où ils sont peu demandés. On évalue à 30.000 livres sterling le produit annuel de la vente des canards pour la ville et les environs d'Ailesbury seulement.

Les éleveurs que l'on nomme vulgairement *duckers*

---

(1) Le *Poussin* et le *Catalogue*, de M. Fowler, éleveur de cette localité.

(ou en français *canardiers*), appartiennent à la classe laborieuse et intelligente des travailleurs agricoles ; leurs femmes les aident dans leur travail et deviennent des auxiliaires précieux par leur activité. Ils ont adopté un système d'élevage consistant dans la division du travail.

Les uns prennent des séries de pondeuses composées d'un mâle et de quatre femelles (le prix des œufs, en décembre et en janvier, est de 12 fr. 50 à 15 fr. la douzaine, plus tard 5 et 6 francs ; pour obtenir cette ponte d'hiver il est évident qu'il faut donner aux reproducteurs une nourriture animale et excitante, des morceaux de viande et du chènevis).

D'autres recueillent les œufs pour les incubations, quelques-uns achètent les canetons pour les élever et les engraisser pour le marché.

Enfin d'autres, combinant toutes ces industries, achètent des quantités de reproducteurs, et il n'est pas rare de voir chez eux deux ou trois mille petits de tous âges.

On ne laisse jamais couver les canes, les œufs sont confiés à des poules. Deux ou trois couveuses ayant habituellement chacune 13 œufs sous elles sont installées simultanément ; on s'assure ainsi d'une vingtaine de petits ; on les confie alors à une seule poule, qui se charge de les couvrir jusqu'à ce qu'ils soient trop grands pour elle, ce qui dure environ trois semaines, les petits pouvant alors se dispenser d'elle.

Le meilleur moyen d'installer les couvées est de placer les œufs dans des paniers grossiers ou dans des boîtes rondes servant au transport des fromages. On étend dans le fond une couche de chaux et de cendres de bois, ce qui éloigne les poux et la vermine; sur ce fond on met du foin et de la paille très molle, puis on dispose les œufs sur le tout.

L'incubation dure 28 jours environ; pendant la dernière semaine, on arrose légèrement les œufs avec de l'eau tiède après avoir retiré la poule pour lui donner son repas.

Quand l'éclosion a lieu, on laisse les canetons pendant 12 heures sous la poule pour qu'ils soient séchés et tenus chaudement ; c'est une grande erreur de les retirer trop tôt.

S'ils sont destinés au marché, on ne les laisse pas se baigner, on les place dans des chambres ou hangars chauffés, divisés en compartiments pouvant tenir contenir chacun de 30 à 50 canetons. Il faut les tenir très proprement et très chaudement, la paille d'orge est la meilleure litière.

On les nourrit d'abord avec des œufs durs hachés fin, mélangés avec du riz et du foie de bœuf coupé également très menu : on leur en donne plusieurs fois par jour.

Au bout d'une quinzaine, on emploie de la farine d'orge mélangée à des résidus de suif, ces derniers préalablement bouillis; on se sert de ce liquide pour faire le mélange. La viande de cheval très fraîche, bien bouillie, mêlée à la farine d'orge, forme une excellente alimentation.

On tue les canards en leur coupant le cou, on les

plume soigneusement, puis on les place sur une planche très unie, la poitrine en dessous, on leur pose alors une autre planche sur le dos avec un poids pour les aplatir. On les emballe dans des mannes d'osier, dans de la paille molle et on les expédie au marché de Londres.

« Les Chinois, qui, dans certaines questions pratiques, sont plus avancés que nous et réalisent depuis des siècles ce que nous jugeons souvent irréalisable, ont profité de la facilité d'éducation des canards pour établir la production du canard en grand et d'une manière fort ingénieuse.

« Éclos par des procédés d'incubation artificielle, des milliers de canards sont parqués sur des bateaux qui parcourent les fleuves, les rivières et les canaux du céleste Empire. Réchauffés sous des appareils analogues à nos mères artificielles ou sous les ailes de vieux canards dressés à ces fonctions, les canetons sont durant tout le jour mis à l'eau et libres de s'ébattre sur les rives du fleuve, de brouter sur les berges, de chasser les insectes et les mollusques aquatiques. Chaque soir, à l'aide d'une sorte de pont-levis, ils reviennent coucher sur leur bateau, où une petite distribution de grains leur est faite. A mesure qu'un canton est exploité, le bateau se déplace, livrant toujours aux élèves qui l'habitent des rives inexplorées. Un seul homme suffit, dit-on, à conduire deux ou trois mille canards, qui, sous l'influence de ce régime excellent et peu coûteux, atteignent bientôt un état de chair suffisant pour être livrés à la consommation dans les villes et les villages que traversent les fleuves (1). »

Pourquoi ne pas suivre en France cette ingénieuse méthode ?

Produits. — « Un canard de Rouen ou de Toulouse, engraissé pour le foie, pèse souvent plus de 4 kilos. Le premier se vend de 3 à 5 francs, le second de 5 à 8 francs. Le foie seul du dernier vaut, suivant les années, de 2.50 à 4 fr. et pèse de 200 à 500 grammes.

« La graisse du canard, qui se conserve comme celle de l'oie, est encore plus estimée.

« Enfin le canard donne comme l'oie un produit en plumes et en duvet moins élevé en quantité (500 gr. par an), mais au moins égal comme qualité.

« Aux époques de mue naturelle, c'est-à-dire en mai et septembre, on arrache aux mâles une partie du duvet qui garnit le cou et le dessus du ventre, quelquefois même on fait entre deux une nouvelle cueillette en juin et juillet, mais on nuit ainsi beaucoup à l'état des oiseaux et à leur fécondité.

« En Normandie, on ne plume jamais les canards adultes, mais seulement les canetons à la mue d'automne ; un canard adulte peut fournir de 150 à 200 grammes de duvet valant 1.50 à 2 fr. ; un canard de grosse race, plumé trois fois, peut fournir 500 grammes de duvet valant 4 fr. Le duvet du canard de Rouen est préféré, comme plus fin, à celui du canard ordinaire et même de l'oie.

« Lorsqu'on sacrifie un canard, on récolte encore

---

(1) Pelletan; *Pigeons, oies et canards.*

des plumes et du duvet, qui seront traités comme ceux de l'oie.

« Les canards des variétés blanches, et notamment celui d'Ailesbury, fournissent un produit plus estimé et supérieur d'un tiers en valeur commerciale (1). »

Voici, comme nous l'avons indiqué pour l'oie, la valeur des déjections du canard comparées à celles du cheval. Pour 1.000 parties, d'après Wolf, il y a :

	Canard	Cheval
Eau	566	710
Matières organiques	262	246
Phosphate	14.0	2.1
Azote	10.0	4.5
Potasse	6.2	5.2
Sodium	0.5	1.5
Chaux	17.5	5.7
Magnésie	3.5	1.4
Combinaisons sulfureuses	3.5	1.2
Silice et sable	28.0	12.5

(1) Gobin, *Oiseaux de basse-cour*.

DEUXIÈME PARTIE

LES CYGNES

ou Cygnidés

Caractères généraux. — Les Cygnes se distinguent des autres Palmipèdes par la longueur de leur cou et la grosseur de leurs corps, leur bec est généralement plus long que la tête ; il est surmonté par une sorte d'excroissance qui atteint son complet développement pendant la saison des amours. Le plumage est serré, plein et ferme, les ailes sont longues et fortes, la queue courte et arrondie au bout et formée de 18 à 20 plumes. Les jambes sont courtes et placées un peu en arrière au milieu du corps, les pattes sont palmées.

Distribution géographique. — On rencontre ces beaux oiseaux nageurs dans presque tous les pays, à l'exception des régions tropicales, mais c'est dans les contrées froides et tempérées qu'ils sont le plus abondants.

Migrations. — Au commencement du printemps, les Cygnes quittent en bandes nombreuses les contrées où ils ont passé l'hiver et vont chercher dans des pays plus froids quelque grand lac ou quelque marais, où ils s'installeront pour la ponte et l'élevage des jeunes.

Nid. — Ils choisissent, pour y construire un nid

flottable en cas d'inondation, un îlot ou un coin caché au bord de l'eau, au milieu des roseaux ou des plantes aquatiques.

Ponte. — Dans ce nid soigneusement garni de duvet, la femelle pond six à huit gros œufs à coquille épaisse.

Incubation. — L'incubation dure de quarante à quarante-cinq jours, le couple se relaie tour à tour, car le mâle est un mari modèle; monogame, comme la plupart des Palmipèdes à l'état sauvage, il demeure fidèle à sa compagne jusqu'à la mort.

Les jeunes naissent recouverts d'un épais duvet, et sont menés à l'eau par leurs parents dès le lendemain de leur naissance; la nuit, ils se réfugient sous les ailes de la mère, pendant que le mâle exerce une surveillance attentive contre les ennemis qui pourraient survenir, et ils sont nombreux leurs ennemis : renards, loups, ours, pyrargues, aigles, sans compter le plus terrible de tous, l'homme, qui recherche le Cygne et pour sa chair et pour son duvet.

La mère n'abandonne ses petits que lorsqu'ils n'ont plus besoin de ses soins et qu'ils sont entièrement revêtus de leur plumage. A partir de ce moment, ils paraissent ne plus se connaître : parents et enfants vont chacun de leur côté.

Mœurs. — Le caractère des Cygnes n'est pas des plus sociables.

Au moment des amours, les mâles se livrent entre eux à des combats souvent mortels, et si, en temps ordinaire, ils sont plus calmes, ils ne peuvent néanmoins supporter le voisinage d'autres animaux et n'hésitent pas à user de leur force pour se débarrasser des intrus qui s'aventurent dans les parages qu'ils ont choisis pour domicile.

La saison des amours passée, les Cygnes abandonnent marais et lacs pour gagner la mer où ils vivent réunis par bandes d'une dizaine.

L'eau est incontestablement leur élément et on ne les voit que rarement sur terre, où leur démarche est lourde, lente et pénible; leur vol, dont l'essor est difficile, est très rapide et peut être soutenu pendant longtemps; ils ne l'emploient guère que pendant leurs grands déplacements annuels pour la traversée des territoires privés de cours d'eau qui puissent leur servir de routes.

Nourriture. — La nourriture des Cygnes est très variée; elle consiste en feuilles, racines, graines, vers, crustacés, insectes.

Produits. — La fourrure du Cygne est très recherchée; son duvet est aussi très estimé; aussi dans les contrées qu'il habite est-il traqué de toute manière.

Chasse. — Des barques montées par de vigoureux rameurs luttent de vitesse avec ces rapides nageurs et les forcent à prendre leur vol pour pouvoir les abattre plus facilement ou pour les assommer à coups de rames, si, par suite de la mue, ils ne peuvent prendre leur essor.

Des hameçons amorcés de viande et attachés à de longues lignes sont tendus dans les lacs qu'ils fréquentent et permettent quelquefois de s'en emparer comme de simples goujons.

Des chasseurs s'entourent de roseaux et de plantes aquatiques et, semblables à un buisson de la rive, tâchent de s'approcher à bonne portée de ces oiseaux.

Toutes les ruses possibles sont nécessaires pour opérer un chasse fructueuse, car, toujours à l'aguet, le Cygne se laisse difficilement approcher.

Captivité. — Presque toutes les variétés s'habituent néanmoins à la captivité et s'y reproduisent facilement, mais il leur faut, en général, une pièce d'eau de dimensions assez étendues.

On doit les nourrir abondamment, mais ils sont peu difficiles et mangent à peu près de tout, restes de légumes, croûtons de pain, graines diverses, maïs, blé, sarrasin, patées de son et de farines diverses.

Comme son ancêtre sauvage, le Cygne domestique est monogame.

Vers l'âge de deux ans, il s'apparie et niche ensuite dans quelque buisson ou touffe de roseau, tout près de l'eau. — Le nid est grossièrement fait de branches de roseaux et d'herbes, mais l'intérieur est garni d'un duvet fin et soyeux.

La ponte, de six œufs ordinairement, une fois faite, la femelle se met à couver avec ardeur pendant que le mâle reste auprès d'elle pour la défendre au besoin. C'est alors que les coups de bec et les battements sont les plus furieux et les plus à craindre, car ils peuvent aisément casser un membre à l'imprudent qui s'approche.

La mère, dès l'éclosion, mène les jeunes à l'eau ; dès qu'on les y voit, il faut y jeter du grain, de l'avoine surtout, qu'ils affectionnent particulièrement.

Longévité. — Les Cygnes vivent fort longtemps ; l'on assure en avoir vu dépasser l'âge de cent ans.

Cygne muet ou blanc
(Cygnus olor).

Mâle. — Plumage entièrement blanc. — Bec rouge orangé terminé par un onglet de couleur noire et surmonté d'une sorte de caroncule plus ou moins développé suivant l'âge. — Narines entourées d'une bordure noire. — Œil brun. — Tarses noirs. — Forte taille. — Longueur 1^m 90.

Femelle. — Semblable au mâle, mais de taille un peu plus faible et caroncules moins développés.

Jeunes. — Duvet et premier plumage gris. — Ils ne deviennent blancs qu'à deux ans.

Œufs. — Au nombre de cinq à huit. — Bleu verdâtre. — De forme allongée, de 11 c^m de long sur 8 de large environ.

Ponte. — De mars à avril.

Incubation. — De 34 à 36 jours.

Distribution géographique. — L'habitat ordinaire du Cygne muet est l'extrême nord de l'Europe et de la Sibérie orientale ; par les grands froids, les Cygnes descendent, par bandes d'une trentaine, le long de nos grands cours d'eau.

CHASSE. — Quel splendide gibier, merveilleux à la vérité, mais si rare dans notre beau pays de France qu'il faut un hiver des plus rigoureux pour le chasser des régions qu'il habite. Et encore combien de Nemrods, et des plus habiles, n'ont jamais eu le bonheur de voir le géant des airs frappé par une charge de double zéro, rouler blessé à mort et se tordre ensanglantant sa robe jusqu'alors immaculée.

CAPTIVITÉ. — Toutefois si, dans nos contrées, nous voyons rarement le Cygne blanc à l'état sauvage, il nous est facile de l'admirer sur nos pièces d'eau à l'état domestique et, quoiqu'il ait perdu son indépendance, il a gardé sa fierté, sa noble allure et sa beauté.

Laissons parler Buffon : « Les grâces de la figure, la beauté de la forme répondent, dans le cygne, à la douceur du naturel ; il plaît à tous les yeux, il décore, il embellit les lieux qu'il fréquente ; on l'aime, on l'applaudit, on l'admire ; nulle espèce ne le mérite mieux. La nature en effet n'a répandu sur aucune de ces grâces nobles et douces qui nous rappellent l'idée de ses plus charmants ouvrages : coupe de corps élégante, formes arrondies, gracieux contours, blancheur éclatante et pure, mouvements flexibles et ressentis, attitudes, tantôt animées, tantôt laissées dans un mol abandon, tout, dans le cygne, respire la volupté, l'enchantement que nous font éprouver les grâces et la beauté. Tout nous l'annonce, tout justifie la spirituelle et riante mythologie d'avoir donné ce charmant oiseau pour père à la plus belle des mortelles. »

Le Cygne blanc, que l'on voit aujourd'hui sur presque toutes les pièces d'eau de quelque étendue, est un descendant direct, réduit à l'état domestique, des Cygnes sauvages.

C'est un oiseau (le moment de l'incubation exceptée) d'un caractère assez doux et tranquille, quoique souvent il règne, au milieu des autres Palmipèdes qui habitent la même pièce d'eau, d'une manière despotique et cruelle. L'eau est son véritable élément, il ne vient pas volontiers à terre et ne se décide à prendre son vol que lorsque les circonstances l'y obligent. Du reste, autant il est gracieux sur l'onde, autant il est ridicule lorsque, lourd et vacillant, il marche sur le *plancher des vaches*.

Les Cygnes sont monogames, ainsi qu'à l'état sauvage; les mâles se disputent violemment les femelles, mais, une fois unis, ils le sont pour la vie. Le mâle est très jaloux et M. Mariot-Didieux raconte avoir vu, au jardin de ville de Grenoble, un Cygne mettre à mort sa femelle et son fils pour s'être permis un acte incestueux, « acte bien coupable sans doute, ajoute le même auteur, dont la répression immédiate dénote un peu moins d'innocence que celle qui lui est accordée par les poètes ».

Il est aussi à remarquer qu'en domesticité, dans la plupart des couvées, les mâles sont plus nombreux que les femelles. Nous ne pouvons donc assez recommander de s'assurer des sexes réciproques au moment de l'acquisition d'une paire, car les femelles ont plus de valeur que les mâles et ne peuvent se trouver facilement séparées; — du reste deux mâles ensemble ne cesseraient de se battre jusqu'à ce que l'un d'eux disparaisse. Il n'est pas facile de distinguer la femelle du mâle; notons cependant que celle-ci a les caroncules moins développés, le cou plus fin et plus élégant; la taille est légèrement plus petite.

Nourriture. — Un litre d'avoine, leur nourriture préférée, donné chaque matin, peut suffire à un couple de Cygnes s'ils ont une pièce d'eau d'une certaine étendue à leur disposition, parce qu'ils y trouvent des plantes et des graines aquatiques, des vers, des grenouilles et une grande quantité d'insectes et de crustacés dont ils sont fort friands; ils mangent aussi beaucoup d'herbes et il faut ne point omettre de leur en donner pendant l'hiver, parce qu'ils sont privés des insectes et de la végétation que leur offrent les autres saisons.

Si leur parcours est plus restreint, il faut ajouter à leur ration quotidienne d'avoine, soit d'autres grains, maïs, blé, sarrasin, etc., soit des pâtées de son et de farine, soit encore des déchets de cuisine, des croûtons de pain, etc.

Nid. — Au mois de mars, la femelle construit sans art, dans quelque îlot ou sous quelque buisson, un nid formé de branches, de plantes aquatiques, de roseaux. C'est le mâle qui va chercher ces divers matériaux et les apporte à sa compagne; durant l'incubation, il reste constamment couché auprès d'elle, prêt à défendre ses œufs contre les attaques des renards ou autres bêtes nuisibles.

La couvée est généralement de six à huit œufs; les jeunes éclosent au bout de 35 jours environ, les parents en prennent le plus grand soin, la mère les porte souvent sur son dos, la nuit elle les garde sous elle, elle les défend avec vigilance et durant tout ce temps il n'est point prudent de s'en approcher; elle continue à les protéger jusqu'au moment où ils ont pris tout leur plumage et qu'ils peuvent se suffire à eux-mêmes.

Leur nourriture se compose, pendant les premiers jours, de farine d'orge délayée dans de l'eau, du pain trempé dans du lait, de l'avoine grossièrement écrasée ; on peut aussi leur donner un plat qu'ils affectionnent beaucoup, un hachis de viande et de salade.

Les petits sont du reste très rustiques et s'habituent bien vite au menu ordinaire de leurs parents.

Ils restent pendant deux mois couverts d'un duvet gris très épais et ce n'est que très lentement que ce duvet est remplacé par des plumes d'un gris sale, qui ne tombent qu'à l'âge de deux ans pour être remplacées par la livrée blanche.

Ce n'est donc qu'à deux ans qu'ils sont adultes et par conséquent aptes à la reproduction.

ÉJOINTAGE. — Il est prudent d'éjointer les jeunes Cygnes, ou tout au moins de leur couper, à l'entrée de chaque hiver, quelques plumes d'une aile; ils pourraient sans cette précaution s'envoler et suivre leurs congénères sauvages qui passent pendant cette saison.

Produits. — On doit considérer les Cygnes comme des oiseaux d'ornement et non de produit.

On pourrait à la rigueur retirer quelque bénéfice de leur duvet, qui est épais et soyeux, en les plumant deux fois l'an ; mais cette opération les dépare et on ne la pratique pas.

Leur chair est mangeable, lorsqu'ils sont jeunes ; plus tard, elle est dure et coriace.

Cygne né blanc

(Cygnus immutabilis).

Mâle. — Plumage entièrement blanc. — Bec rouge orangé avec bordure et onglet noir Caroncules de petite grosseur, noirs. — Iris gris brun. — Tarses gris. — Taille du cygne muet.

Femelle. — Semblable au mâle, mais un peu moins grosse.

Jeunes. — Blancs. — Bec couleur chair. — Tarses gris cendré.

Œufs. — Blanc sale, de même grosseur que ceux du cygne muet, au nombre de 4 à 8.

Ponte. — D'avril à mai.

Incubation. — De trente-quatre à trente-six jours.

Ce Cygne est aussi connu sous le nom de *Cygne blanc de Hollande.*

Caractères. — Les avis des auteurs sont partagés au sujet du Cygne né blanc, dont le principal caractère est la livrée blanche que prennent les jeunes dès leur naissance ; les uns le regardent comme une espèce distincte, les autres comme une simple variété du Cygne muet. Des auteurs compétents, MM. Yarell, Sclater, Huet, comte de Montlezun, n'ont pu se mettre d'accord à ce sujet ; toutefois il est certain que l'on a vu le *Cygnus immutabilis* se reproduire de générations en générations avec les mêmes caractères, tandis que, d'autre part, on a vu de jeunes Cygnes naître de parents *olor* avec la livrée blanche de l'*immutabilis*.

Mœurs, régime. — Les mêmes que ceux de l'espèce précédente.

Cygne chanteur

(*Cygnus musicus*).

Mâle. — Plumage blanc. — Bec jaune de chrome à la base, noir à la pointe, dépourvu de caroncules. — Œil jaune. — Tarses noirs. — De taille un peu plus faible que le muet (fig. 42).

Femelle. — Semblable au mâle, mais plus petite.

Jeunes. — Dessus du corps gris brun. — Dessous gris sale. — Bec et pattes jaune rosé.

Œufs. — Blanc crème, de cinq à sept.

Ponte. — De mars à mai.

Incubation. — De trente-six à quarante jours.

Caractères. — Moins grand et moins volumineux que le Cygne muet.

Son nom lui vient de son chant ou plutôt de son cri, composé de deux notes très perçantes qui, poussé à la

Fig. 42. — Le Cygne chanteur (*Cygnus musicus*)

fois par toute une bande, s'entend de fort loin. Sa voix est de beaucoup plus harmonieuse que celle de ses congénères ; il faut cependant l'entendre à une certaine distance pour pouvoir le comparer comme les Islandais au son de la trompe et de violon.

Son allure et ses formes sont moins gracieuses que celles du Cygne muet ; il recourbe rarement son cou d'une façon aussi élégante, il le tient généralement étroit et élevé, ce qui le fait un peu ressembler à une oie.

Distribution géographique. — Le Cygne chanteur habite à peu près les mêmes régions de l'hémisphère boréal que le Cygne muet.

Mœurs. — Elles sont les mêmes que celles du Cygne muet ; toutefois il serait d'un caractère moins doux et plus querelleur.

Captivité. — M. Sclater le considère comme un oiseau s'élevant très difficilement en captivité et ne s'y reproduisant pas.

Cygne de Bewick
(Cygnus Bewickii).

Mâle. — Blanc très pur. — Bec jaune foncé à la base et noir au bout. — La partie jaune de moindre dimension que chez le cygne chanteur ne s'étendant pas au delà des narines. — Œil brun-noir. — Tarses noirs. — Petite taille.

Femelle. — Semblable au mâle, mais plus petite.

Jeunes. — Dessus du corps gris-foncé, dessous

blanchâtre. — Œil orange. — Bec et tarses plus clairs que chez les adultes.

Œufs. Ponte. — Blancs, plus petits que ceux des autres espèces. De cinq à huit.

Incubation. — De trente-six à quarante jours.

CARACTÈRES. — « Le motif pour lequel, en général, on ne fait pas au Cygne l'accueil qui lui est dû, pour lequel il est resté l'apanage à peu près exclusif des résidences princières, des jardins et établissements publics, en un mot ce qui l'empêche d'être répandu comme mériterait de l'être celui que Buffon a appelé *le roi des oiseaux d'eau*, c'est sa forte taille.

« Tout en conservant le Cygne ordinaire pour les grands espaces où on le place d'ordinaire et où d'ailleurs il fait si bien, il eût donc fallu trouver un type plus réduit, moins encombrant, mieux approprié avec les modestes pièces d'eau dont nos jardins particuliers sont d'ordinaire pourvus.

« Eh bien ce type plus restreint existe, et dans des conditions exceptionnelles de grâce et de beauté.

« Une seule chose étonne : c'est qu'à une époque où l'on s'est le plus particulièrement occupé d'acclimatation, où les jardins zoologiques font venir des coins du monde les plus éloignés Faisans, Bernaches, Canards, non seulement on n'ait pas encore jusqu'à ce jour acclimaté ce magnifique Palmipède, dont le besoin comme oiseau d'ornement, dans les conditions que j'ai indiquées, se fait si vivement sentir, mais que son nom ne soit pas même inscrit au catalogue du Jardin d'acclimatation de Paris. Ce Cygne est le Cygne de Bewick, entièrement blanc, sauf les pieds d'ébène et son bec de même couleur avec la base jaune, mais d'une blancheur si éclatante qu'elle fait paraître jaune le cygne domestique et le cygne sauvage ordinaire. A l'œil d'un tiers moins grand seulement que ces deux derniers, il atteint, en réalité, à peine la moitié de leur poids ; il pèse 7 livres environ, tandis que le poids des autres est de 12 à 15. Ce qui le fait paraître relativement plus grand, c'est qu'il est plus svelte, plus long de cou que le Cygne sauvage ordinaire.

« Son port à terre est beaucoup moins lourd, moins embarrassé que celui de ses congénères et, dans l'eau, il possède tout autant de grâce et de majesté. A peine du poids de l'Oie domestique, il semble le double de taille par l'épaisseur de son plumage et de sa tournure élancée. En un mot, c'est un oiseau splendide, d'une grande élégance, possédant toutes les qualités des Cygnes blancs, les seuls vraiment beaux, je dirais même les seuls vraiment Cygnes et les possédant à un haut degré, car il est plus dégagé de formes et sa blancheur a plus d'éclat ; son plumage est, en outre, entièrement blanc, sans en excepter la tête, qui, chez le Cygne ordinaire, est souvent fortement teintée de roux. Il mériterait donc mieux qu'aucun de ceux de sa race le nom de *Cygne blanc* par excellence. Son chant, bien que moins fort que celui du Cygne sauvage, est doux et harmonieux ; en cela il l'emporte sur le Cygne domestique dont le cri presque nul est en même temps rauque et désagréable. »

Distribution géographique. — On le rencontre souvent pendant l'hiver, soit en France, soit en Angleterre; M. Rogeron affirme qu'il est assez fréquent en Maine-et-Loire, dans les environs d'Angers. On cite un gentleman anglais, M. Wingote, qui fut assez heureux pour en abattre plusieurs dans les environs de Newcastle.

Captivité. — « Il serait donc utile et fort intéressant d'acclimater une espèce aussi précieuse à tous égards et l'on y parviendrait sûrement en faisant venir des jeunes élèves en captivité des pays qu'ils habitent. Nul doute que l'on ne réussît aussi bien à les faire reproduire qu'on y est facilement parvenu pour le Cygne sauvage, avec qui le Cygne de Bewick a une grande affinité, le Cygne sauvage étant élevé en assez grand nombre en Russie, où on le préfère comme oiseau de luxe et d'agrément à notre espèce domestique (1). »

Quoique connu depuis une centaine d'années, ce cygne avait été longtemps regardé comme une variété du *Cygnus musicus* avec lequel il cohabite.

Les mœurs sont les mêmes et diffèrent par conséquent peu de celles du Cygne sauvage ordinaire.

La nourriture du Cygne de Bewick est celle de tous les autres cygnes; M. Rogeron a toutefois remarqué que le sujet qu'il a si sérieusement étudié n'acceptait

---

(1) G. Rogeron, *Bulletin de la Société d'Acclimatation*, 1883. page 220.

pour nourriture avec les herbes qu'il broutait de lui-même que du pain noir, «le pain blanc lui répugne et « il aimerait mieux brouter l'herbe vingt-quatre « heures de suite que d'y toucher ».

Quoique d'un naturel très méfiant à l'état sauvage, il devient bien vite doux et familier en captivité ; il est aussi d'un caractère plus sociable que ses congénères.

Malheureusement, on n a jamais pu obtenir de ponte de ces oiseaux en domesticité; quelques jardins zoologiques, quelques rares amateurs en possèdent des spécimens capturés à la suite d'une blessure.

Cygne Trompette
(Cygnus buccinator).

Mâle. — Plumage blanc occasionnellement tacheté de brun sur le cou et la tête. — Bec et pieds noirs.

Femelle. — Semblable au mâle.

Jeunes. — Bec noir avec une légère tâche rose. — Tête rougeâtre. — Autres parties du corps blanc gris. — Tarses jaune foncé.

Œufs. — Café au lait, de quatre à six.

Ponte. — De mai à juillet.

Incubation. — De 36 à 40 jours.

CARACTÈRES. — Ce Cygne, d'une taille supérieure au Muet, en a à peu près les mêmes formes ; sa tête est pourtant plus anguleuse.

Son nom lui vient de son cri, qui ressemble au son de la cornemuse ou du « Bag-Pipe » des Écossais.

D'après quelques auteurs, on a désigné sous le nom de Cygne de Passmori (*Cygnus Passmori*) une variété du *Buccinator*, se basant sur la taille moindre et l'absence de taches brunes sur le cou et la tête. M. J. Muric soutient que ces caractères sont insuffisants et que le *Cygnus Passmori* n'est autre que le *Buccinator*.

DISTRIBUTION GÉOGRAPHIQUE. — Il habite l'ouest des États-Unis, du Mississipi au Pacifique.

MŒURS. — Elles sont identiques à celles du *Cygnus Olor*.

Difficile à approcher, il est très défiant et très timide.

C'est un des plus habiles nageurs du genre, son vol est très rapide.

CAPTIVITÉ. — Il s'apprivoise facilement.

Il réclame les mêmes soins et le même régime que l'*Olor*.

PRODUITS. — D'après Horne, sa chair est succulente et ressemble un peu à celle du veau.

Les œufs, de fortes dimensions, sont très appréciés des naturels.

Cygne Coscoroba

(Cygnus Coscoroba).

Mâle. — Large bec, sans tubercule, rouge carmin extrémité blanchâtre. — Œil brun. — Plumage blanc avec les grandes rémiges tachetées de noir. — Tarses roses.

Femelle. — Semblable au mâle.

8.

Jeunes. — Gris-sale.

Œufs. — De couleur blanche.

Ponte. — D'octobre à novembre.

Incubation. — De trente-six à quarante jours.

CARACTÈRES. — Le cygne Coscoroba est un Cygne de petite taille, de la grosseur d'une Oie d'Égypte.

Sa conformation offre une grande analogie avec celle du Canard, et, par conséquent, il n'a pas la grâce et les attraits des autres Cygnes.

DISTRIBUTION GÉOGRAPHIQUE. — Originaire du Chili, on le rencontre aussi dans le détroit de Magellan, sur les îles Falkland et dans la Patagonie.

MŒURS. — Ils se réunissent par bandes de trente à quarante individus et parcourent les cours d'eau de ces pays; lors des grands froids, ils se dirigent vers des contrées plus clémentes.

CAPTIVITÉ. — Nous ignorons absolument si ce Cygne a été soumis à la captivité et nous ne le citons ici que pour mémoire, dans l'espoir que son acclimatation tentera quelque amateur.

Cygne Noir

(Cygnus atratus).

Mâle. — Bec, sans caroncule, carmin avec onglet rose à la pointe avec une barre transversale un peu au-dessus des narines roses aussi. — Œil rouge éclatant. — Plumage noir foncé quelque peu ardoisé. — Grandes rémiges ainsi qu'une partie des secondaires

CYGNE NOIR

Fig. 43. — Cygne noir (*Cygnus atratus*).

blanches. — Tarses noirs. — Taille un peu plus petite que celle du Muet.

Femelle. — Semblable au mâle, mais avec la teinte carmin du bec moins vive et avec du gris sur les grandes rémiges.

Jeunes. — Gris blanc.

OEufs. — Gris bleu, de quatre à huit.

Ponte. — De janvier à avril et de septembre à octobre.

Incubation. — De trente-quatre à trente-six jours.

Caractères. — Le *Cygnus atratus* (fig. 44) est un bien bel oiseau, d'allures élégantes, splendides même, lorsque, soulevant ses ailes, les rémiges blanches viennent contraster vivement avec le noir d'ébène de son corps.

Distribution géographique. — Il est originaire de l'Australie et de l'Océanie, où il est commun sur la plupart des lacs et des cours d'eau.

Mœurs. — Ses habitudes et sa nourriture sont les mêmes que celles des autres cygnes; toutefois, il crie beaucoup plus souvent que les autres espèces.

Son nid est composé d'un amas de branches et de plantes aquatiques réunies sans art, tantôt flottant, tantôt disposé sur quelque îlot. Le mâle prend part aux fatigues de l'incubation; la femelle le remplace pendant la nuit.

Chasse. — On fait aux Cygnes noirs une chasse acharnée; on en fait de véritables massacres, souvent sans besoin, par plaisir. Gould rapporte que les canots d'un baleinier, ayant remonté une rivière, revinrent de leur expédition chargés jusqu'aux bords de cadavres de cygnes noirs.

Acclimatement et captivité. — Jusqu'au commencement de notre siècle, le Cygne était regardé par tous comme le synonyme de la blancheur, de la blancheur la plus éclatante, lorsque, tout à coup, on vi apparaître, venant de la Nouvelle-Hollande, des Cygnes du plus beau noir.

Dès 1698, un nommé Wilsin signalait l'existence de cette étrange espèce et, en 1746, deux spécimens étaient amenés vivants à Batavia, mais ils ne furent réellement connus des amateurs que lorsque l'impératrice Joséphine les introduisit à la Malmaison.

Aujourdhui le Cygne noir est presque aussi commun dans les jardins zoologiques que le cygne blanc; des amateurs le préfèrent au Muet, d'autres prétendent que le blanc est le seul vrai cygne, le seul gracieux, le seul vraiment décoratif.

Les cygnes noirs sont parfaitement acclimatés dans nos contrées et s'y reproduisent parfaitement; toutefois, dans leur pays d'origine, l'ordre des saisons étant renversé, ils pondent au milieu de l'automne, le printemps de leurs contrées. Aussi chez nous, si la température est un peu clémente, ils entrent en amour en hiver, ce qui est souvent funeste pour les jeunes si les froids reviennent.

La ponte n'a donc pas lieu à une époque bien déterminée; on l'a remarquée pendant les mois d'octobre, novembre, janvier, février, mars et avril.

En cas de ponte pendant l'automne ou l'hiver, il

serait peut-être prudent d'enlever les œufs à la mère, de les confier soit à une dinde, soit à un incubateur et d'élever les jeunes sous une une éleveuse artificielle dans un endroit bien abrité, en mettant à leur disposition un bassin quelconque rempli d'eau tiède.

Les jeunes, quoique un peu plus frileux que ceux du muet, s'élèvent facilement ; les pâtées de farines d'orge mélangées ou quelques herbes hachées, du pain trempé dans du lait, de l'avoine grossièrement écrasée sont des plats qu'ils affectionnent, mais il est bon de leur donner journellement, surtout pendant le premier mois, quelque peu de nourriture animale, de la viande hachée et plus spécialement du cœur de bœuf cuit; des œufs durs; plus tard des crustacés, des escargots, dont on aura brisé la coquille, seront pour ces jeunes élèves une nourriture supplémentaire stimulante et profitable.

Cygne à cou noir

(*Cygnus nigricollis*).

Mâle. — Bec gris ardoisé bordé de rose, avec extrémité de même couleur. — Caroncules rouge vif formant deux sortes de boules réunies entre elles. — Œil brun. — Tête et cou entièrement noirs, succédés brusquement par le plumage complètement blanc du corps. — Petite ligne blanche partant de l'œil et se prolongeant vers la partie postérieure du crâne. Ces deux lignes finissent par se rapprocher, se réunir à mesure

Fig. 44. — Cygne à cou noir.

que l'âge de ces oiseaux augmente. — Tarses couleur de chair. — Longueur 1ᵐ.20 (fig. 44).

Femelle. — Semblable au mâle, caroncules d'une nuance moins vive.

Jeunes. — Couverts d'un duvet gris blanc au moment de leur naissance ; ils ne prennent la livrée de leurs parents qu'au bout d'un an.

Œufs. — Blanc jaunâtre, de six à huit.

Ponte. — De mai à juin.

Incubation. — De trente-quatre à trente-neuf jours.

Comme nous le disions à propos du Cygne précédent, les amateurs de Palmipèdes ne sont pas d'accord pour décerner la palme de beauté aux oiseaux de ce genre, les uns préférant le cygne noir, les autres ne voulant admettre comme vrai cygne que le blanc. On dirait que la nature a créé tout exprès ce cygne blanc et noir pour terminer ce différent. Pour peupler les pièces d'eau, de petites dimensions, l'on cherche un oiseau moins volumineux que le Muet, l'on aspire à la reproduction du Bewick lorsqu'on a sous la main parfaitement acclimaté, maintenant un des plus beaux spécimens de toute l'espèce.

CARACTÈRES. — Un peu plus grand que le Bewick et beaucoup plus petit que l'*Olor* (1ᵐ 18 de long), le *Nigricollis* (fig. 44) appelle l'attention par la beauté de son plumage, par le noir d'ébène de son cou contrastant avec la blancheur immaculée de son corps.

DISTRIBUTION GÉOGRAPHIQUE. — Le Cygne à cou noir

habite l'extrémité sud de l'Amérique, depuis le Pérou jusqu'aux îles Falkland.

Acclimatement et captivité. — L'amiral Homby fut le premier qui importa en Europe ce bel oiseau, pour le duc de Derby. A la mort de ce dernier et lors de la dispersion de sa remarquable collection, les divers sujets qu'il possédait allèrent soit à Windsor, soit au Jardin zoologique de Londres.

Depuis cette époque, on en a importé plusieurs paires et quelques amateurs et établissements en ont obtenu la reproduction. Nous devons citer un de nos collègues de la Société d'acclimatation, M. Maillard, l'éleveur distingué du Croisic, qui a été un des premiers à obtenir des jeunes *Nigricollis* et a contribué à la propagation de cette espèce.

« Un éleveur célèbre en Hollande, nous dit M. le marquis de Brisay, M. Polvliet, fut un des premiers amateurs qui posséda ce cygne. Il avait été seul à produire, pendant de nombreuses années, le Canard mandarin, et la jalousie que ce succès, alors extraordinaire, avait inspirée s'exhalait en noires calomnies dont la fausseté n'est pas à démontrer. M. Polvliet n'était pas sorcier, il travaillait mieux que les autres, voilà tout. Il voulut donc faire du cygne ; mais la Parque impitoyable coupa non pas le col noir de ses oiseaux, mais bien le fil de ses jours à lui, avant qu'il en eût rien vu venir.

« Après sa mort, le couple fut vendu au jardin zoologique d'Anvers, d'où il parvint au Croisic. Le prix? Deux mille francs : c'était donné pour quelque chose d'aussi neuf... Mais vous allez voir, cette somme était bien placée.

« Dès la première année qui suivit l'acquisition, il fut élevé 5 jeunes cygnes au Croisic.

« La seconde année, la femelle mourut sur ses œufs.

« La troisième année, le vieux mâle fut conjoint à une femelle de deux ans, sa propre fille, qui fit une ponte de 5 œufs, tous les 5 fécondés. Pas un élève ne manqua. Ils purent, livrés par le Jardin d'acclimatation du Bois de Boulogne à quelques amateurs, aller procréer de nouvelles générations au prix de 1200 fr. chacune. Cela se passait en 1883.

Depuis, le vieux couple n'a cessé de donner, chaque saison, une, deux et quelquefois trois pontes, soit 15 à 18 œufs par an, sur lesquels, en moyenne, une dizaine d'élèves sont menés à bien et livrés à des prix très rémunérateurs.

« Actuellement, nous avons sous les yeux trois beaux couples reproducteurs qui ont donné cette année 18 élèves, dont 3 ont été enlevés par des rats d'eau et 2 étouffés par une mère éleveuse, 13 sont en bonne santé; ils sont retenus à raison de 400 fr. pièce (1). »

Comme nous l'avons dit, ce bel oiseau est parfaitement acclimaté en France, — quoique certains auteurs prétendent qu'ils est fort frileux, que le froid lui fait perdre la vue et qu'il est prudent de le rentrer l'hiver, — nous pouvons assurer qu'une paire de Cygnes à cou noir a parfaitement passé chez nous un hiver

---

(1) *Bulletin de la Société d'acclimatation*. 1892, 2ᵉ semestre, page 500.

rigoureux, complètement libre sur une pièce d'eau mal exposée, ne se remisant sous aucun abri, dormant constamment sur l'eau et sur la glace.

La nourriture des adultes se compose de grains variés, de riz cuit, etc.; nous avons remarqué leur préférence pour le pain trempé; ils broutent peut-être plus les herbes du bord de la pièce d'eau que ne le font les autres cygnes.

Un étang de 25 mètres de long sur 15 de large et un parquet de 100 mètres carrés suffisent parfaitement, chez M. Maillard, à l'entretien d'un couple et à sa reproduction. La femelle pond généralement à trois ans, quelquefois à deux, lorsqu'elle est unie à un mâle plus âgé; elle est en général très prolifique et si on a le soin de lui retirer les premiers œufs pour les confier à une oie, on obtiendra une deuxième et même une troisième ponte.

Les jeunes réclament pendant les premiers jours des lentilles d'eau, des jaunes d'œufs, — puis du pain trempé dans du lait, des hachis de viande, du riz cuit et enfin des graines.

Avec un peu de soin, on les élève aussi facilement que les jeunes des autres espèces.

M. Davrillon, chef de service du Jardin d'acclimatation de Hyères, nous donne les intéressants détails suivants :

« Les Cygnes à cou noir sont très curieux à voir avec leurs petits, ils ne sont plus du tout la même chose que les autres cygnes.

« La mère a gardé les jeunes sous elle seulement

la première nuit. Ils n'étaient pas très vigoureux.

Mais le lendemain, quand ils ont mangé et pris un premier bain, ils sont tous montés sur le dos du père et de la mère et se sont couchés sous leurs ailes ; pendant quelques jours, ils sortaient de cette retraite tout juste le temps de manger et, depuis, ils continuent à faire le même manège; cependant, de jour en jour, ils restent moins dans leur cachette.

« Aussitôt que les petits cygnes sont effrayés, ils remontent sur le père et la mère.

« Tous les soirs, ils se cachent sous leurs ailes et qui ne connaîtrait ces jeunes oiseaux, pour les avoir vus, ne saurait se figurer leur existence, quand les parents nagent sur la rivière (1). »

(1) Davrillon, *Bulletin de la Société d'Acclimatation*. 1887, page 381.

TROISIÈME PARTIE

LES ANSÉRIDÉS : OIES ET BERNACHES

Caractères généraux. — Les Anséridés forment une grande famille, qui comprend parmi les espèces les plus connues les *Oies* et les *Bernaches*.

Ils ont le cou plus court que les Cygnes, le bec moins long, le corps plus ramassé, les pattes de grandeur moyenne couvertes de plumes jusqu'aux tarses, les ailes longues et développées, le plumage mou, épais et chaud, le duvet très abondant.

La différence entre les deux sexes est généralement peu sensible, mais, si elle existe dans le plumage de quelques variétés, la robe de la femelle est tout aussi brillante que celle du mâle.

La ponte est généralement de cinq à dix œufs ; l'incubation dure un mois environ.

Dès leur naissance, les jeunes peuvent courir et nager ; au bout d'une année, ils ressemblent à leurs parents.

Mœurs. — Loin d'aimer l'eau comme les Cygnes, les Anséridés passent une grande partie de leur vie sur terre. Les Céréopses entre autres ne se mettent à l'eau que lorsqu'elles y sont absolument forcées, néanmoins, pour la majeure partie des espèces de ce genre, l'eau est absolument nécessaire pour réussir dans leur élevage. — Il ne leur faut point de grands parcours, comme pour les Cygnes, mais un grand bassin ou une mare est chose indispensable. Quoique bons marcheurs et malgré leur peu d'affection pour l'eau, ils sont tous bons nageurs.

Régime. — Les Anséridés sont principalement herbivores. Grâce à leurs becs durs et acérés, ils peuvent couper au ras du sol les herbes et les céréales dont ils se nourrissent et cueillir les fruits et les baies des épines et des ronces.

Ils mangent aussi les mollusques, les petits insectes, qu'ils trouvent dans les eaux peu profondes en barbottant dans la boue.

Produits. — Ce sont tous des oiseaux fort utiles, qui sont recherchés autant pour leurs plumes et leur duvet que pour leur chair.

Plusieurs ont des plumages assez brillants pour en faire des oiseaux d'ornement pour nos pièces d'eau et nos pelouses.

Les principales espèces sont : les *Céréopses*, les *Plectroptères*, les *Sarcidiornes*, les *Chenalopex*, les *Oies proprement dites*, et les *Bernaches*.

LES CÉRÉOPSES

Caractères généraux. — Bec court très pointu, recourbé, base recouverte par une sorte de cire qui s'étend aux deux tiers de sa longueur. — Cou moins long que l'Oie proprement dite. — Queue courte et arrondie. —Doigts courts à palmature très échancrée indiquant que ces oiseaux sont plutôt destinés à la course qu'à la nage.

Nous ne connaissons qu'une seule variété de céréopse, la céréopse cendrée.

Céréopse cendrée

(Cereopsis novæ Hollandiæ).

Mâle. —Bec noir, aux trois quarts recouvert d'une sorte de cire jaune verdâtre (fig. 45). — Œil blanc rougeâtre.— Sommet de la tête gris blanc.—Plumage gris brun, sauf la queue et quelques plumes des épaules noires.—Les plumes des épaules et du dessus

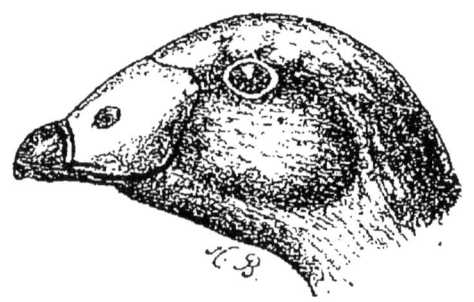

Fig. 45. — Tête de Céréopse cendrée.

du corps ont des taches rondes brun foncé. — Tarses noirs. — Longueur 0.78.

Femelle.—Semblable au mâle, mais de taille inférieure.

Jeunes.—Plumage gris-cendré, possédant dès leur naissance la cire caractéristique de leurs parents. — Après la mue, ils prennent la livrée des adultes.

Œufs. — Ovales, blanc crème, de cinq à sept.
Ponte. — De mars à mai.
Incubation. — De 34 à 36 jours.

DISTRIBUTION GÉOGRAPHIQUE. — Originaires de l'Australie, les Céréopses cendrées y étaient autrefois fort communes; mais à la suite de la chasse acharnée qu'on leur a faite pendant ces dernières années, à cause de la bonté de leur chair et de la qualité de leurs plumes, elles y sont devenues fort rares.

MŒURS. — La terre est l'élément préféré de cet oiseau; il passe son temps à brouter les prairies; il est assez mauvais nageur et, connaissant son talent de coureur, au moment du danger, il essaie de se dérober par la course, avant de prendre son vol qui est lourd et maladroit.

NID. — D'après Brehm (1), la Céréopse femelle s'occupe seule de la construction du nid, qui est beaucoup plus soigné que chez les autres Anséridés; l'intérieur en est délicatement garni de duvet.

ACCLIMATATION ET CAPTIVITÉ. — Importées en Europe depuis 1830, les Céréopses s'y sont parfaitement reproduites, mais leur mauvais caractère a été un obstacle à leur multiplication.

La Céréopse s'habitue aisément à la captivité, s'apprivoise facilement et reconnaît vite son maître.

Mais elle est terrible pour les autres animaux, n'hésitant en aucune façon à s'attaquer à de plus gros et de plus forts qu'elle. Sa férocité augmente encore à

---

(1) Brehm, *Merveilles de la Nature : les Oiseaux*. Edition française, par Z. Gerbe.

la saison des amours. « Mon mâle était méchant, dit M. Cornély, il est maintenant enragé. »

Notre automne étant le printemps de l'Australie, les Céréopses pondent à cette époque, c'est là un des obstacles à leur reproduction régulière dans nos pays, soit que les œufs gèlent, soit que les jeunes à peine éclos succombent pendant l'hiver.

Heureusement qu'après l'insuccès de cette première couvée, il arrive que le couple se remet à pondre au printemps et l'incubation recommence; il est du reste évident qu'avec le temps la ponte aura lieu à une époque normale pour nos climats, ainsi que cela arrive chez les Cygnes noirs nés de parents ou arrière-parents importés depuis longtemps.

Les Céréopses s'acclimatent facilement chez nous ; elles supportent parfaitement la basse température de nos hivers, mais elles craignent d'une manière excessive les vents froids, il faut donc mettre des abris à leur disposition.

Les jeunes, vigoureux et robustes dès leur naissance, demandent les mêmes soins que les oisons ordinaires avec nourriture identique, pâtées de pommes de terre, de farines et de salade. Le riz cuit et des hachis de viande sont des plats supplémentaires qu'il est bon de leur donner comme fortifiants dans les premiers jours du moins, mélangés, si possible, avec des lentilles d'eau.

M. Meignan de Sablé donne les détails suivants : « La ponte de mes oies Céréopses d'Australie a lieu chaque année du 20 décembre au 1ᵉʳ janvier. La femelle pond de 6 à 7 œufs et couve cinq semaines.

« Pendant les premiers jours les jeunes demandent quelques soins. Je les nourris d'herbe finement hachée, avec de la mie de pain et un peu de son mélangés ensemble. Après le quatrième jour, je les mets au champ après le lever du soleil et je ne m'en occupe plus, ils paissent en liberté. »

Produits. — La chair des Céréopses est de qualité supérieure et leur entière acclimatation serait précieuse pour les contrées où l'on pourrait leur donner de vastes pâturages. Déjà dans ces conditions, elles s'y reproduisent et prospèrent à merveille, élevant leurs jeunes avec beaucoup d'amour et d'attention.

LES PLECTROPTÈRES

Caractères généraux. — Les Plectroptères sont caractérisés par une forte taille, un long cou qu'ils portent droit, un bec très fort, plutôt large, orné d'une caroncule sur la mandibule supérieure, la face nue, les jambes hautes, fortes et déplumées. Tous ces oiseaux ont l'aile armée au poignet d'une sorte d'éperon, qui leur sert d'instrument de défense.

Plectroptère de Gambie
(Plectropterus Gambensis).

Mâle. — Bec rouge violet, surmonté d'une sorte de caroncule de même couleur. — Œil de forte dimension brun-foncé. — Sommet de la tête, cou, parties supérieures de la poitrine noires à reflets métalliques d'un beau vert. — Joues et gorge blanc jaune. — Poitrine, épaules et abdomen blancs. — Ailes noires armées d'un fort éperon recourbé. — Tarses rougeâtres. — Longueur 1 mètre.

Femelle. — Semblable au mâle, mais avec des couleurs moins vives et sans caroncules.

Jeunes. — Brun fauve. — Les caroncules ne se développent qu'après la première année.

Œufs. — Blanc crème, de trois à six.

Ponte. — De juillet à août.

Incubation. — 30 jours.

Caractères. — Cet oiseau, de forte taille, a plus d'un mètre de long et un mètre quatre-vingts d'envergure.

Distribution géographique. — Les Plectroptères de Gambie habitent le centre et le sud de l'Afrique.

Mœurs. — Leur vol est en général très élevé et, d'après Brehm (1), ils planent souvent comme des oiseaux de proie.

Au commencement du printemps, après la mue pendant laquelle ils se tiennent complètement cachés, ils se réunissent par couple et se mettent à construire un nid.

La mère couve avec ardeur et amour, elle prend grand soin des jeunes et ne les abandonne qu'à l'entrée de l'hiver.

Acclimatement et captivité. — Le Plectroptère de Gambie supporte facilement la domesticité. Lâché une fois éjointé sur une pièce d'eau ou sur une pelouse

(1) A.-E. Brehm, *les Oiseaux.*

traversée de quelque ruisseau, il s'y reproduit aisément.

Sa nourriture est plus animale que celle des autres Oies; il est très friand de poissons; on fera bien de mélanger aux pâtées qu'on lui donnera quelques morceaux de viande ou bien les insectes que l'on pourra se procurer.

Les jeunes sont très robustes et s'élèvent parfaitement dans nos climats; on leur donne la nourriture des oisons, avec un peu plus de nourriture animale.

Plectroptère de Rüppell
(Plectropterus Rüppelli).

Mâle. — Bec rose, avec une forte caroncule de même couleur. — Œil brun. — Derrière de la tête, cou, dos, flancs, ailes et queue bruns à reflets métalliques. — Poitrine, abdomen et sous-caudales de couleur blanche. — Tarses roses. — Longueur 1^m 10.

Femelle. — Semblable au mâle, mais sans caroncules.

Œufs et jeunes. — Nous sommes sans renseignements sur les jeunes et les œufs.

Caractères. — Cet oiseau, qui est d'une taille supérieure à son congénère de Gambie, est encore plus haut de jambes.

Distribution géographique. — Originaire d'Abyssinie.

Captivité. — Il est peu connu, il a pourtant vécu quelque temps au Jardin zoologique de Londres, où il avait été importé en 1858.

Plectroptère Noir
(*Plectropterus niger*).

Mâle. — Allure du Plectroptère de Gambie. — Bec et caroncule carmin. — Tête, cou, gorge et dessous du cou noir bronzé. — Dos et scapulaires blancs avec un reflet vert. — Ailes pourpres à reflets métalliques. — Tache blanche sur l'arrière de l'abdomen. — Tarses rouges. — Longueur 1 mètre environ.

Femelle. — Semblable au mâle, mais de taille inférieure.

Jeunes. — Noir brun.

DISTRIBUTION GÉOGRAPHIQUE. — Cet oiseau est originaire du Zanzibar et de la côte sud est de l'Afrique.

MŒURS ET HABITUDES. — Les mêmes que son congénère de Gambie.

CAPTIVITÉ. — Le lieutenant général Cunnyngham importa deux spécimens de cette espèce, qui furent placés au Jardin zoologique de Londres, ils furent dessinés par M. Smith, et M. Sclater leur donna le nom de *Plectopterus niger*.

Nous pouvons aussi citer le Plectroptère de Sclater, si rare que le Muséum de Paris ne possède même pas sa dépouille.

LES SARCIDIORNES

CARACTÈRES. — Ce sont des oiseaux à effet très ornemental, grâce à la caroncule qui surmonte leur bec et leur donne une physionomie toute particulière.

Distribution géographique. — Ce genre est représenté par des espèces originaires de l'Inde, de l'Afrique et de l'Amérique.

Captivité. — Il est encore très rare chez nous et dans la plupart des jardins zoologiques.

Oie Cabouc
(*Sarcidiornis melaneta* ou *Africana*).

Mâle. — Haut sur jambes. — Bec noir, avec une sorte de caroncule de grosse dimension, noire aussi. — Œil jaune-brillant. — Tête et cou blancs avec des taches noires. — Dos noirs à reflets métalliques verts et violets. — Queues et ailes noires à reflets verts. — Tarses gris-noir.

Femelle. — De taille beaucoup moindre, plumage moins brillant, absence complète de caroncules.

Jeunes. — Plumage blanc et noir. — Absence de caroncules. — Tarses gris.

Œufs. — Blancs, de six à huit.

Ponte. — De juillet à septembre.

Incubation. — 30 jours.

Caractères. — Cet oiseau, que l'on considère à tort comme un canard, a beaucoup plus de rapports avec l'oie. C'est un volatile d'un aspect assez bizarre, mais d'une robe assez belle pour attirer l'attention des amateurs d'oiseaux aquatiques.

Distribution géographique. — On trouve cet oiseau dans l'Inde.

On en trouve aussi des spécimens en Afrique, mais ils sont d'une taille moindre.

Mœurs. — Ces oiseaux supportent parfaitement le froid, mais leur ponte n'est pas abondante et les adultes ne sont pas très habiles pour élever les jeunes.

Ils se réunissent en bandes nombreuses le long des rivières où, mauvais voiliers, ils se laissent facilement approcher.

Captivité. — En captivité, ils demandent le même régime que les oies.

Sarcidiornis carunculatus.

Mâle. — Bec gris noir, surmonté d'une forte caroncule de même couleur. — Œil brun. — Tête et cou tachetés noirs. — Dos, croupion et queue, noirs à reflets verts. — Ailes noires à reflets mordorés. — Flancs noir brun. — Poitrine gris blanc. — Dessous du corps et bas du ventre jaune clair. — Tarses noirs.

Femelle. — Semblable au mâle, ayant comme lui une caroncule, mais d'un plumage plus terne.

Distribution géographique. — Cet oiseau est originaire des bords de l'Amazone; il est peu connu en Europe.

Mœurs et régime. — Les mêmes que l'espèce précédente, c'est-à-dire le régime des oies.

LES CHENALOPEX

Caractères. — Anséridés au port élancé, au cou mince, aux tarses élevés et au plumage superbe.

Mœurs. — Leurs qualités sont nombreuses, mais ils ont, hélas! un défaut qui s'opposera toujours à leur propagation et à leur introduction dans nos basses-cours : c'est leur caractère insupportable et leur méchanceté.

Acclimatation. — Les Chenalopex sont complètement acclimatés dans nos pays.

Oie d'Égypte. — Oie armée
(*Chenalopex Ægyptiana*).

Mâle. — Bec rougeâtre bordé de noir. — Œil orange. — Tête et cou jaune très clair. — Large collier au bas du cou, de nuance brun rouge. — Partie supérieure du cou rougeâtre et marron clair, avec des raies transversales vermiculées de noir. — Milieu du dos brun rouge avec des barres transversales brunes et grises. — Poitrine, flancs et abdomen jaune fauve clair, avec une large tache marron au milieu de la poitrine. — Ailes armées d'un éperon, petites et moyennes couvertures blanches, grandes rémiges noires, rémiges secondaires de même couleur avec des reflets pourpres, queue brune à reflets métalliques changeants et sous-caudales rougeâtres. — Tarses roses tirant sur le jaune. — Longueur, 0.75.

Femelle. — Semblable au mâle, mais de couleurs moins vives et de taille moindre.

Jeunes. — Brun jaune. — Œil gris jaune. — Ils prennent la livrée de leurs parents après la première mue.

Œufs. — Brun jaune, ronds, de quatre à huit par ponte.

Ponte. — Première ponte au commencement du printemps.

Incubation. — De 32 à 34 jours.

DISTRIBUTION GÉOGRAPHIQUE. — Comme son nom

Fig. 46. — Oie d'Egypte (*Chenalopex Ægyptiana*).

l'indique, l'Oie d'Égypte (fig. 46) est originaire des bords du Nil.

On la trouve aussi quelquefois au sud de l'Italie et de la Grèce.

Elle était autrefois considérée par les Égyptiens comme une divinité. Aussi voit-on souvent son image gravée sur les obélisques et autres monuments, au milieu de caractères hiéroglyphiques.

Mœurs. — Ces oiseaux vivent sur les bords du Nil en bandes nombreuses, jusqu'au moment de choisir une compagne ; — leur choix fait, ils se retirent à deux dans les bois avoisinants, pour construire leur nid et élever leur progéniture.

Aussi bons voiliers et coureurs que les Plectroptères, ils savent aussi nager avec une grande rapidité et excellent dans l'art de plonger.

Leur cri rappelle un peu celui de notre oie domestique, mais il est encore plus rauque et moins fort. « On dirait le son d'une mauvaise trompette, » nous dit Brehm.

Leur nourriture se compose de toutes sortes d'herbes et de végétaux, ainsi que des mollusques qu'ils trouvent, soit en barbottant, soit en pâturant.

Captivité. — Chez nous, l'Oie d'Égypte vit et se reproduit parfaitement ; elle supporte nos plus grands froids, dédaignant tous les abris qu'on a pu mettre à sa disposition, passant son temps perchée sur une jambe, au bord de la pièce d'eau ou broutant l'herbe du gazon.

Elle est d'une santé des plus robustes, ne connaissant pas les maladies.

Elle ne meurt guère que de vieillesse, à l'âge de quarante ans environ.

Elle se nourrit principalement de verdure, mais elle mange aussi toutes sortes de graines ; elle est très friande de grain.

La première ponte a lieu au commencement du printemps, de février à avril ; malgré la température assez basse, les jeunes, naissant recouverts d'un chaud duvet, n'ont pas besoin d'être rentrés, leur nourriture se composera de pâtées de farine, de pain émietté et plus tard d'avoine. Les parents prennent grand soin des jeunes et s'en occupent pendant près d'une année ; au bout de ce temps, ils ne peuvent plus supporter leur présence et les chassent loin d'eux.

Il est prudent, pour ne pas dire nécessaire, d'éjointer les jeunes, qui ne tarderaient pas à prendre la clef des champs et à retourner sur les bords du Nil.

L'Oie d'Égypte est monogame, mais la femelle fait deux ou trois pontes par an.

Le Chenalopex constitue un oiseau d'ornement d'un bel effet dans un parc.

Mais s'il a pour lui la beauté du plumage, une robuste constitution, la bonne qualité de sa chair et une grande fécondité, son caractère n'est pas à son avantage.

« Surtout ne vous avisez pas de l'introduire dans la basse-cour, ni dans la société d'autres oiseaux de basse-cour. Il est d'humeur batailleuse (une oie armée !) et vous ne tarderez pas à voir poules, dindons, canards, faisans, etc., attaqués et mis à mal comme si les sept plaies d'Égypte se trouvaient déchaînées sur la poulerie ou la faisanderie (1). » Deux mâles ou deux femelles réunis se battraient à mort, se poursuivant avec des cris de rage, se mordant férocement, se frappant de leur éperon, jusqu'à ce que le vainqueur, debout sur le dos de son adversaire, le saisisse par le cou, lui plonge la tête dans l'eau et le noie littéralement.

Après avoir fait remarquer le mauvais caractère de l'Oie d'Égypte, M. de la Blanchère ajoute : « Comme avec cela elle est sauvage, nous conseillons aux personnes qui possèdent un grand parc d'y lâcher les Oies armées. Celles-ci se cantonneront dans le fond, y élèveront leurs petits, que l'on tuera à coups de fusil, après avoir eu la précaution de les éjointer avant de leur laisser quitter le nid. On acquerra ainsi un magnifique et excellent gibier. »

Chenalopex à crinière. — Oie de l'Orénoque
(Chenalopex jubata).

Mâle. — Bec long à mandibule supérieure noire, mandibule inférieure orange. — Œil jaune brun. — Tête, cou et poitrine blancs. — Épaules, ailes et queue noir brillant. — Milieu du dos brun. — Dessous du corps blanc et noir. — Jambes cramoisies tirant sur le jaune. — Longueur, 50 cm.

Femelle. — Bec brun noir. — Dessus du corps gris brun. — Ailes et queue brun foncé. — Dessous du corps blanchâtre. — Jambes brunes.

(1) Leroy, *Aviculture.*

Jeunes. — Tricolores : jaunes, noirs et blancs. — Tache noire sous l'oreille.

Œufs. — Blanc gris, une dizaine.

Incubation. — 30 jours.

DISTRIBUTION GÉOGRAPHIQUE. — Originaire de l'Amérique et plus particulièrement des bords de l'Amazone.

CAPTIVITÉ.—Le Chenalopex à crinière est un splendide oiseau d'ornement, qui doit vivement tenter l'acclimateur.

Introduit depuis le commencement de ce siècle chez lord Derby, il s'y est reproduit.

« Ces oiseaux, nous dit cet amateur, se reproduisent fréquemment à Knowsley. A l'approche d'un étranger, ils ont l'habitude de se dresser complètement, avançant leurs poitrines et frappant des ailes les jambes de l'intrus. Ils se dressent si complètement que l'on dirait qu'ils vont se renverser. »

Depuis 1830, on en voit plusieurs spécimens dans nos jardins zoologiques. M. Blaauw de S' Gravesend est, à notre connaissance, le seul éleveur, depuis lord Derby, qui ait réussi l'élevage du *Chenalopex jubata*.

« Cette belle oie vit chez moi depuis un an et demi et comme la femelle de ma paire avait vécu pendant des années à Beaujardin, chez M. Cornély, sans jamais avoir pondu, je fus tout surpris de lui voir pondre au printemps passé ni plus ni moins que dix œufs.

« Malheureusement, après cinq ou six jours d'incubation irrégulière, la femelle devint malade et abandonna les œufs. Ces œufs mis sous une poule donnèrent naissance à deux jeunes. Les autres œufs avaient probablement trop souffert, car ils contenaient des jeunes morts. La livrée des jeunes en sortant de la coquille est tricolore et dans la disposition du noir ressemble un peu à celle des jeunes Canards Casarka ou Tadornes. La principale différence est une tache noire sous l'oreille et la couleur jaune brunâtre qui sépare le blanc et le noir. Le bec et les pattes sont noirs. Malheureusement, la poule, qui n'était pas des plus douces, écrasa un des deux jeunes précieux. Le second s'éleva sans difficulté et à présent on ne peut plus le distinguer des adultes. Le rouge des pattes est un peu plus clair, c'est la seule différence. C'est une femelle.

« Très décorative, cette oie est aussi très amusante, car le mâle a une manière de jeter le corps en arrière en étalant les ailes dès qu'il aperçoit quelqu'un, ce qui est tout à fait drôle.

« Il attaque tout le monde à l'exception du faisandier, et donne des coups de bec et d'ailes qui ne sont pas sans danger (1). »

LES OIES PROPREMENT DITES

CARACTÈRES GÉNÉRAUX. — Bec aussi long que la tête, garni de lamelles espacées et saillant en forme de dents tout le long de la mandibule supérieure.—

(1) F. E. Blaauw, *Bulletin de la Société d'Acclimatation*, janvier 1890, page 61.

Œil de petite dimension. — Ailes longues, port élevé, démarche majestueuse. — Jambes plus élevées que chez le Canard et le Cygne et plus rapprochées du milieu du corps, facilitant ainsi leur démarche.—Tarses forts et épais; les quatre doigts, dont trois en avant, sont réunis par des membranes et le dernier en arrière est libre. — Plumage généralement gris ou blanchâtre.

Oie Cendrée

(*Anser cinereus, anser ferus*).

Mâle. — Bec jaune rosé. — Œil brun. — Tête gris cendré. — Cou, poitrine, devant de l'abdomen gris cendré. — Manteau gris-brun avec plumes terminées par une bordure blanchâtre.— Flancs gris ondulés de nuance plus claire. — Ailes grises. — Abdomen grisâtre avec quelques taches noires.—Queue grise rayée de brun. — Tarses couleur de chair. — Longueur 1 mètre et plus (fig. 47).

Femelle. — Semblable au mâle, mais de taille inférieure.

Jeunes.—Duvet brun jaune sur le dessus du corps, blanc dessous, la première année; leur plumage est le même que celui des parents, mais un peu plus foncé.

Œufs. — Blancs, de six à seize.

Ponte. — D'avril à mai.

Incubation. — 30 jours.

Mœurs. — Qui n'a vu pendant l'hiver passer sur sa tête en bandes nombreuses des oiseaux au cou de fortes dimensions tendus en avant, se dirigeant rapidement vers le midi ou le nord suivant la saison, qui n'a entendu pendant les matinées les plus froides leur cri aigu traverser les airs?

Ce sont là les ancêtres de nos Oies domestiques, les Oies cendrées qui chaque année viennent chercher sous notre ciel un climat plus clément que celui de l'extrême nord de l'Europe et de l'Asie qu'elles habitent la plus grande partie de l'année. Dans leurs pérégrinations, pour fendre l'air avec moins de fatigue, elles se rangent en forme de V, c'est-à-dire qu'elles se placent sur deux lignes formant un angle dont la pointe est en avant. L'Oie qui est à la pointe de l'angle, va, quand elle est fatiguée, prendre la dernière place et la suivante la remplace; toutes à tour de rôle remplissent cette pénible fonction. Si la bande n'est pas assez nombreuse pour adopter cette disposition, elles volent alors sur une seule ligne, chacune se mettant en tête à son tour.

Au coucher du soleil, après avoir exploré du haut des airs les alentours, elles se rendent soit sur les prairies, les champs de céréales où elles trouvent leur nourriture, soit sur les étangs ou les grandes rivières qui leur servent de gîte sûr pour la nuit. — Pendant qu'elles mangent ou qu'elles dorment, l'une d'elles reste toujours en sentinelle; le cou tendu, l'œil au guet, elle veille à la sûreté de tous et donne l'alarme en cas de danger.

De retour dans les régions qu'elles habitent généralement, les Oies cendrées se réunissent en couple (car, à l'état sauvage, les Oies sont monogames) et

OIE CENDRÉE

vont chercher au milieu des buissons qui entourent les étangs ou les fleuves un endroit favorable pour construire leurs nids qui sont formés de petites branches de joncs et de feuilles, entièrement tapissés d'un fin duvet qu'elles s'arrachent.

Fig. 47. — Oie cendrée (*Anser cinereus*).

CHASSE. — La chasse de l'Oie sauvage est très difficile et demande beaucoup d'habileté ; ces oiseaux étant très méfiants, il faut employer toutes sortes de ruses pour pouvoir les approcher. Si la terre est recouverte de neige, les chasseurs se revêtent de chemises blanches par-dessus leurs habits; en d'autres temps, ils s'enveloppent de branches et de feuilles de manière à paraître un buisson ambulant; ils vont jusqu'à s'affubler d'une peau de vache, marchant en quadrupèdes, courbés sur leur fusil.

Captivité. — L'Oie cendrée prise jeune s'élève parfaitement en captivité et peut habiter la basse-cour; mais à l'époque du passage de ses congénères le désir de la liberté lui revient et si on ne l'a pas éjointée elle s'envole avec les bandes qui passent.

Elle se reproduit parfaitement en captivité et les jeunes réclament les mêmes soins que nos oisons des races domestiques.

L'Oie cendrée, élevée depuis de longues années en domesticité; a donné naissance à nos diverses races domestiques, les unes ont gardé presque complètement la livrée de leurs ancêtres, tandis que les autres en diffèrent d'une manière très sensible et dans le plumage et dans les dimensions, que l'on a toujours cherché à augmenter.

Nous citerons comme variétés bien fixées : *l'Oie commune,— l'Oie de Toulouse,— l'Oie du Danube* et de *Sébastopol.*

Oie commune
(*Anser cinereus var.*).

Mâle. — Un peu plus gros que l'Oie sauvage. — Bec jaune orangé clair. — Œil brun. — Tête, cou, ailes, manteau et queue, blanchâtres cendré de gris. — Abdomen blanc sale. — Tarses orange clair.

Femelle. — De dimensions moindres. — Plumage du mâle.

Jeunes. — Duvet jaune et noir.

Œufs. — Blancs, de quinze à trente.

Ponte. — Pendant tout le printemps.

Incubation. — Trente jours.

CARACTÈRES. — L'Oie commune est celle qui a gardé le plus de caractères de l'Oie cendrée; elle est moins lourde que les variétés suivantes et est plus svelte; son poids n'atteint guère que 4 kilos. C'est cette espèce qui est encore la plus répandue dans nos fermes, mais on tend à juste titre à la remplacer par l'Oie de Toulouse.

On rencontre plusieurs sujets de cette race qui portent une sorte de huppe et il serait facile d'obtenir par sélection une variété huppée constante.

Il existe aussi une variété complètement *blanche*, huppée ou non.

Oie de Toulouse

(*Anser cinereus var.*).

Mâle. — Bec couleur rouge-orange plus clair au bout. — Œil brun. — Tête, cou, poitrine d'un beau gris ondulé d'un gris plus clair. — Dos, ailes et flancs d'une nuance plus foncée. — Abdomen blanchâtre. — Tarses orange. — Poids moyen, 8 kilos (fig. 37).

Femelle. — Semblable au mâle. — Cou plus gros et

moins long. — Tête et fanon plus gris, mais de taille un peu moindre. — Poids moyen : 7 k. 500.

Jeunes. — Duvet noir et jaune.

Œufs. — Blancs, de fortes dimensions, jusqu'à soixante.

Ponte. — Durant tout le printemps.

Incubation. — Trente jours.

Caractères. — Véritable géante de l'espèce, puisqu'elle atteint un poids de 12 kilos, tandis que l'oie commune ne pèse que 4 et 3 kilos, l'Oie de Toulouse a pour marques distinctives une corpulence massive, un gros sac de graisse sous le ventre et une espèce de fanon à la gorge rappelant les Oies-cygnes à tête bossue (fig. 48). Le paquet de graisse en question se développe à l'âge de sept à huit mois, il traîne presque à terre et rend les mouvements de l'oiseau fort lents, ce qui concorde d'ailleurs parfaitement avec sa nature débonnaire.

Les Oies de Toulouse pondent de trente à cinquante œufs, mais ne couvent presque pas.

C'est sur les bords de la Garonne qu'on a obtenu par une sélection habile cette race géante.

Nourriture. — On leur donne comme nourriture des pâtées composées de son et d'orties hachées et on les envoie paître.

« L'élevage des Oies de Toulouse, qui est fort important, se subdivise en quatre catégories : 1º les uns élèvent des oisons à l'aide de poules et les vendent à huit jours ; 2º les autres les entretiennent pendant tout l'été pour les revendre aux engraisseurs en automne ;

3° ceux-ci les gardent pendant la période d'engraissage, et les repassent à une quatrième catégorie d'industriels ; 4° ces derniers s'occupent de l'abatage et du commerce

Fig. 48. — Oie de Toulouse.

de la viande fraîche ou salée. L'industrie la plus importante est l'engraissement, qui commence à la fin du mois d'octobre et dure un mois et dans certains cas six semaines (1). »

(1) Vienkoff, *Bulletin de la Société d'Acclimatation*, 1892, 2° semestre, page 250.

PRODUITS. — Les foies de l'Oie de Toulouse sont particulièrement estimés.

Oie d'Embden
(Anser cinereus var.).

Mâle. — Bec couleur de chair orangé. — Œil bleu. — Plumage entièrement blanc. — Tarses orange. — Poids moyen : 7 k. 600.

Femelle. — Plus petite que le mâle. — Plumage blanc pur. — Poids : 6 k. 300.

Jeunes. — Duvet grisâtre; ils ne prennent le plumage blanc de leurs parents qu'à l'âge de deux ans.

Œufs. — Blancs, de trente à quarante.

Ponte. — Précoce.

Incubation. — Trente jours.

CARACTÈRES. — La stature rappelle celle du Cygne, le corps est robuste, la tête forte, le coup long et bien emplumé, le dos est large et bombé. — Cette Oie est très vive et se tient toujours droite; le jars adulte a jusqu'à 75 centimètres de tour de poitrine; le poids d'un sujet non engraissé est de 17 à 25 livres et lorsqu'il est engraissé le ventre traîne jusqu'à terre.

« Les Oies d'Embden paraissent plus petites que les Toulousaines; cela tient à ce que leurs plumes sont collées à la peau comme celles des Dorking par exemple et ne s'écartent pas comme celles des Toulousaines (Vienkoff). »

DISTRIBUTION GÉOGRAPHIQUE. — Cette Oie est originaire d'Embden, petite localité de l'Ost-Friedland.

DOMESTICITÉ. — La ponte commence généralement

vers l'âge de 3 ans ; elle est très précoce ; certaines femelles pondent depuis octobre jusqu'à avril, tandis que d'autres ne commencent qu'en décembre et janvier.

« Les œufs se vendent en Friedland un prix fort élevé (Vienkoff). »

L'Oie d'Embden demande à couver de très bonne heure, en janvier généralement ; elle est très bonne couveuse et très bonne mère.

Les petits sont robustes et ne craignent pas autant le froid que les Toulousains. Du reste, cette race réussit très bien dans les pays septentrionaux, où l'Oie de Toulouse ne donne pas des résultats aussi merveilleux que dans le midi : et réciproquement l'Oie d'Embden ne réussit pas aussi bien dans le midi.

Nous empruntons à M. Vienkoff les détails suivants :

« Les individus de la plus belle taille proviennent des couvées précoces ; les oisons grandissent vite.

« Les Anglais ont su vite apprécier cette race, qui s'est bien acclimatée chez eux. Voici comment ils en pratiquent l'élevage. On n'y laisse point les femelles couver les œufs, que l'on met sous de grosses poules, afin d'obtenir une ponte plus abondante. Les oies et les oisons vivent dans le pré, où il y a pour eux un poulailler avec hangar entouré d'une clôture ; on ne les fait rentrer dans le local couvert qu'à la nuit. L'unique soin qu'exige l'élevage de cette race sont les deux repas du matin et du soir, avec une nourriture abondante ; les oisons grandissent vite.

Produits. — « La race d'Embden est une des plus propres à l'engraissement, elle prospère vite au simple régime de l'avoine ; sa viande est fort savoureuse.

« Elle donne, en outre, une quantité considérable de plumes et de duvet. A Embden, on plume les oiseaux jusqu'à trois fois par an; chaque Oie donne jusqu'à 4 à 6 francs de duvet. L'opération est assez délicate ; elle ne se fait qu'à des époques déterminées et demande beaucoup de précautions. »

Oie du Danube ou de Sébastopol
(Anser cinereus var.).

Mâle. — Forme de l'oie commune. — Bec rosé. — Œil bleu. — Plumage blanc, avec des plumes soyeuses et frisées de même couleur. — Tarses rouges. — Poids moyen : 6 kilos (fig. 49).

Femelle. — Un peu plus petite que le mâle. — Même plumage.

Jeunes. — Duvet soyeux, jaune brillant. — Bec rosé. — Œil bleu. — Tarses roses.

Œufs. — Blancs.

Ponte. — De vingt à vingt cinq œufs, en deux pontes.

Incubation. — Trente jours.

CARACTÈRES. — Cette splendide variété a été produite sans doute par quelque accident de plumage, comme cela a eu lieu pour les poules frisées ou soyeuses ; elle est remarquable en ce que les plumes postérieures de la tête, du cou et des ailes sont renversées, comme chez les poules frisées ; les scapulaires très allongées, frisées et même tordues en spirale, vont jusqu'à terre ; elles ont un aspect duveteux et soyeux par suite de la divergence des barbes et des barbules ; malheureusement si elle n'a pas de l'eau

Fig. 49. — Oie du Danube ou de Sébastopol.

propre à sa disposition pour des baignades, son brillant plumage est vite terni, les plumes retombantes sont recouvertes de boues et l'oiseau prend un aspect pitoyable.

Mœurs. — Bonnes mères, les Oies du Danube sont des pondeuses médiocres; la coquille des œufs est si dure que bien des fois les jeunes ne peuvent la percer.

Le principal avantage de cette espèce est de n'être point coureuse.

Produits. — Leur chair est bonne, mais c'est surtout leur duvet qui est supérieur.

Elles sont aussi très ornementales et conviennent parfaitement pour une petite pièce d'eau.

Oie cygnoïde de Siam
Oie Cygne. — Oie de Guinée. — Oie chinoise
(Anser cygnoïdes).

Mâle. — Bec orné d'un tubercule noir. — Œil noir. — Plumage gris-marron en dessus, gris et blanc sous la queue; chaque plume bordée d'un liseré plus clair. — Ailes et queue brun foncé. — Tarses noirs (fig. 50).

Femelle. — Beaucoup plus petite que le mâle, avec tubercule beaucoup moins développé; son cri est aussi plus saccadé.

Jeunes. — Duvet gris brun dessus, blanc jaune dessous.

Œufs. — Blancs.

Ponte. — De vingt à trente œufs, par ponte, de janvier à l'automne.

Incubation. — Trente jours.

Caractères. — Le nom *d'Oie-cygne*, qu'on leur

donne généralement, vient de leur long cou et des tubercules qui ornent leur bec.

Fig. 5o. — Oie cygnoïde (*Anser cygnoïdes*).

De plus petite taille que les oies de Toulouse et d'Embden, les Oies de Siam sont plus fortes que les Oies communes.

Il existe une variété entièrement *blanche*.

DISTRIBUTION GÉOGRAPHIQUE. — Cette Oie, qui est la seule de nos espèces domestiques ne descendant pas directement de l'Oie cendrée, est originaire de la Chine et du Siam.

ACCLIMATEMENT. — Quoique originaire d'un pays chaud, elle s'acclimate dans les pays les plus froids et maintenant elle est très commune en Russie et en Sibérie, où elle remplace l'Oie domestique ordinaire.

Les Américains estiment beaucoup cette race et l'élèvent en grand, en la faisant paître comme les Oies ordinaires; du reste là où celles-ci ne trouveraient rien à glaner, les Oies-cygnes, arrachant la plus petite herbe, paissent admirablement.

Elles pondent et couvent très bien.

Elles sont monogames, mais la ponte, qui se renouvelle deux ou trois fois, comprend jusqu'à 40 œufs.

La mère a un instinct particulièrement développé pour l'élevage des petits. Les jeunes s'élèvent comme les autres oisons, ils sont peut-être un peu plus frileux, aussi les couvées tardives sont préférables ; on y arrive en supprimant le grain aux reproducteurs de décembre à février pour retarder la ponte.

M. le pasteur Tinemann conseille de donner aux jeunes de la salade hachée, mêlée à du son trempé dans de l'eau ou dans du lait frais ou caillé ; on leur distribuera plus tard des feuilles de choux, des betteraves, toujours mélangées avec du son, pour éviter la diarrhée.

Le caractère des adultes est doux et sociable, le

moment de la ponte excepté; leur cri est fort et aigu; leurs mœurs sont les mêmes que chez les Oies communes. Toutefois, l'Oie-cygne demande un peu plus d'eau que les Toulousaines ou autres variétés et n'est pas un oiseau aussi terrestre que celles-ci.

Produits. — La chair de la Siamoise est très délicate. « Après avoir enlevé la peau du cou d'un oison abattu, on la coud en sac, on l'emplit d'une farce de viande d'oie, de foie et de graisse que l'on fait cuire ensuite; on a ainsi une saucisse particulièrement savoureuse. »

Le duvet et la plume sont aussi d'excellente qualité.

Ajoutons que sa ressemblance avec le Cygne fait de la variété blanche surtout un oiseau très ornemental.

Oie des moissons

(*Anser segetum*).

Mâle. — Bec orangé, noir à la base, portant à l'extrémité antérieure une tache semblable à une fèverolle. — Œil brun. — Poitrine fauve ondulée de jaune clair. — Plumage général brun, ondulé de gris et de fauve. — Abdomen fauve très clair.

Femelle. — Même plumage que le mâle; taille moindre.

Jeunes. — Duvet grisâtre.

Œufs. — Blancs jaunâtres, de six à douze.

Ponte. — De mai à juin.

Incubation. — 30 jours.

CARACTÈRES. — Le plumage de l'Oie des moissons offre plusieurs points de ressemblance avec celui de l'Oie cendrée; l'*Anser segetum* a toutefois au repos des ailes dépassant en longueur la queue, tandis que, chez l'*Anser cinereus*, les ailes sont beaucoup plus petites.

DISTRIBUTION GÉOGRAPHIQUE. — L'Oie des moissons, ainsi nommée à cause des ravages qu'elle exerce sur les récoltes sur lesquelles elle s'abat et qu'elle moissonne complètement, est originaire des régions boréales de l'Europe et de l'Amérique.

Dans le nord de la France, on en voit souvent passer de nombreuses bandes pendant les mois d'hiver.

MŒURS. — Confondue pendant longtemps avec l'Oie cendrée, l'Oie des moissons en a les mœurs et les habitudes.

Oie à bec court
(*Anser brachyrhincus*).

Mâle. — Bec noir bleu à ses deux extrémités, vermillon au milieu. — Œil brun. — Tête et cou bruns, d'une nuance plus claire vers la gorge. — Dessous du corps gris brun, chaque plume est bordée d'une nuance plus claire. — Épaules et ailes grises ondulées de blanc — Abdomen blanchâtre. — Pieds et jambes rose vineux.

Femelle. — Plus petite que le mâle et de couleurs plus ternes.

Jeunes. — Gris brun, ondulé d'une nuance plus claire.

Œufs. — Blancs, de six à huit.
Ponte. — De mai à juin.
Incubation, — 30 jours.

Cet oiseau, qui a été souvent confondu avec les espèces précédentes, est encore peu connu.

DISTRIBUTION GÉOGRAPHIQUE. — Il habite le nord de l'Europe orientale et ce n'est qu'accidentellement que l'on a pu signaler son passage dans le nord de la France.

MŒURS. — Mêmes mœurs et habitudes que l'Oie cendrée et l'Oie des moissons.

CAPTIVITÉ. — On a pourtant remarqué qu'en captivité les Oies à bec court forment des bandes à part et ne se mêlent point aux espèces précédentes, lorsqu'elles se trouvent réunies sur une même pièce d'eau ou dans une même basse-cour.

Quoique vivant depuis longtemps dans les jardins zoologiques, on n'a pas encore obtenu leur reproduction.

Oie à front blanc
(Anser albifrons).

Mâle. — Bec jaune à extrémité blanche. — Œil brun. — Grande tache gris clair sur le front. — Dos brun de nuances variées. — Poitrine brun clair, rayée de bandes irrégulières brun foncé. — Ailes grises, tachetées de blanc. — Ventre blanc. — Tarses orange. — De plus petite taille que l'Oie cendrée.

Femelle. — Plus petite que le mâle, avec une tache sur la tête aussi de dimensions moindres.

Jeunes. — Duvet gris. — Plumage semblable aux adultes, mais sans les barres foncées de la poitrine.

Œufs. — Brun fauve, allongés, de six à dix.

Ponte. — D'avril à mai.

DISTRIBUTION GÉOGRAPHIQUE. — L'Oie à front blanc (dont le cri particulier lui a fait aussi donner le nom d'*Oie rieuse*) est originaire des parties septentrionales de la Sibérie, du Groënland et de la Suède. Pendant l'hiver, des bandes de ces animaux vont passer cette saison soit en Californie, soit en Allemagne et en Russie; on en rencontre aussi quelquefois dans le Nord de la France.

CAPTIVITÉ. — Cette oie, une fois éjointée, s'habitue facilement à la captivité et s'apprivoise bien vite dans nos basses-cours.

Elle s'y reproduit parfaitement et l'on a obtenu souvent des métis avec les Bernaches.

On a désigné sous les noms d'*Anser gambeli* et d'*Anser frontalis* de simples variétés de l'Oie à front blanc.

Oie Naine

(*Anser Erythropus*).

Mâle. — Bec orange clair avec pointe noire. — Tête et cou brun rouge. — Sommet de la tête, partie de la face et gorge blancs. — Dos et flancs brun roux, avec de larges ondulations plus claires. — Ailes gris bleu. — Ventre blanchâtre. — Queue gris brun avec extrémité blanche.

Femelle. — Plus petite que le mâle ; même plumage.

Jeunes. — Bec vert jaune. — Même plumage que les adultes, mais sans blanc ni noir.

Œufs. — Couleur crème, pointus à un bout, de cinq à six.

Ponte. — D'avril à mai.

Incubation. — Trente jours.

CARACTÈRES. — Cette oie naine est une charmante miniature, qui atteint à peine le poids de quatre livres.

Elle a beaucoup de ressemblance avec l'Oie rieuse ; mais elle est de taille beaucoup moindre et beaucoup plus gracieuse.

DISTRIBUTION GÉOGRAPHIQUE. — Elle habite le nord de l'Europe, de l'Asie et de l'Amérique ; on a signalé sa présence sur quelques marchés de Chine et on en a quelques exemplaires aux Indes.

MŒURS. — Les mêmes que les autres oies.

ACCLIMATEMENT. — Ce serait une heureuse acquisition comme oiseau d'ornement.

Malheureusement elle est excessivement rare.

Oie à tête barrée
(*Anser Indicus*).

Mâle. — Bec jaune. — Œil brun clair. — Tête blanche, divisée par deux bandes cintrées en arrière. — Col gris noir fondu, séparé en deux parties par deux bandes latérales blanches. — Dos cendré, un peu rosé, ondulé de blanc ; le reste du plumage gris cendré avec ailes et queue d'une nuance plus foncée.

Femelle. — De couleurs moins tranchées et de taille moindre.

Jeunes. — Ne possèdent pas les barres caractéristiques de la tête.

Œufs. — Blancs, presque ronds, six à huit.

Ponte. — De juin à août.

Incubation. — 30 jours.

DISTRIBUTION GÉOGRAPHIQUE. — L'Oie à tête barrée, ainsi nommée à cause des deux bandes noires qui divisent sa tête, est exclusivement originaire de l'Inde. Elles arrivent au commencement de l'hiver dans le nord de cette péninsule, pour y passer la saison froide ; leurs bandes nombreuses s'abattent sur les récoltes et y causent de sérieux dommages.

MŒURS. — Le printemps venu, elles quittent ces contrées et prennent leur vol vers l'Himalaya, où elles vont choisir, au bord des lacs de ces montagnes, un endroit tranquille pour construire leur nid et élever leur progéniture.

C'est un oiseau très rustique; mais la femelle pond peu et est une très mauvaise mère.

DOMESTICATION. — Les mêmes soins et nourriture que pour les autres espèces nouvellement domestiquées sont nécessités par ce splendide oiseau d'ornement.

Oie hyperboréenne

(*Anser hyperboreus, Chen hyperboreus*).

Mâle. — Bec rouge bordé de noir fortement denté. — Œil brun. — Devant de la tête jaunâtre. — Reste du plumage entièrement blanc sauf les dix premières rémiges, qui sont noires avec leurs tiges blanches à la base. — Tarses rouge carmin pâle.

Femelle. — De taille moindre que le mâle, mais de même plumage.

Jeunes. — Dessus du corps gris brun. — Dessous blanc. — Bec rouge brun. — Tarses bleuâtres.

Œufs. — Jaunâtres, de cinq à huit.

Ponte. — Avril à mai.

Incubation. — Trente jours.

DISTRIBUTION GÉOGRAPHIQUE. — Originaires du nord de l'Amérique et du nord-est de l'Asie, ces oiseaux émigrent pendant l'hiver au Texas et au Mexique, ainsi qu'en Chine et au Japon. Bons voiliers, on les voit passer fréquemment en bandes nombreuses, traversant les États-Unis, soit pour gagner leurs quartiers d'hiver, soit pour rejoindre la baie d'Hudson et la mer Glaciale, où ils nichent.

MŒURS. — Autant les autres espèces d'oies sont bruyantes, autant l'Oie hyperboréenne est silencieuse; ce serait là un grand mérite pour nos basses-cours, ajouté à une chair fine et savoureuse.

Leur nourriture à l'état libre se compose surtout de joncs et d'insectes, plus tard elles se nourrissent de baies.

CHASSE. — Leur chasse, fort goûtée des natifs, est assez difficile; car si, au commencement, les oies se laissent approcher facilement, dès qu'elles ont vu quelques victimes tomber sous les plombs du chasseur, elles deviennent des plus méfiantes et ne se laissent plus aborder.

Captivité. — En captivité, elles s'apprivoisent facilement et suivent le même régime que les oies domestiques.

Parmi le genre Oie, nous trouvons quelques espèces à peine connues qui intéressent peu l'éleveur. Citons toujours :

Oie à épaules bleues
(Anser cœrulescens).

Caractères. — Tête blanche, dessus du corps gris-brun, croupion et ailes gris bleu, avec des plumes noires.

Distribution géographique. — Originaire du nord de l'Asie, introduite en 1848.

Oie des neiges
(Anser albatus).

Caractères. — Elle ne diffère de l'Oie hyperboréenne que par ses pattes et son bec noirs.

Distribution géographique. — Originaire aussi du nord de l'Amérique.

Oie de Ross
(Anser Rossi).

Caractères. — On la confondrait également avec l'Oie hyperboréenne, si ce n'était sa petite taille qui ne dépasse pas celle d'un Canard sauvage.

Distribution géographique. — Elle est aussi originaire du nord de l'Amérique.

LES BERNACHES
(*Bernicla*).

CARACTÈRES GÉNÉRAUX. — Ce groupe d'Anseridés se distingue des oies par leur bec court et étroit, un peu plus bombé au centre, ne dépassant jamais en longueur la tête et garni de lamelles sur la mandibule inférieure à peine visibles. Les Bernaches ont aussi le corps oval, le cou court, les yeux petits, les pattes moyennement courtes, placées en avant avec le bas emplumé, les ailes longues aiguës atteignant la queue qui est arrondie et composée généralement de seize larges plumes.

Le plumage des Bernaches est beaucoup plus brillant que celui des oies; il diffère parfois d'un sexe à l'autre.

DISTRIBUTION GÉOGRAPHIQUE. — Les Bernaches habitent toutes les parties du monde.

MŒURS. — Elles fréquentent les bancs de sable, les marais salés, les estuaires des fleuves ; en résumé elles aiment beaucoup plus la mer que les autres Anséridés.

En liberté, leur nourriture se compose d'algues, de mollusques, de petits poissons.

Leur nid, placé sur la terre, est grossièrement fait ; les œufs, au nombre de six à seize, suivant les espèces, sont généralement gris-verdâtre. L'incubation dure de 28 à 31 jours.

CAPTIVITÉ. — La plupart des Bernaches, pour ne pas dire toutes, s'habituent parfaitement à la captivité et, avec des soins, on peut espérer que les autres ne tarderont pas à faire de même; elles ont besoin de plus d'eau que les Oies, mais moins néanmoins que les Canards.

Leur nourriture est surtout végétale : graines de toutes sortes et herbes aquatiques et terrestres qu'elles paissent; mais, au moment de la ponte, il convient de changer un peu leur régime en ne leur donnant comme grains que du blé et du chanvre et en leur distribuant le plus possible de nourriture animale: insectes d'eau avec des lemna, vers de terre, poudre au sang de bœuf.

La Bernache affectionne spécialement, pour y pondre, des maisonnettes posées sur quatre pieds enfoncés dans l'eau à quelque distance du bord et surplombant la nappe liquide de 40 centimètres environ.

On peut facilement obtenir deux pontes, si l'on a le soin de retirer les œufs aussitôt que l'on s'aperçoit que la pondeuse garde le nid et se déplume; si l'oiseau est placé dans des conditions favorables, il recommence généralement une nouvelle ponte; on peut alors laisser couver la mère.

Les œufs que l'on a retirés sont confiés à une poule et doivent être traités comme ceux des autres Palmipèdes.

On laissera les petits nouvellement éclos à la chaleur et on ne les sortira qu'au bout de quatre à cinq jours, et au milieu de la journée seulement; il faut, bien entendu, éviter de les laisser à l'eau pendant la première quinzaine.

Ce sera chose facile si la couvée est confiée à une poule; ce sera sans doute impossible si la mère élève elle-même ses petits, mais il y aura moins d'inconvénients dans ce dernier cas, car les plumes des oiseaux aquatiques, enduites d'une substance huileuse, ne se mouillent point au contact des jeunes sortant de l'eau comme chez la poule, aussi les petits se réchauffent vite, ce qui n'a pas lieu avec une mère adoptive qui garde ses plumes longtemps humides.

Leur nourriture se composera pendant les premiers jours d'œufs de fourmis, œufs durs hachés, mie de pain trempée dans du lait, pâtées diverses; le tout mélangé avec de la laitue ou de la salade; un peu de grain, blé noir, millet.

Au bout de deux mois environ, selon les espèces, les jeunes Bernaches ne réclament plus que les soins que l'on donne aux adultes.

Bernache Nonette
(Bernicla Leucopsis).

Mâle. — Bec noir. — Œil brun. — Front, joues et gorge blancs. — Bande noire partant de l'œil et allant jusqu'au bec. — Cou et haut de la poitrine noirs. — Dos, ailes et épaules gris-argenté, avec chaque plume bordée de blanc et de noir. — Flancs gris ondulé de teinte plus claire. — Abdomen et dessous de la poitrine noirs. — Queue noire. — Tarses noirs. — Longueur, 0 m. 67.

Femelle. — Semblable au mâle.

Jeunes. — Duvet gris et jaune olive. Leur premier plumage ressemble à celui des adultes, avec des teintes moins tranchées. — Tête blanche tachetée de noir. — Tarses noirs.

Œufs. — Blancs, de cinq à six.

Ponte. — D'avril à mai.

Incubation. — 28 à 30 jours.

La légende prétendait que cet oiseau naissait spontanément au milieu des flots, soit dans certains coquillages, soit dans les débris pourris des vieux navires; ce qui a permis à cette légende de s'accréditer, c'est l'ignorance absolue où l'on était des mœurs de cette Bernache, par suite des contrées si reculées où elle vit la plus grande partie du temps.

Distribution géographique. — Les Hollandais, qui parvinrent au 80° degré, furent les premiers à découvrir leurs nids. Ce n'est que par les froids les plus rigoureux que ces Bernaches quittent les régions polaires des deux continents, pour passer les mois de novembre, décembre et janvier dans le nord de l'Europe; elles poussent quelquefois leurs pérégrinations jusque dans nos départements septentrionaux ; mais leur présence dans le centre et le sud de la France est des plus rares.

Mœurs. — Leur nid, fait généralement sans art sous l'abri d'une roche, est composé de mousse et d'herbes et soigneusement garni à l'intérieur d'un fin duvet.

Captivité. — La Bernache nonette s'habitue parfaitement à la captivité et s'y reproduit. Joli oiseau d'ornement, qui ajoute à sa beauté une chair délicieuse.

Bernache du Canada. — Oie du Canada. Bernache à collier

(Bernicla Canadensis).

Mâle. — Bec noir. — Œil brun. — Cou et tête d'un beau noir velouté. — Gorge fauve, entourée par une large bande blanche en forme de cercle qui monte par derrière jusqu'aux yeux, ce qui lui a valu le nom d'*Oie à cravate* qu'on lui donne quelquefois. — Poitrine et dessus du corps brun fauve vermiculé de blanc. — Dos et ailes bruns, chaque plume légèrement bordée de blanc terne. — Croupion et queue noirs. — Tarses noirs. — Longueur, o m. 65 (fig. 51).

Femelle. — Semblable au mâle, mais un peu plus petite avec des nuances moins vives.

Jeunes. — Duvet gris fauve.

Œufs. — Gris-vert, de six à neuf.

Ponte. — D'avril à mai.

Incubation. — 3o jours.

DISTRIBUTION GÉOGRAPHIQUE. — Comme son nom l'indique, cette Bernache est originaire du nord de l'Amérique, où elle est à peu près partout également répandue.

MŒURS. — Moins aquatiques que les autres Bernaches, les Bernaches canadiennes préfèrent parcourir les bords des marais, où elles trouvent les herbes qui composent leur nourriture.

LES BERNACHES

Chasse. — Les chasseurs de l'Hudson Bay en tuent chaque année de grandes quantités et comptent beaucoup, comme nourriture, sur ce gibier et ses œufs.

Produits. — Sa chair est succulente; aussi la

Fig. 51. — Bernache du Canada (*Bernicla Canadensis*).

plupart des fermes ont-elles à l'état domestique ce splendide oiseau, dont les qualités rivalisent avec la beauté; on recherche aussi leurs plumes et leur duvet.

Captivité. — On rencontre souvent les Oies du Canada vivant en Europe en demi-liberté sur les pièces d'eau ; d'après Buffon, on les comptait en son temps par centaines sur le grand canal de Versailles, où elles vivaient en bonne entente avec les Cygnes.

C'est un oiseau très rustique, qui n'est pas répandu comme il le mérite, n'exigeant aucun soin spécial pour son élevage, mais il est prudent d'éjointer les Bernaches à collier, car elles ont le vol très facile.

Mêmes mœurs et même nourriture que les oies communes, dont elles ont presque la taille.

La femelle couve avec amour les cinq ou six œufs qu'elle a pondus. — Le jars s'accouple facilement aux oies de race commune; les produits en sont très prisés.

Bernache Hutchin

(*Bernicla Hutchinii*).

Mâle. — Bec noir. — Œil brun. — Tête et cou noir brun, avec le collier blanc de la Bernache du Canada. — Dessus du corps gris-bleu, estompé de brun. — Dessous noir. — Queue blanche. — Tarses noirs.

Femelle. — Semblable au mâle.

Jeunes. — Duvet gris-brun. — Premier plumage semblable à celui des adultes, mais avec des couleurs moins vives et avec beaucoup plus de blanc.

Œufs. — Blancs, de trois à quatre.

Ponte. — De mars à mai.

Incubation. — Trente jours.

Caractères. — Cette Bernache, qui ressemble beaucoup à la Bernache du Canada, est de taille bien moindre.

Plusieurs auteurs du reste prétendent que cette Bernache n'est qu'une variété de la précédente, ainsi que la Leucopsis de Gray.

Distribution géographique. — Originaire du nord de l'Amérique.

Mœurs. — Elle ne pénètre pas dans l'intérieur des terres, mais se tient continuellement sur les bords de la mer où elle trouve sa nourriture. A cette différence près, qui est aussi une difficulté pour sa domestication, ses mœurs sont exactement les mœurs de la Bernache du Canada.

Bernache Cravant

(*Bernicla Brenta*).

Mâle. — Bec noir. — Œil brun. — Tête, cou, poitrine et queue noirs. — Une bande en forme de de croissant de chaque côté du cou. — Bas de la poitrine, dos, ventre gris brun, terminé par une teinte plus légère. — Ailes grises à rémiges noires. — Tarses noirs. — Longueur, o m. 66.

Femelle. — Un peu plus petite que le mâle, même plumage.

Jeunes. — Duvet gris foncé. Dans leur premier plumage, les parties noires sont brunes et le collier est absent.

Œufs. — Blanc crème, de quatre à cinq.

Ponte. — De mai à juin.

Incubation. — Trente jours.

Distribution géographique. — Cette Bernache a pour patrie l'extrême nord du nouveau et de l'ancien monde, elle habite, d'après Brehm, le long des côtes et des îles qui se trouvent entre 60 et 80 degrés de latitude boréale. On prétend qu'elle niche au nord de l'Irlande, mais elle passe généralement la saison des amours dans des contrées beaucoup plus septentrionales; elle est très commune dans les eaux du Spitzberg et dans la baie d'Hudson.

L'hiver venu, elles vont prendre leurs quartiers dans des pays plus chauds, elles atteignent quelquefois le midi de l'Europe et on a même signalé leur présence à l'estuaire du Nil, mais en général elles s'arrêtent dans le nord et c'est par bandes innombrables qu'elles s'abattent sur les lacs et les canaux de la Hollande et là on les tue par milliers pendant les mois de décembre et de janvier, en les attirant à l'aide d'oies dressées.

Produits. — Leur chair est des plus savoureuses, surtout après quelque temps de captivité; ce nouveau régime lui enlève un léger goût de rance, dû à leur nourriture composée de poissons et d'herbes marines.

Captivité. — La Bernache Cravant s'habitue parfaitement à la captivité et l'on y obtient facilement sa reproduction; c'est une précieuse acquisition et pour la ferme et pour la pièce d'eau.

Elle est malheureusement d'un caractère si timide qu'elle se laisse battre par tous les autres oiseaux de la basse-cour ou de la pièce d'eau, au point qu'elle n'ose prendre sa part de nourriture. Il faut donc la surveiller, pour la protéger au besoin pendant l'heure des repas.

Elle passe la plus grande partie de ses journées sur l'eau et broute moins que ses congénères.

On donne le nom de *Bernicla nigrecium* à une espèce peu connue encore, qui semble être une variété américaine de la *Bernicla brenta*.

Bernache de Magellan
(*Bernicla Magellanica*).

Mâle. — Bec noir. — Œil noir. — Tête légèrement aplatie et cou plutôt court, de couleur blanche. — Plumage général blanc. — Dos gris-blanc, barré régulièrement par des bandes noires en forme d'écaille. Les épaules, le dessous du corps et le commencement des cuisses sont aussi barrés de la même façon. — Ailes blanches et grises avec miroir vert bronzé. — Rémiges noires. — Rectrices de la queue noires. — Tarses noirs. — Longueur, 0 m.66.

Femelle. — Bec noir. — Teinte générale marron foncé, la plus grande partie du corps rayée, comme chez le mâle, de bandes noires. — Tête et cou marrons. — Épaules blanches. — Miroir de l'aile vert bronzé. — Croupion et rectrices noirs. — Tarses jaunes.

Jeunes. — Duvet gris-brun. Leur premier plumage ressemble fort à celui de leurs parents, avec des bandes noires moins prononcées.

Œufs. — Blanc crème, de quatre à huit.

Ponte. — D'avril à mai, en Europe.

Incubation. — 30 jours.

Distribution géographique. — Originaire, comme l'indique son nom, du détroit de Magellan, cette Bernache habite aussi la Patagonie et les îles Falkland, où on en rencontre souvent des bandes nombreuses cherchant leur nourriture au milieu des rochers et des sables.

Mœurs. — Dans leur pays d'origine, les mois de septembre et d'octobre sont les mois de printemps ; aussi est-ce à ce moment qu'elles se mettent à construire leurs nids et pondent dans quelque creux de rocher sept à huit œufs.

Chasse. — Le chasseur peut facilement les approcher et les naturels ne se font pas faute de leur faire une chasse fréquente et productive, car, pendant de longs mois après leur naissance, les jeunes n'ont point la force de voler et ne peuvent se soustraire à leurs ennemis qu'en fuyant à la nage.

Acclimatement. — Ce brillant oiseau s'est si facilement acclimaté dans nos contrées qu'il tend à se répandre comme il le mérite.

Introduites depuis 1837 par M. Moore, ces Bernaches se sont aisément faites à notre climat et, comme le font actuellement les Cygnes noirs, elles ont adapté l'époque de la ponte aux exigences de notre climat. C'est en avril-mai que la femelle dépose dans un nid grossièrement construit, caché sous quelque buisson, ses œufs qu'elle couve avec assiduité.

Les jeunes sortent du nid après vingt-quatre heures, ils réclament quelques soins les premiers jours, et demandent peut-être un peu plus de verdure que les autres espèces. Au bout de deux mois, à part les teintes moins vives et une plus grande abondance de gris dans leur plumage, les jeunes ressemblent à leurs parents.

Le régime des Oies de Magellan est le même que celui des autres Bernaches; elles demandent aussi beaucoup de verdure.

Tous les jardins zoologiques ont élevé avec succès la Bernache de Magellan et parmi les amateurs nous pouvons citer MM. de Montlezun et Rogeron (1), qui font part de leur réussite et des soins qu'elle a nécessités.

D'après le conseil de M. Huet, aide-naturaliste au Muséum, M. de Montlezun a donné à ses jeunes Bernaches, pendant les premiers jours de leur naissance, une pâtée composée de laitue, de jaunes d'œufs, de farine de maïs et de petit millet, le tout écrasé et trituré ensemble. Ces oiseaux se sont admirablement trouvés de ce régime et ont vite prospéré.

Dès le dixième jour, on a pu leur supprimer le jaune d'œuf, en leur donnant beaucoup de lentilles d'eau, hachées menu et mélangées avec de la farine de maïs.

Dès le dixième jour, on peut à la coloration des jambes (jaune ou noir), qui va toujours en s'accentuant, reconnaître aisément les sexes.

Au bout de soixante jours, même régime que les adultes.

Quant à M. Rogeron, il a élevé ces Bernaches en

(1) *Bulletin de la Société d'acclimatation*, années 1885 et 1888.

leur donnant exclusivement de la laitue, qu'il n'a supprimée que graduellement à l'âge de cinq semaines ; — il a eu beaucoup de peine à les habituer à leur nouveau régime : pâtées de choux et quelque peu de laitue hachés et mélangés de pain mouillé, de son et de grains de diverses sortes.

Cette Bernache a un caractère doux et timide, et à l'exception du moment de la ponte, où elle devient plutôt belliqueuse, elle se laisse facilement battre par les autres variétés de Palmipèdes, n'opposant que la fuite à leurs attaques. C'est un point à noter, lorsque l'on met les Bernaches sur une pièce d'eau habitée par d'autres oiseaux aquatiques qui, profitant de leur couardise, leur font souvent des blessures mortelles.

Produits. — Ce sont d'admirables oiseaux d'ornement, que la valeur de leur chair et de leurs plumes désigne aussi pour la basse-cour.

Bernache Chilienne
(Bernicla dispar).

Caractères. — La seule différence qui existe entre elle et la Bernache de Magellan proprement dite, ce sont les rayures noires qui garnissent le dessous du corps et de la poitrine du mâle dispar; les femelles sont absolument semblables.

Distribution géographique. — Plusieurs auteurs désignent sous ce nom une simple variété de la Bernache de Magellan, qui habite le Chili.

Mœurs. — Les mêmes que l'espèce précédente. A

l'état libre, elles vivent par larges bandes et se nourrissent de substances végétales.

Acclimatement. — Cette Bernache a été importée à Londres depuis 1871 et s'est parfaitement reproduite en Europe.

C'est un oiseau doux et sociable.

Bernache à Tête grise
(Bernicla poliocephala).

Mâle. — Bec noir. — Tête et partie supérieure du cou gris-cendré, passant au brun rouge sur le dos et la poitrine avec des barres plus foncées. — Épaules blanches. — Ailes noires et blanches. — Flancs transversalement rayés de blanc et de noir. — Fond du dos, croupion et queue noirs. — Pieds jaunes à l'extérieur, brun noir à l'intérieur. — Longueur 0 m.60.

Femelle. — Semblable au mâle.

Jeunes. — Bruns. — Dessus du corps et poitrine rayés de noir. — Absence de teinte rouge à la poitrine.

Œufs. — Blanc crème, de quatre à cinq.

Ponte. — D'avril à juin.

Incubation. — Trente jours.

Cet oiseau est connu aussi sous le nom de *Bernache de Magellan à tête grise*.

Distribution géographique. — Cette Bernache est originaire de la Patagonie, du détroit de Magellan, de l'île de Chiloé et des îles Falkland.

Pendant l'hiver, elle émigre plus avant vers l'Équateur; on la rencontre à Ancual à l'état domestique.

Acclimatement. — Cet oiseau est encore assez rare en Europe où il a été introduit dans la première moitié du siècle et acheté en 1857 par la Zoological Society de Londres, à la vente de lord Derby, chez qui il avait reproduit.

Captivité. — En captivité, mêmes soins que les autres espèces; il s'y reproduit assez bien et l'on peut citer la belle réussite de M. Courtois.

Produits. — A son plumage brillant il joint une chair exquise, bien supérieure à celle des autres espèces et le Dr Cunningham la recommande avec raison, en vantant la privauté de ces oiseaux.

Bernache à tête rouge
(*Bernicla rudiceps*).

Mâle. — Bec brun foncé. — Œil brun. — Tête, cou et poitrine rouge cannelle, finement barré d'une teinte plus sombre. — Épaules blanches. — Dos et ailes gris brun. — Miroir de l'aile gris brillant bordé de blanc. — Dessous du corps rougeâtre. — Longueur, 0^m 53.

Femelle. — Semblable au mâle.

Jeunes. — Semblables aux adultes, avec un miroir plus terne.

Œufs. — Blanc crème.

Ponte. — D'avril à mai.

Incubation. — Trente jours.

Caractères. — Les jeunes prennent dès la première année la brillante livrée de leurs parents, à l'exception du miroir de l'aile, qui n'est que d'un vert terne. Le plumage des deux sexes est absolument semblable, le mâle se reconnaît à son sifflement, tandis que la femelle crie en canard.

Distribution géographique. — Cette Bernache est originaire des îles Falkland, mais, d'après le capitaine Abot, elle est moins commune que les autres variétés quoique vivant en bandes très nombreuses.

Mœurs. — Ses mœurs en liberté sont peu connues; mais tout fait supposer qu'elles ne diffèrent pas de celles des autres Bernaches, qui habitent les mêmes parages, car en captivité elles sont semblables.

Captivité. — Cette Bernache, introduite depuis 1860, a parfaitement reproduit dans les jardins zoologiques, mais depuis l'espèce a disparu et il serait difficile de citer un établissement possédant aujourd'hui une paire de ces oiseaux. C'est fâcheux, car ce sont de beaux oiseaux, très rustiques, reproduisant facilement en captivité.

Bernache de Sandwich
(Bernicla Sandwichensis).

Mâle. — Bec noir. — Œil noir. — Dessus de la tête, menton, derrière du cou et côtés de la face noirs. — Côtés et devant de la gorge brun, tirant sur le crème, légèrement tacheté d'une nuance plus foncée. — Collier noir autour du cou. — Reste du plumage brun, chaque plume bordée par une large bande blanche. — Poitrine et dessous du corps ondulé. — Abdomen blanc. — Tarses gris foncé, légèrement roussâtre. — Longueur, 0 m. 65.

Femelle. — Même plumage et de taille moindre.

Jeunes. — Duvet gris jaune. — Premier plumage comme leurs parents.

Œufs. — Blancs, de huit à quatorze.

Ponte. — D'avril à mai.

Incubation. — Trente jours.

Distribution géographique. — Cette Bernache, comme l'indique son nom, est originaire des îles Sandwich.

Captivité. — Elle est connue en Europe depuis 1832, époque où le Jardin zoologique de Londres reçut une paire de ces oiseaux, cadeau de lady Glengall ; ces oiseaux furent bientôt suivis par deux jeunes, provenant de la collection de lord Derby, où ils étaient nés de parents importés.

C'est une des Bernaches les mieux acclimatées ; elle résiste parfaitement à nos hivers et se montre rustique sous nos climats.

Elle se reproduit aisément, si elle a à sa disposition une certaine étendue de prairie où elle puisse se promener et brouter à son aise, car son régime est presque exclusivement herbivore. Elle ne va que rarement à l'eau et peut au besoin s'en passer.

Les jeunes s'élèvent comme ceux autres Bernaches, avec le régime et les soins que nous avons indiqués.

Bernache mariée. Bernache à crinière

(*Bernicla jubata*).

Mâle. — Bec brun olive. — Œil brun. — Tête (pourvue d'une sorte de huppe ou plutôt de crinière, qui suit les contours de la tête et du cou, de couleur plus foncé) noirâtre, ainsi que le cou. — Gorge et poitrine blanches, chaque plume bordée de deux bandes irrégulières de brun donnant un aspect de marbre à la poitrine et à la gorge. — Flancs gris argent ondulé de fines lignes noires. — Centre de l'abdomen et dessous des couvertures de la queue noir brillant. — Épaules et couvertures supérieures des ailes gris rouge. — Miroir de l'aile vert et blanc. — Grandes rémiges noires. — Tarses gris. — Longueur, 0 m. 50.

Femelle. — Bec gris tirant sur le brun. — Plumage ne différant de celui du mâle que par une ligne brun foncé, allant de l'œil jusqu'au derrière de la tête et par le dessous de la queue et l'abdomen, qui sont blancs.

Jeunes. — D'abord gris cendré, puis plumage de la femelle, avec un brillant miroir vert, chez les mâles. — A quatre mois, plumage des parents de même sexe.

Œufs. — Blancs, de sept à huit.

Ponte. — D'avril à juin.

Incubation. — 30 jours.

CARACTÈRES. — Cette petite Bernache est de la taille d'un canard.

DISTRIBUTION GÉOGRAPHIQUE. — Elle est répandue dans toute l'Australie, où on la trouve par compagnies de huit à quarante, tantôt dans les pâturages avoisinant les marais, tantôt perchée sur des arbres, comme le font en général tous les Palmipèdes de ce pays.

MŒURS. — En liberté, ses mœurs sont assez peu

connues; d'après Gould, elle nicherait dans le creux des arbres.

Produits. — Sa chair est excellente, aussi est-elle chassée avec acharnement.

Captivité. — Cette Bernache, qui accepte aisément la captivité, est de mœurs très douces et vit en parfaite harmonie avec ses compagnons de parquet; elle n'est nullement farouche et s'apprivoise facilement.

Son plumage est charmant et d'après M. Rogeron elle tient parmi les Oies et les Bernaches la place du Mandarin et du Carolin parmi les canards, et cela encore avec plus de grâce, plus d'élégance et de distinction dans sa personne et ses mouvements.

« En un mot, ajoute cet éleveur, après nous avoir montré les qualités de cet oiseau, la *jubata* est un oiseau ravissant, accompli, formant tour à tour le plus gracieux ornement de la pelouse et de la pièce d'eau, puisqu'il aime également se partager entre les deux. »

En effet, cette Bernache aime beaucoup plus à barbotter, nager, se baigner que ne le font la plupart de ses congénères, qui ne quittent généralement la terre qu'au moment du danger imminent.

Leur nourriture consiste en graines variées (blé, sarrasin, maïs, avoine, petit millet), herbes et jeunes pousses d'arbres qu'elles paissent d'elles-mêmes.

Les Bernaches mariées se reproduisent parfaitement en captivité.

La femelle dépose souvent ses œufs dans un de ces nids en paille en forme de bouteille destinés aux Canards mandarins; si on lui retire ses premiers œufs elle fait souvent une nouvelle ponte ; M. Courtois a obtenu jusqu'à trente-six œufs d'une même femelle.

Les jeunes sont très robustes et croissent très rapidement ; au bout de cinq semaines, ils sont déjà emplumés.

Leur nourriture est la même que celle des autres jeunes Bernaches, mais ils sont très friands d'œufs de fourmi, que l'on peut du reste supprimer à l'âge de quinze jours. On continuera dans ce cas à leur donner du pain émietté dans du lait, des lentilles d'eau, des pâtées d'œufs dans de la laitue hachée avec quelques graines de sarrasin ou de millet.

Bernache à cou roux
(*Bernicla ruficollis*).

Mâle. — Bec brun à extrémité noire. — Œil brun. — Tache blanche entre le bec et l'œil. — Dessus de la tête et derrière du cou d'un beau noir bordé de blanc. — Gorge brune, cou et partie supérieure de la poitrine d'un beau roux marron, terminé et bordé par un collier blanc. — Partie inférieure de la poitrine noire. — Dessus du corps noir. — Couvertures des ailes noires bordées de blanc. — Ailes noires. — Queue noire. — Dessous du corps grisâtre. — Tarses noirs.

Femelle. — De nuance plus foncée. — Extrémité de la queue blanche.

Œufs. — Gris vert.

Distribution géographique. — Originaire de la Sibérie.

Cet oiseau est excessivement rare dans les collections et cela est regrettable, car, d'après M. Gould, ce serait un oiseau splendide, dont aucune espèce ne possèderait la livrée brillante, élégante en même temps qu'originale.

Bernache aux ailes noires
(*Bernicla melanoptera*).

Mâle. — Bec orangé à extrémité noire. — Œil brun. — Plumage blanc. — Teinte grise sur la tête et le cou. — Miroir pourpré, plumes du vol noires. — Tarses rouges.

Femelle. — Semblable au mâle, mais de taille moindre.

DISTRIBUTION GÉOGRAPHIQUE. — D'après MM. Sclater et Salvin, cette Bernache habite les hauteurs des Andes du Pérou et de Bolivie, descendant dans les plaines pendant l'hiver, pour remonter, l'été venu, aux limites des neiges éternelles.

CAPTIVITÉ. — Elle ne s'est pas encore reproduite en captivité ; en Europe du moins.

Bernache antarctique
(*Bernicla antarctica*).

Mâle. — Bec noir. — Plumage blanc pur, à l'exception des plumes du vol qui sont gris noir. — Tarses orange.

Femelle. — Bec orange. — Derrière de la tête brun rouge. — Face, gorge, poitrine et abdomen noirs, chaque plume barrée de noir. — Couvertures des ailes brun noir.—Dos, queue et reste des ailes blancs. — Miroir bleu vert. — Tarses jaunes.

Jeunes. — Gris.

DISTRIBUTION GÉOGRAPHIQUE. — Cette Bernache habite les parties antarctiques de l'Amérique.

CAPTIVITÉ. — Cette Bernache n'a pu être gardée vivante dans aucun de nos jardins zoologiques.

QUATRIÈME PARTIE
LES ANATIDÉS

DENDROCYGNES. — CAIRINAS. — TADORNES. — AIX. — MARÈQUES, CANARDS SIFFLEURS, VINGEONS. — PILETS. — CANARDS PROPREMENT DITS. — SARCELLES. — SOUCHETS. — METOPIANA. — FULIGULES. — GARROTS. — HARELDES, MACREUSES, HARLES, EIDERS.

CARACTÈRES GÉNÉRAUX. — Les Anatidés forment une nombreuse famille, qui se distingue des Anséridés par leurs jambes moins hautes et des Cygnidés par leur cou moins long. Leur bec est moins haut que large à sa base, de même largeur dans toute sa longueur, le cou est court, les jambes sont courtes et placées en arrière du corps; la trachée artère se renfle à sa bifurcation en capsules cartilagineuses.

On divise ce genre en deux sous-sections. La première comprend, les *Canards communs*, les *Souchets*, les *Tadornes*, les *Sarcelles;* la deuxième : *les Macreuses*, les *Eiders*, les *Garrots*, les *Fuligules*.

La principale différence est dans la forme du pouce qui est bordé d'une membrane dans la deuxième section, tandis qu'il en est dépourvu dans la première.

Leur plumage est lisse et serré ; ils sont pour la plupart soumis à une seconde mue ; le mâle perd les couleurs brillantes qu'il avait pendant la saison des amours, pour prendre un plumage plus terne, se rapprochant de celui de la femelle.

Distribution géographique. — Les Anatidés se trouvent répandus sur toute la surface de la terre ; ils habitent à la fois la mer et les eaux douces ; mais c'est dans les régions polaires qu'on en trouve la plus grande quantité. Ils font annuellement des migrations vers des régions plus tempérées pour y passer l'hiver.

Nourriture. — Sous ce rapport, les Anatidés diffèrent des Anséridés et des Cygnidés, en ce que leur régime est aussi bien animal qu'herbivore. — Ils sont plus exactement omnivores, à l'exception toutefois des Macreuses, Harles et Eiders, qui exigent une nourriture exclusivement animale.

Mœurs. — Tous les Anatidés, nous dit Brehm, ont une assez grande fécondité.

Ils diffèrent des Oies et des Cygnes par leur sociabilité, qui persiste pendant la saison des amours.

Captivité. — Ils sont presque tous faciles à apprivoiser et à domestiquer.

LES DENDROCYGNES

Caractères généraux. — Le genre Dendrocygne comprend une dizaine d'espèces de charmants Palmipèdes, de petite taille il est vrai, mais de gracieuse allure et de plumage agréable.

Leur nom de *Dendrocygnes* (*Cygnes des arbres*) et celui de *Canards percheurs* leur vient de l'habitude qu'ils ont de se percher sur les arbres.

Ils ont des formes élancées, un cou plutôt long, une petite tête gracieuse et un bec mince, des ailes courtes et arrondies, des jambes longues et élevées, des doigts allongés unis par une membrane échancrée.

Mœurs. — Les Dendrocygnes passent la plus grande partie du jour à se reposer, cherchant leur nourriture au coucher du soleil et pendant une grande partie de la nuit.

Ils se nourrissent surtout de végétaux.

Ils vivent toute l'année en troupes nombreuses se séparant seulement à la saison des amours, où chaque couple va chercher l'emplacement du nid dans quelque creux d'arbre.

L'éclosion arrivée, les femelles descendent les jeunes, soit avec leur bec, soit avec leurs pattes, elles les mènent ensuite à l'eau et les élèvent avec grand soin jusqu'à l'âge adulte.

Dendrocygne veuf. — Canard percheur à face blanche. — Canard de Maragnan
(*Dendrocygna viduata*).

Mâle. — Bec bleu noir. — Œil petit, noir. — Face et joues jusque par derrière les oreilles blanc pur. — Occiput, côtés et face postérieure du cou noirs. — Bas du cou et haut de la poitrine d'un beau brun rouge. — Dos et côtés de la poitrine d'un beau brun noirâtre avec une teinte olive. — Ailes brunes, chaque plume bordée de plus clair. — Flancs jaunes finement barrés de noir. — Abdomen et queue noirs. — Tarses bleu noir. — Longueur, 0 m. 45 (fig. 52).

Femelle. — Semblable au mâle, mais avec des couleurs moins marquées.

Œufs. — Blancs et ivoire.

Incubation. — De 28 à 30 jours.

Distribution géographique. — Il est, paraît-il, très commun dans l'Amérique du Sud.

Brehm dit en avoir rencontré sur le Nil Bleu des bandes si nombreuses que lorsqu'ils prenaient leur vol on aurait dit un nuage épais.

Azara en vit un grand nombre dans le Paraguay, toujours réunis en fortes compagnies.

Captivité. — Ce charmant oiseau, de la taille d'un Canard siffleur, a été introduit en Europe dès 1835.

Le dendrocygne veuf est un des plus jolis oiseaux de tout le genre, qui mérite d'attirer l'attention des éleveurs; à sa beauté, il ajoute le mérite d'une grande familiarité.

« Lâché dans un jardin, il ne cause aucun dégât et prend très vite l'habitude de suivre les personnes. Nous avons connu une châtelaine qui avait apprivoisé ses Canards percheurs au point qu'elle ne pouvait faire un pas dans son parc sans être suivie de ces oiseaux. Ils étaient au nombre de 25 et marchaient en file indienne les uns derrière les autres, une vraie farandole. S'asseyait-on, ils formaient le cercle, faisant entendre leur chant sonore, mendiant quelques friandises (1).

(1) A. Porte, *Bulletin de la Société d'acclimatation*. 1888, page 808.

Malheureusement, le climat de Paris est un peu rude pour eux, mais dans le midi de la France, chez

Fig. 52. — Le Dendrocygne veuf (*Dendrocygna viduata*).

un amateur bien installé, on peut espérer une bonne réussite.

Ces oiseaux demandent la même nourriture que les autres canards et les jeunes s'élèvent avec des pâtées de mie de pain et des jaunes d'œufs, etc.

Dendrocygne à bec rouge
(*Dendrocygna autumnalis*)

Mâle. — Bec rouge avec narines jaunâtres. — Œil noir avec des paupières blanchâtres. — Tête et cou brun roux, avec les joues, le gosier et les parties supérieures du cou gris. — Plumage général brun de diverses nuances. — Poitrine brune passant au bai. — Ailes blanches et noires. — Abdomen noir. — Tarses rouges. — Longueur, o m.40.

Femelle. — Bec et pattes de couleurs moins vives. — Même livrée que le mâle.

Œufs. — Blanc et ivoire.

Incubation. — 28 à 30 jours.

CARACTÈRES. — De même taille que le Canard siffleur, le Dendrocygne à bec rouge a le corps plus élancé et est perché sur une paire de jambes rouges.

DISTRIBUTION GÉOGRAPHIQUE. — Il habite le Mexique et l'Amérique centrale.

ACCLIMATEMENT. — Il s'habitue facilement à notre climat et l'on peut considérer comme parfaitement acclimatés ceux qui ont passé le moment critique de la mue.

Ils s'apprivoisent facilement et reconnaissent vite la personne qui les soigne, accourant au devant d'elle en poussant des cris de joie dès qu'ils l'aperçoivent.

Ils craignent un peu le froid et surtout les vents, si on ne les rentre pas; précaution inutile dans le centre et le midi de la France.

Il est bon de leur donner pendant l'hiver une nourriture réchauffante : chanvre, graines de soleil et aliments d'origine animale.

On a donné le nom de *Dendrocygna discolor* à une variété du précédent, qui habite la Colombie, la Guinée et qui en diffère en ce qu'il a le dos noir, au lieu de marron.

Dendrocygne percheur
(*Dendrocygna arborea*).

Mâle. — Bec couleur de plomb. — Dessus de la tête noir avec une bande brun foncé descendant jusqu'au dos. — Face et parties supérieures du corps blanc sale. — Bas de la gorge tacheté de noir et de brun. — Cou et poitrine brun rouge pâle. — Dessus du corps brun foncé. — Dessous blanc sale. — Tarses noirs. — Longueur, o m. 45.

Femelle. — Semblable au mâle.

Œufs. — Blancs.

Ponte. — De juin à septembre.

Incubation. — De 28 à 30 jours.

DISTRIBUTION GÉOGRAPHIQUE. — Cette variété de Dendrocygne habite Cuba et la Jamaïque, où elle est redoutée des cultivateurs à cause des immenses ravages que font ces oiseaux, lorsqu'ils s'abattent en bande nombreuse sur les plantations.

Mœurs et régime. — Les mêmes que les autres dendrocygnes ; ils ne craignent pas autant le froid que ceux-ci.

Acclimatement. — D'après M. de la Blanchère, ils se reproduisent facilement en Europe.

Les jeunes sont, paraît-il, assez robustes.

Dendrocygne fauve
(*Dendrocygna fulva*)

Mâle. — Bec gris. — Œil brun foncé. — Tête et cou brun rouge brillant. — Dessus de la tête plus foncé avec une ligne de marron foncé le long du derrière du cou. — Une bande couleur crème sur le devant de la gorge. — Dessus du corps et ailes brun-rouge passant au noir relevé de temps en temps par des barres fauve clair. — Flancs barrés régulièrement de crème et de noir. — Ailes très longues, couvrant presque la queue, qui est assez courte. — Tarses gris-cendré.

Femelle. — Semblable au mâle.

Jeunes. — Duvet jaunâtre.

Œufs. — Blanc pur, de 10 à 15.

Ponte. — De juillet à août.

Incubation. — Trente jours.

Distribution géographique. — Cette espèce, que l'on a souvent confondue avec le Dendrocygne major, habite le Mexique et la Californie, où, d'après le colonel Grayson, elle arrive à la fin de la saison pluvieuse en larges bandes, ne s'arrêtant jamais sur le bord de la mer, mais s'abattant sur les lacs et les étangs de l'intérieur.

Captivité. — Ces oiseaux ont été introduits depuis 1867 ; ils se sont reproduits en volière chez M. Barlett. Leur nid, construit sur la terre, était recouvert d'un dôme formé par la réunion des herbes élevées qui entouraient le nid ; les jeunes qui promettaient beaucoup ont été détruits par les rats.

Nous n'avons pas connaissance d'autres personnes ayant réussi dans l'élevage de cette espèce.

Dendrocygne des arbres
(*Dendrocygna major*).

Mâle. — Bec couleur de plomb bleuâtre. — Œi brun. — Tête et cou marrons ; une ligne plus foncée descend le long de l'arrière du cou. — Une grande tache blanche au centre du gosier. — Dos, poitrine, ailes de diverses nuances de brun et de marron. — Plumes des flancs très longues, brun brillant par-dessus, jaune blanc par-dessous. — Tarses foncés. — Longueur, 0 m. 45.

Femelle. — Semblable au mâle.

Jeunes. — Brun clair.

Œufs. — Blanc sale tacheté de rouge, de 6 à 10.

Ponte. — De juin à juillet.

Incubation. — 28 à 30 jours.

Distribution géographique. — Ce Canard est originaire de l'Inde, où on le rencontre un peu partout.

Mœurs. — D'après M. Jerdon, on lui donne aussi

le nom de *Dendrocygne siffleur*, à cause de son cri qui ressemble à un sifflement.

Son vol est plus lourd que celui des autres Canards ; aussi est-il souvent la victime des chasseurs, quoique sa chair ne soit pas très bonne.

Son nid est construit dans un trou d'arbre, placé au bord d'un marais ou d'un lac.

Acclimatement. — Ces Dendrocygnes ont été introduits en Europe depuis 1867, mais ils ne se sont pas reproduits ; la chaleur leur manque sans doute.

Il faut espérer qu'avec des soins bien compris et des volières spécialement organisées, on arrivera à un résultat satisfaisant.

Dendrocygne à lunules
(*Dendrocygna arcuata*).

Mâle. — Bec couleur de plomb. — Œil brun entouré de paupières jaunes. — Tête de couleur grise tirant sur le roux. — Manteau gris foncé. — Dessus du corps et couvertures des ailes marron, chaque plume bordée d'une ligne noire. — Rémiges noires. — Dessus du corps brun de diverses nuances. — Queue noire. — Tarses couleur de plomb.

Femelle. — Semblable au mâle.

Jeunes. — Bruns.

Œufs. — De six à douze.

Ponte. — De juillet à août.

Incubation. — 28 à 30 jours.

Distribution géographique. — Le Canard percheur

à lunules, qui n'a que la taille d'un Canard mandarin, est un oiseau essentiellement migrateur; son aire de migration s'étend de l'Inde à l'Australie. On le rencontre aussi en Afrique.

Mœurs. — Ces Dendrocygnes se tiennent généralement en bandes nombreuses et se séparent au moment des amours pour aller nicher.

Le nid, fait généralement dans un trou d'arbre, est garni d'herbes et de duvet.

Leur nourriture se compose surtout de matières végétales, de riz et d'autres graines ; ils font un véritable saccage des champs sur lesquels ils s'abattent.

Captivité. — Ces Canards sont assez sensibles aux froids de nos hivers et périssent généralement d'une ophtalmie qui leur vient à la suite d'un refroidissement.

Nous devons encore citer les Dendrocygnes suivants, espèces rares, peu connues, peut-être simples variétés des espèces précédentes.

Dendrocygna guttula.

Il est presque absolument inconnu, il a été décrit par Muller seul.

Dendrocygna virgata.

Caractères. — Il offre une grande ressemblance avec le Dendrocygne major.

Distribution géographique. — Originaire de l'Amérique du Nord.

Dendrocygna vagans.

Ce ne serait aussi qu'une variété du *Dendrocygna fulva.*

Distribution géographique. — Il habite les Philippines.

Dendrocygna Eytoni.

Distribution géographique. - Excessivement rare, il habite les côtes du nord-est de l'Australie.

Mœurs. — Remarquable par son cri particulier, qui est une sorte de sifflement.

LES CAIRINAS OU CANARDS MUSQUÉS

Caractères généraux. — Ce genre, qui comprend deux espèces, se distingue des autres Anatidés par leur corps cylindrique et allongé, leur cou mince, leur bec long et fort entouré à sa base de caroncules qui se continuent sur les joues. Leur queue est assez grande et arrondie.

Canard de Barbarie. — Canard musqué. — Canard muet. — Canard d'Inde
(Cairina Moschata).

Mâle. — Bec rouge traversé par une bande noire et entouré à sa base de caroncules, qui se continuent sur les joues en une membrane nue verruqueuse, d'un beau rouge vermillon. — Œil brun. — Crête ou plutôt trace de crête blanchâtre. — Corps d'un beau noir à reflets vert bronzé et rougeâtres sur le dos. — Tarses orange. — Longueur, 0 m. 80.

Femelle. — Moitié plus petite. Absence de caroncules. Même plumage que le mâle.

Jeunes. — Duvet jaune et noir.

Œufs. — Vert bleu, de 10 à 18.

Ponte. — De février à mai.

Incubation. — De 28 à 30 jours.

DISTRIBUTION GÉOGRAPHIQUE. — Cet oiseau de basse-cour, malgré les divers noms qu'on lui a donnés, est en réalité originaire de l'Amérique centrale et méridionale, où il vit à l'état sauvage depuis le Paraguay jusqu'au Mexique et dans certaines régions du Pérou.

MŒURS. — Dans son pays d'origine, le Canard muet niche dans les trous des vieux arbres, afin de mettre son nid hors de la portée des animaux nuisibles; la mère est obligée de descendre ses petits à terre, ce qu'elle fait en les portant avec son bec.

ACCLIMATEMENT ET DOMESTICATION. — On prétend que Christophe Colomb l'importa en Europe, lors de son retour, après la découverte de l'Amérique; en tous cas, il est connu et domestiqué depuis bien longtemps; dès 1559, il était déjà répandu et on le vendait « par les marchés pour s'en servir ès-festins et nopces ».

Il est complètement acclimaté dans nos pays et son élevage est des plus faciles et ressemble à celui des canards ordinaires, mais ses habitudes diffèrent en beaucoup de points.

Le Canard muet aime beaucoup à se percher; il

n'est pas rare de le voir se promener sur les toits.

Sa voix est presque nulle et ses cancans se réduisent à un simple sifflement que l'on entend à peine.

Les jeunes affectionnent particulièrement l'eau ainsi que les adultes ; mais ceux-ci s'en passent aisément, s'ils n'en n'ont point à leur disposition.

Cette espèce est assez féconde. Dans un nid, qu'elle cache aussi bien qu'elle le peut, la femelle pond près de dix-huit œufs et elle peut donner chaque printemps deux à trois pontes, si on les retire à mesure qu'elle les pond ; elle couve assidument ceux qu'on lui laisse, mais, si on la dérange, elle quitte infailliblement le nid. — Le mâle porte sur sa face tous les signes d'un tempérament des plus ardents ; aussi s'adresse-t-il volontiers aux femelles des autres espèces, voire même aux poules qu'il tourmente parfois beaucoup, s'il ne trouve pas de canes.

Le Canard de Barbarie s'accouple avec la Cane commune et donne le *mulard*, dont nous parlerons plus tard, avec les autres canards domestiques et dont les qualités sont si estimées dans le midi de la France. Pour nous, au point de vue de la basse-cour, le principal mérite du Canard muet, c'est de donner naissance à ces utiles oiseaux, qui devraient être appréciés partout.

Les divers croisements que le Canard de Barbarie a subis depuis qu'il vit à l'état domestique ont changé son plumage et ont créé de nombreuses variétés qui n'ont rien de fixe, à l'exception de la suivante.

Produits. — Sa grosse taille l'a fait surtout rechercher comme oiseau de basse-cour ; malheureusement sa chair n'est pas aussi fine que celle des autres Canards domestiques. — Elle a un certain goût de musc, néanmoins celle des jeunes est assez estimée et celle des adultes est mangeable, si l'on a le soin de faire disparaître le goût musqué en enlevant dès l'abatage la tête et le croupion.

Canard de Barbarie blanc

(*Cairina moschota var.*).

Mâle. — Bec rose avec caroncules rouge vif. — Œil bleu. — Partie nue autour de l'œil, rouge vif. — Crête ou plutôt quelques plumes sur le derrière de la tête en forme de crins noirs. — Plumage d'un blanc éclatant. — Pieds rouge jaunâtre.

Femelle. — Plus petite que le mâle.

Jeunes. — Duvet jaunâtre.

Œufs. — Gris-bleu, verts ou blancs, de dix à dix-huit.

Ponte. — D'avril à mai.

Incubation. — De 28 à 30 jours.

CARACTÈRES. — Ce canard est peut-être plus gros et plus décoratif que le précédent; ses caroncules et la partie nue autour des yeux, d'un beau rouge vif, tranchent vivement sur sa robe de neige.

MŒURS. — Elles sont les mêmes que leur congénère bronzé; néanmoins, on remarque qu'ils ont un caractère plus docile et plus traitable vis-à-vis de leurs compagnons de domesticité.

Le Canard muet blanc vole mieux et se perche encore plus souvent que la variété précédente.

13.

Il se croise aussi facilement avec le Canard Rouen et donne des métis estimés.

LES TADORNES

Caractères généraux. — Les oiseaux de ce genre ont un peu l'aspect des Oies, le corps est large, le cou long est élancé. — Le bec des mâles est surmonté d'une caroncule, qui atteint son entier développement au moment de la saison des amours pour disparaître presque complètement après. — Leur plumage est en général assez brillant, identique la plupart du temps dans les deux sexes. — Leurs pieds sont armés de fortes griffes, la queue est courte.

Mœurs. — Ces Canards ont un cri tout particulier et très fort, on dirait presque le son d'une trompette.

Leur nourriture se compose à la fois de végétaux et d'aliments d'origine animale.

Tadorne vulgaire
(Tadorna vulpanser. Tadorna cornuta).

Mâle. — Bec avec renflement à sa base rougeâtre. — Œil brun. — Tête et partie supérieure du cou noir bronzé. — Collier blanc pur, suivi par une large bande d'un beau rouge cannelle. — Dessous du corps blanc. — Une large bande noire descendant depuis l'abdomen jusqu'entre les jambes. — Dos, couvertures des ailes blanc éclatant. Au-dessus des ailes et de chaque côté du dos s'étend une large bande noire subitement continuée par une bande blanche bordée de cannelle. — Miroir de l'aile vert-brillant, tertiaires noires ter-

Fig. 53. — Canard Tadorne (*Tadorna vulpanser*).

minées en marron. — Rémiges noires. — Queue blanche bordée de noir. — Tarses roses. — Longueur, 0 m. 66 (fig. 53).

Femelle. — Semblable au mâle, mais de couleurs moins brillantes.

Jeunes. — Tête et cou gris-brun. — Poitrine blanche. — Ailes brunes. — Dessous blancs.

Œufs. — Blanc pur, de 7 à 12.

Ponte. — De mai à juin.

Incubation. — De 28 à 30 jours.

Distribution géographique. — Le Tadorne est un des Anatidés les plus communs sur les côtes de la Baltique et de la mer du Nord ; on le trouve depuis la Suède jusqu'au nord de l'Afrique.

Mœurs. — Ce Canard préfère l'eau salée à l'eau douce, aussi ne le trouve-t-on généralement que sur les bords de la mer ou non loin des estuaires de nos grands fleuves.

Sa nourriture consiste surtout en substances végétales, principalement des parties tendres des végétaux aquatiques, des graines de graminées et de céréales, mais il a aussi essentiellement besoin de substances animales : petits poissons, mollusques, crabes, viande crue, qu'on lui offre en captivité et sur laquelle il se précipite avec avidité.

Le Tadorne est surtout remarquable par la singulière habitude qu'il a de nicher sous terre. Au printemps, ces oiseaux se répandent dans les plaines de sable qui avoisinent la mer, et là chaque oiseau va errer dans les garennes qui y sont nombreuses et chercher un logement parmi ceux des lapins. Une fois le terrier choisi, — et il est à remarquer qu'ils ne choisissent que ceux qui ont plus de 3 m. de profondeur, — ils s'y installent et en chassent les lapins qui ne reviennent plus. Dans ces terriers, ils ne font aucun nid, la femelle dépose ses œufs sur le sable nu et, la ponte finie, elle les recouvre d'un duvet blanc très soyeux et très épais dont elle se dépouille. Cette habitude est bien connue des habitants du Sylt et des autres îles du Schleswig qui préparent des tunnels ou des trous artificiels pour inviter ces oiseaux à venir pondre, afin de s'approprier leurs œufs qui sont des plus appréciés, ainsi que le duvet qui vaut presque celui de l'Eider.

Ainsi que nous l'avons dit, ce sont plutôt des oiseaux de mer que des oiseaux d'eau douce et c'est cela qui rend leur élevage en domesticité difficile.

Captivité. — Pris jeunes, ils s'habituent rapidement à la captivité, comme on peut s'en convaincre sur les lacs de nos jardins zoologiques qui nous en montrent plusieurs exemplaires faisant assaut de familiarité pour obtenir quelques miettes de pain.

Domestication. — Cet oiseau est sans doute le plus beau d'entre les Canards qui viennent dans nos contrées et s'il était plus facile à domestiquer, il n'est pas douteux qu'on le verrait plus souvent sur nos pièces d'eau comme oiseau d'ornement et dans nos basses-cours, où la qualité de sa chair lui donnerait un des premiers rangs.

Le Tadorne était connu dès la plus haute antiquité sous le nom de *Vulpanser* (oie-canard). Aristote en parle comme d'un oiseau que les Grecs élevaient en domesticité. Athénée classe ses œufs au deuxième rang pour la délicatesse, attribuant la première place à ceux du Paon, et Pline vante l'excellence de sa chair.

Malheureusement ils ne se reproduisent que bien rarement à l'état domestique.

« Le Tadorne, dit Toussenel, est une conquête qui mérite qu'on la tente. J'ai entrevu, dans la *Gastrosophie de l'avenir*, une illustration éclatante pour le Tadorne qui est probablement très loin de se douter à cette heure des triomphes qui lui sont réservés. »

M. Bodinus a eu le plaisir d'en obtenir des jeunes, qu'il a pu mener à bien, et nous donne les détails suivants sur leur nourriture. Les insectes qu'ils trouvent dans les étangs ne suffisant rapidement plus, il faut leur donner des lentilles d'eau, de la salade hachée, du pain, des œufs de fourmi, de la viande coupée menue et des graines variées, mais il faut les sevrer de gruaux, qui toujours, d'après M. Bodinus, les rendent aveugles.

Casarka. — Tadorne Casarka. — Casarka roux
(*Tadorna casarka. Tadorna rutila. Casarka rutila*).

Mâle. — Bec gris-noir. — Œil brun. — Tête et dessus du cou gris souris. — Étroit collier noir. — Dos, poitrine et dessous du corps roux à reflets rougeâtres. — Épaules blanc crème. — Rémiges des ailes noires. — Miroir vert-brillant. — Queue noire. — Tarses gris noir. — Taille du canard commun. — Longueur, 0 m. 66 (fig. 54).

Femelle. — Semblable au mâle, mais sans collier noir et avec des couleurs plus ternes.

Jeunes. — Semblables à la femelle.

Œufs. — Crème, de sept à douze.

Ponte. — D'avril à juin.

Incubation. — De 28 à 30 jours.

DISTRIBUTION GÉOGRAPHIQUE. — Cet oiseau, connu aux Indes sous le nom de *Canard des Brahmines*

Fig. 54. — Canard Casarka (*Tadorna casarka*).

et en Russie sous le nom de *Canard Cassart*, habite le sud et le sud-est de l'Europe, de l'Asie et du nord de l'Amérique, nichant en Algérie, en Palestine et au sud de la Russie.

Mœurs. — Le Casarka a de grandes ressemblances avec les oies, marche comme elles et va paître dans les champs, mangeant les jeunes pousses des divers végétaux qu'il rencontre, les graines de toutes espèces et les insectes ou les mollusques qu'il trouve; car, quoique il soit herbivore, la nourriture animale lui est indispensable comme au Tadorne vulgaire.

Suivant les circonstances, il construit son nid soit dans un terrier, soit dans un trou ou une fissure de rocher, soit encore dans le creux de quelque vieil arbre qu'il tapisse avec des feuilles sèches et garnit d'un fin duvet.

Acclimatement. — Les Casarkas peuvent être considérés comme complètement acclimatés dans nos pays et y supportent aussi bien les rigueurs de l'hiver que les chaleurs de l'été. Ce sont de gentils oiseaux d'un splendide effet ; beaucoup d'autres Canards ont un plumage plus beau et plus varié, mais il n'en est pas qui lui soit supérieur par la grâce et l'élégance; sa démarche est aisée et il ne va pas en titubant, comme les autres Anatidés.

Malheureusement la médaille a un revers; leur caractère est des plus insupportables et ils ne peuvent vivre en bonne intelligence avec canards, poules et autres oiseaux qui se trouvent dans leurs parages, respectant à peine ceux dont les forces sont de beaucoup supérieures aux leurs ; ils ont aussi le défaut d'être criards, « criards à l'excès et funèbrement criards, nous dit un habile éleveur, mais aussi quels bons gardiens. La maison ne saurait être surprise, lorsque des Casarkas viennent passer la nuit dans ses abords ».

La femelle pond près d'une dizaine d'œufs, soit dans une hutte, soit dans quelque panier situé au bord de l'eau ; elle couve avec ardeur et ne mène les jeunes à l'eau que 24 heures après leur naissance. Elle les soigne avec ardeur et dévouement.

La nourriture des canetons demande quelque peu d'attention : il faut leur donner, en outre d'une pâtée composée de pain, de salade, et de viande hachée menu, des vers de terre ou de vase coupés en petits morceaux et fréquemment des œufs de fourmi ; certains amateurs ont obtenu de bons résultats en leur donnant seulement des lentilles d'eau, du millet et quelques miettes de pain, et cela sans pâtées d'aucune sorte.

Au bout de 30 à 40 jours, les plumes ont remplacé le duvet et on peut leur donner la nourriture de leurs parents, avoine, blé, avec quelque peu de nourriture animale : — viande coupée en petits morceaux — sang de bœuf.

Au bout de deux mois, on peut les considérer comme adultes, quoiqu'ils n'en revêtent la livrée qu'à l'automne qui suit leur naissance. — C'est à ce moment seulement que l'on peut reconnaître les sexes.

Casarka de Paradis
(Tadorna variegata. Casarka variegata).

Mâle. — Œil brun. — Tête et cou noir de velours à reflets métalliques. — Bas du cou et dessus de la poitrine brun marron. — Manteau gris foncé ondulé de légères lignes blanches. — Croupion et queue noir de jayet. — Épaules blanches. — Rémiges de l'aile noires. — Miroir marron-rouge et vert brillant. — Dessus de la queue marron vif. — Tarses noirs. — Au repos, les longues plumes du manteau et du dos retombent et cachent les épaules blanches et une parties des ailes, ce qui donne à cet oiseau un aspect différent de celui qu'il a lorsqu'il est en mouvement.

Femelle. — De taille inférieure. — Tête et cou blanc de neige. — Dessus du corps marron. — Épaules et parties supérieures de l'aile blanches. — Rémiges et queue noires. — Miroir vert marron.

Jeunes. — Duvet blanchâtre tacheté de brun. — A trois mois, ils ressemblent au mâle, les femelles ne prenant la tête blanche qu'à six mois.

Œufs. — Crème, de 7 à 11.

Ponte. — De mai à juin.

Incubation. — De 28 à 30 jours.

DISTRIBUTION GÉOGRAPHIQUE. — Originaire de la Nouvelle-Zélande.

MŒURS. — En liberté, les mœurs sont les mêmes que celles de leurs congénères d'Asie et d'Europe.

Leur nid se fait dans un trou de rocher, un terrier ou un creux d'arbre.

ACCLIMATEMENT. — Ces oiseaux sont maintenant parfaitement acclimatés en Europe.

Le caractère du Casarka de Paradis comme celui des autres Casarkas n'est pas absolument des plus commodes, et l'éleveur est forcé de les reléguer dans un quartier spécial, surtout au moment des amours, car ils ne manqueraient pas de déranger la ponte de tous les autres oiseaux qui vivraient avec eux.

M. Rogeron nous cite le cas d'un Cygne de Bewick poursuivi avec acharnement par un mâle Casarka de Paradis et Mme R. Hubbard nous raconte qu'une Bernache du Canada fut retirée juste à temps pour ne pas être noyée par un couple de ces canards. Ils ne vivent même pas d'accord avec leurs cousins, les Casarkas roux ; — il est bien quelques exceptions, comme partout, et le hasard peut faire tomber sur un couple plus pacifique ; mais le cas est rare. C'est bien fâcheux, car le Casarka de Paradis est un des plus beaux et des plus décoratifs parmi les canards de forte taille.

Captivité. — En captivité, ils demandent les mêmes soins que les Tadornes et les Casarkas roux, tout en réclamant comme nourriture un peu plus de verdure que les précédents.

La femelle choisit généralement pour y pondre un panier dans le genre de ceux que l'on dispose pour les Canards mandarins, mais toutefois de plus grandes dimensions.

Les jeunes s'élèvent facilement et grandissent promptement en taille et en vigueur, il faut les nourrir de pâtées, de salades hachées, de menus morceaux de viande, de vers de terre, etc. ; le pain trempé dans du lait est un de leurs mets favoris.

Les jeunes s'apprivoisent très facilement et reconnaissent les personnes qui sont chargées de leur apporter journellement la nourriture. M. Rogeron nous parle d'un Canard casarka de Paradis, surnommé

Azar, qui suivait régulièrement et pas à pas son maître lorsqu'il se promenait dans son jardin (1).

Casarka Tadornoïde
(*Tadorna Tadornoides*).

Mâle. — Bec noir. — Œil brun, entouré d'un cercle de plumes plus claires. — Tête noire. — Collier blanc au-dessus duquel descend une large bande d'un beau brun orange brillant. — Poitrine et dos gris foncé surmonté de fines raies blanches. — Épaules blanches. — Rémiges vertes et noires. — Couvertures des ailes brun orange. — Queue noire. — De taille un peu plus forte que le Casarka de Paradis.

Femelle. — De taille inférieure, avec des couleurs moins tranchées.

Jeunes. — Comme la femelle.

Œufs. — Blanc jaune, de 10 à 13.

Ponte. — De septembre à octobre.

Incubation. — De 28 à 30 jours.

Distribution géographique. — Ce gros et splendide canard, qui nous vient de la Nouvelle-Hollande, habite les rivières, les baies et les lacs salés de l'Australie du Sud.

Mœurs. — Il se nourrit surtout d'insectes, de mollusques, de crabes et de petits poissons, qu'il saisit en barbottant dans la vase. Même régime que pour les variétés précédentes.

---

(1) Rogeron, *Bulletin de la Société d'acclimatation*. 1885.

Casarka rajah
(Tadorna radjah).

Mâle. — Bec couleur de chair. — Tête, cou, parties supérieures de l'aile, poitrine et abdomen, blanc pur. — Bande noire au travers de la poitrine, dos noir, le tout vermiculé de fines lignes marron. — Plumes de l'aile vertes, noires et blanches. — Queue noire, avec plumes tachetées de gris. — Tarses saumon.

Femelle. — Semblable au mâle.

Jeunes. — Gris marron vermiculé de noir.

Œufs. — Blancs.

Ponte. — De septembre à octobre.

DISTRIBUTION GÉOGRAPHIQUE. — Ce canard est originaire de l'Australie.

Casarka à ailes blanches.
(Tadorna sculata. Casarka leucoptera).

Mâle. — Bec orange. Œil orange. — Tête et partie supérieure du cou marquées de taches noires. — Partie inférieure du cou et poitrine vert foncé brillant. — Côtes et abdomen brun marron. — Dos brun. — Épaules blanches. — Miroir noir de velours. — Rémiges gris cendré tirant sur le bleu. — Tarses orange.

Femelle. — Plus petite. — Couleurs plus ternes. — Dos marron, le reste brun rouge.

DISTRIBUTION GÉOGRAPHIQUE. — Originaire de l'Inde.

Casarka à front blanc
(Casarka cana. Tadorna cana).

Mâle. — Bec brun. — Œil brun. — Tête blanche, avec une bande brun cendré. — Cou brun gris. — Poitrine et dos marron clair. — Couvertures des ailes blanches. — Miroir vert. — Queue noire. — Tarses brun foncé.

Femelle. — Semblable au mâle.

Distribution géographique. — Originaire du sud de l'Afrique.

LES AIX

Caractères généraux. — Ce sont deux jolis petits oiseaux qui ont beaucoup de ressemblance avec les Sarcelles et dont les mâles ont une livrée des plus brillantes, qu'ils perdent une partie de l'année pour prendre la robe plus terne de la femelle.

Les principaux caractères de ce genre sont, d'après Brehm (1) : le corps allongé, le cou mince de longueur moyenne, la tête, forte, le bec assez court, un peu moins long que la tête à ongle fortement recourbé, les jambes courtes et épaisses, les ailes de longueur moyenne, la queue longue, forte, large et très arrondie formée de seize plumes. — Le plumage brillant vivement coloré, les plumes de l'occiput formant une huppe tombante.

(1) Brehm, *les Oiseaux*, édition française, par Z. Gerbe.

DISTRIBUTION GÉOGRAPHIQUE. — Le genre Aix comprend deux variétés, l'une originaire du nord de l'Amérique, l'autre de la Chine.

Canard Mandarin
(Aix galericulata).

Mâle. — Bec rouge, blanchâtre à la pointe. — Œil rouge jaune. — Huppe vert et bleu pourpré en avant, brun et vert à l'arrière. — De l'œil à l'occiput, large bande jaune brun en avant, blanc jaune en arrière, se prolongeant sur la huppe en une ligne étroite. — Les plumes, longues et pointues, de la crinière rouge cerise. — La partie antérieure du cou et les côtés du haut de la poitrine d'un beau rouge brun. — Dos brun clair, avec des plumes redressées et étalées en éventail, d'un beau bleu d'acier sur les barbes externes, d'un jaune brun sur les barbes internes et bordées de blanc et de noir. — Côtés de la poitrine marqués de deux raies transversales : deux noires, deux blanches. — Les flancs moirés d'une teinte plus foncée, sur un fond jaunâtre, la face inférieure du corps blanche. — Rémiges gris bleuâtre, bordées de blanc en dehors. — Tarses jaune rouge (Brehm).

Plumage d'été, de juin à septembre : — Absence de huppe et de plumes en éventail sur le dos. — Tête et cou gris clair. — Poitrine et côtés gris tacheté de brun. — Épaules et ailes brun vert. — Dessous du corps blanchâtre. — Longueur, 0 m. 48.

Femelle. — Plumage d'été du mâle.

Jeunes. — Brunâtres.

Œufs. — Blancs, de 8 à 12.

Ponte. — D'avril à mai.

Incubation. — De 25 à 27 jours.

« *Canard mandarin, Sarcelle de la Chine, Sarcelle à éventail,* tels sont les noms sous lesquels on désigne ce brillant Palmipède, l'honneur du corps.

« Caractères. — La science nous le présente sous la dénomination caractéristique d'*Aix galericulata,* et en effet son attitude, lorsqu'il est à flot, sa poitrine bombée, son cou et sa tête rejetés en arrière, arrondis en forme de proue, ses ailes ornées chacune d'une plume saillante déployée comme une voile, donnent au mâle la plus grande ressemblance avec la galère des Romains.

« Outre ces deux plumes originales, développées en éventail et auxquelles il doit l'un de ses noms, le Mandarin porte derrière la tête un panache de plumes frangées et touffues qui s'abaissent sur le cou lorsque l'oiseau est au repos et qui se déploient comme la crinière d'un poney, lorsqu'il est animé d'un sentiment quelconque : amour, joie et colère (1). »

Distribution géographique. — Il est originaire de la Chine, où il passe pour le symbole de la fidélité conjugale.

L'été, cet oiseau habite le bassin de l'Amour le nord de la Chine et du Japon, tandis qu'il va passer l'hiver au sud de la Chine.

Mœurs. — Le Canard mandarin niche généralement dans les creux d'arbres ; le nid est tapissé de

(1) Leroy, *Aviculture.*

plumes et d'autres matières molles dont la cane recouvre les œufs lorsqu'elle les quitte. — Elle y pond de neuf à quinze œufs ; au bout de 25 à 26 jours, l'éclosion a lieu. Si le nid est placé au-dessus de l'eau, les canetons sautent dans l'eau presque aussitôt sortis de l'œuf, mais si le nid est éloigné de la nappe liquide, la cane les y porte soigneusement avec son bec.

La nourriture du Canard mandarin à l'état sauvage se compose de glands, de faînes, d'avoines sauvages, de baies, de raisins, de toutes sortes de plantes aquatiques et d'herbes, d'insectes et de grenouilles.

ACCLIMATEMENT. — Le Canard mandarin est connu depuis longtemps en Europe, depuis 1850, croit-on, époque où le Jardin zoologique de Londres en paya une paire le prix fabuleux de 70 livres (fr. 1.750) ; depuis, il s'est régulièrement reproduit.

Le Canard mandarin possède toutes les qualités recommandables comme oiseau d'ornement pour nos pièces d'eau, n'exigeant aucun soin spécial et se reproduisant parfaitement sous le climat de Paris.

Si l'on ne peut (et cela n'est point à la portée de tous) donner à ces gentils oiseaux une pièce d'eau pour leurs ébats, il suffit de les installer dans un parquet à faisan, dans lequel on aura mis un bassin quelconque. Quatre à six mètres carrés seront suffisants pour le parquet, un mètre de diamètre et quarante centimètres de profondeur seront assez pour ce lac en miniature. L'aire du parquet sera en partie gazonnée, en partie recouverte de sable, un monticule de 1 mètre de hauteur sera établi non loin du bassin, ainsi qu'un gros perchoir de huit centimètres de diamètre placé à un mètre cinquante de hauteur; les canards aimeront à faire souvent la sieste sur ce monticule, prêts, à la moindre alerte, à ne faire qu'un bond de cet observatoire au bassin, ou encore ils se tiendront sur le perchoir pendant de longues heures occupés à lisser leur brillant plumage. Une cabane garnie de foin, deux ou trois nids de diverses formes (panier en forme de bouteille; boîte carrée de 40 centimètres environ, munie sur le devant d'une petite ouverture; tuyaux en terre cuite de dimension appropriée) compléteront l'installation. Comme ces oiseaux nichent, en liberté, généralement sur les arbres, il ne faut pas négliger de placer un de ces nids sur le perchoir, et c'est souvent celui-là qu'ils adopteront.

Mie de pain, blé, sarrasin, millet, salade, choux et cresson, telle est la nourriture des Canards mandarins avec les quelques insectes, ou vers, que le hasard peut leur procurer.

Au commencement de la saison des amours, de même que l'on donne habituellement du chènevis aux faisans et aux poules pour les exciter à pondre, il est bon de donner aux Canards mandarins, au moment de la ponte, une nourriture plus animalisée, composée d'insectes, de viande même et de lentilles d'eau, sur lesquelles ils se jettent avec avidité.

Captivité. — Ces canards, en captivité comme en liberté, sont monogames; en mars ou avril, la femelle commence sa ponte, qui consiste en sept ou huit œufs, que — l'affaire de l'éleveur étant d'obtenir le plus de produits possibles — on enlèvera un à un ; au bout de huit jours, la femelle recommence une nouvelle ponte, qu'on peut lui laisser couver ou bien confier à une poule de petite taille, comme on l'a déjà fait pour les œufs premiers pondus.

Il est prudent d'adopter cette dernière manière, si les Mandarins sont renfermés dans des parquets, conditions qui diffèrent tant de leur vie à l'état de nature et qui ont certainement une grande influence sur l'assiduité de la mère à couver et à élever ses jeunes. L'incubation dure de 25 à 27 jours.

Dans le cas seulement où l'incubation a été faite par leur mère ou par une cane, on peut dès le deuxième jour laisser les jeunes aller à l'eau, car, comme nous l'avons déjà dit, les plumes des canards étant imperméables à l'eau, ils peuvent facilement se sécher tandis qu'avec une poule ils ne font que mouiller les plumes du ventre de leur mère adoptive, qui restent humides et ne peuvent leur donner la chaleur nécessaire ; il faut donc, si l'éleveuse est une poule, éviter de mettre un bassin à la disposition des jeunes Mandarins, un simple canari suffit pour leur fournir l'eau nécessaire à leur boisson. La pluie est une des plus dangereuses et des plus grandes causes de mortalité ; il faut, dès que le temps menace, éviter de sortir les jeunes ou les mettre dans des boîtes d'élevage soigneusement recouvertes.

La nourriture des canetons mandarins se composera d'œufs durs hachés, de mie de pain trempée dans du lait, de lentilles d'eau, de vers, de farine, de quelques œufs de fourmi, mais cela pendant la première huitaine seulement; au bout de ce temps, on peut commencer à remplacer ces mets délicats et difficiles à trouver par des pâtées de farine, d'orge et de mie de pain délayée dans du lait.

Au bout de six semaines, ils sont gros comme le poing, on les laisse vaquer avec leurs parents ou bien on les enferme dans un parquet muni d'un bassin, mais il faut toujours veiller à ce que le bassin soit toujours bien plein, afin que les petits puissent en sortir facilement; sans cette précaution, ils pourraient s'y noyer.

D'un mois et demi à deux mois, ils commencent à bien manger le grain; à l'âge de trois mois, ils prennent leur plumage et, à l'inspection de leur bec, on peut reconnaître qu'ils sont adultes. Ils ne se reproduisent toutefois qu'à l'âge de deux ans.

Canard de la Caroline
(Aix sponsa).

Mâle. — Bec rougeâtre bordé de noir. — Œil rouge. — Tête vert foncé brillant, avec une grosse huppe retombante de même couleur, une bande blanche étroite passant par-dessus l'œil, une autre partant du coin de l'œil se dirigeant en arrière. — Gorge blanche. — Joues et partie supérieure du cou violettes. — Poitrine violet blanc marqué de taches blanches triangulaires qui vont en augmentant vers le bas et ont de chaque côté un large double croissant noir et blanc. — Flancs gris fauve, vermiculé de lignes noires très fines et très rapprochées les unes des autres. — Couvertures des ailes formées de plumes longues et soyeuses vert brillant. — Miroir blanc, bleu et

Fig. 55. — Canard de la Caroline (*Aix sponsa*).

violet. — Plumes du vol et queue vert et noir. — Tarses jaune rouge. — Longueur, 0 m.48.

Plumage d'été de juin à septembre. Absence de

huppe. — Tête et cou gris-vert. — Gorge blanche. — Poitrine brunâtre tachetée de blanc. — Côtés gris, dos et ailes bronzés. — Longueur, 48 centimètres (fig. 55).

Femelle. — Tête vert grisâtre, un large cercle blanc entoure l'œil et s'efface en arrière. — Gosier blanc. — Poitrine blanche avec des taches brunes. — Ventre blanc. — Dos et ailes brun verdâtre à reflets pourpres.

Jeunes. — Brunâtres, comme ceux du Mandarin.

Œufs. — Ivoire, de 8 à 10.

Ponte. — De mai à juin.

Incubation. — De 25 à 27 jours.

DISTRIBUTION GÉOGRAPHIQUE. — Originaire de l'Amérique, et habitant tous les États-Unis, depuis la Nouvelle-Écosse, le Canard de la Caroline mérite l'attention des éleveurs tout aussi bien que son frère de la Chine.

MŒURS. — « Sa gentille manière d'être, nous dit Brehm [1], est en harmonie avec sa belle forme et sa robe magnifique. Il rassemble en lui toutes les qualités qui sont capables d'attirer à un oiseau nageur notre bienveillante inclination. Ses mouvements ressemblent à ceux de la Sarcelle ordinaire, il dépasse encore celle-ci par son habitude de se percher. Malgré que ses jambes soient placées très en arrière, il marche vite aussi adroitement que notre Canard sauvage ordinaire, il relève et baisse en même temps continuellement la queue, il nage bien, vole bien avec la facilité d'un pigeon voyageur entre les branches d'arbres et se précipite parfois vers le soir, avec la vitesse de

---

[1] A.-E. Brehm, *les Oiseaux*, édition française, par Z. Gerbe

l'éclair, à travers leur sommet. En cas de danger, il plonge et il se sert même de cette ruse lorsqu'il poursuit en jouant la femelle ou un mâle par jalousie.

« Le mâle amoureux développe devant la femelle tous ses charmes séducteurs, se rengorge avec une tenue fière, la tête très élevée, et essaie de captiver le cœur de sa belle en faisant des signes de têtes coquets. Dès que le couple s'est uni, on le voit continuellement nageant côte à côte, se caressant de temps en temps avec le bec, le mâle se redressant parfois joyeux au-dessus de l'eau, battant des ailes et remuant la tête et le cou en poussant de tendres cris. A l'occasion, le mâle se bat aussi avec un autre. »

Certains amateurs le préfèrent au Mandarin, et nous sommes de cet avis. Ce dernier est surchargé d'ornements tandis que le Carolin est élégamment orné. « En voyant le Canard mandarin auprès du Carolin, nous dit encore Brehm, on dirait quelque garçon épicier enrichi auprès d'un homme réellement distingué. »

Les mœurs de ces deux Aix sont semblables et ils se nourrissent soit en liberté, soit en volière, des mêmes matières et leurs jeunes s'élèvent tout aussi facilement en suivant les conseils que nous avons donnés au sujet des Canetons mandarins.

Le Carolin se reproduit dans un parquet restreint aussi facilement que le Mandarin, pourvu qu'il soit aménagé comme nous l'avons dit plus haut.

Produits. — Sa chair, paraît-il, est exquise du mois de septembre à l'entrée de l'hiver ; aussi est-il chassé avec ardeur dans son pays d'origine.

LES MARÈQUES. LES CANARDS SIFFLEURS. LES VINGEONS
(*Mareca*).

Caractères généraux. — Trois canards forment ce genre.

Les Marèques ont beaucoup de ressemblance avec le genre suivant *Dafila* (*Pilet*), tous les deux ayant le même bec étroit et court aux bords parallèles légèrement plus large au bout et un peu recourbé, les jambes courtes, les pieds palmés avec le doigt postérieur libre, les ailes plutôt longues et pointues et la queue taillée en biseau.

Pendant l'été, les mâles perdent leurs brillantes couleurs et ressemblent aux femelles, les jeunes ne prennent pas leur belle livrée avant le printemps qui suit leur naissance.

Mœurs. — La nourriture des Marèques se compose d'insectes et de mollusques d'eau douce et salée, qu'ils trouvent en barbottant dans la vase des rivages, de plantes et de graines aquatiques.

Canard siffleur. Marèque Pénélope.
(*Mareca Penelope*).

Mâle. — Bec bleuâtre. — Œil brun. — Dessus de la tête couleur crème. — Côtés de la tête et commencement du cou d'un beau marron fauve tacheté de noir. — Poitrine fauve clair. — Dos, croupion et plumes scapulaires grises irrégulièrement vermiculées de noir. — Ventre blanc. — Ailes grises, avec une bordure noire à chaque plume. — Miroir des ailes vert doré, chaque plume bordée d'un beau noir de velours. — Queue noire. Tarses gris bleu.

Plumage d'été, depuis le mois de mars jusqu'en septembre, semblable à celui de la femelle.

Femelle. – De taille inférieure. — Bec bleuâtre. — Œil brun. — Tête et cou brun foncé à reflets rougeâtres. — Partie supérieure de la poitrine brun rouge; partie inférieure blanche. — Côtés brun jaunâtre. — Dos brun gris. — Ailes et queue noires. — Tarses bleuâtres.

Jeunes. — Livrée à peu près semblable à celle de la mère.

Œufs. — Blanc crème, de 5 à 10.

Ponte. — De mars à avril.

Incubation. — De 24 à 25 jours.

Mœurs. — Le Canard siffleur, appelé souvent *Vingeon*, est connu en Picardie sous le nom d'*Oigne* et en Bretagne sous celui de *Pin-Ru*, ce qui, dans le dialecte celtique, veut dire tête rouge.

Il doit son nom de siffleur à son cri qui diffère du *Kan-Kan* des autres canards et qui n'est qu'un sifflement aigu et prolongé, ce qui permet facilement de reconnaître les bandes de Vingeons qui traversent les airs au moment des passages.

C'est une des variétés de canards qui nous amène les plus nombreuses bandes annuelles s'abattant sur nos rivages, nos fleuves et nos marais et y séjournant jusqu'au mois de mars. En avril, ces bandes prennent leur vol pour aller s'accoupler et reproduire dans des contrées plus septentrionales.

Leur nid, qui consiste en un simple trou garni d'herbes sèches, de plumes et de duvet, se trouve toujours au bord de l'eau ; la femelle y pond au moins une dizaine d'œufs, qu'elle couve avec acharnement, relevée par le mâle juste le temps nécessaire pour prendre sa nourriture.

Cette nourriture consiste en toutes sortes d'aliments de nature animale ou végétale qu'ils peuvent trouver dans les eaux douces ou salées ; car, comme la généralité des Canards, ils sont omnivores.

Le Canard siffleur est un bon marcheur, un excellent nageur et un fin voilier.

Chasse. — La chasse en est difficile, car les Vingeons sont des plus défiants et moins faciles à surprendre que les autres Canards.

Captivité. — Néanmoins, il s'apprivoise bien en captivité ; malheureusement il lui faut de grands espaces, de la tranquillité pour reproduire, mais en lâchant quelques couples sur une pièce d'eau d'une certaine étendue, on serait sûr de réussir.

Les jeunes demandent les mêmes soins que les Canetons mandarins, avec une nourriture aussi animalisée que possible.

Produits. — La chair du Canard siffleur est très fine.

Canard siffleur d'Amérique.
Marèque d'Amérique

(*Mareca Americana.*).

Mâle. — Bec couleur d'ardoise bordé de noir. — Œil fauve. — Tête de couleur crème, approchant du blanc avec une crête à peine indiquée. — Depuis l'œil jusqu'au bas du cou s'étend une bande de violet vert et or. — Gorge et côté du cou couleur crème tacheté de noir. — Poitrine et côtés fauves. — Flancs sillonnés de noir. — Abdomen blanc. — Dos brun-rouge ondulé de lignes noires et brunes. — Queue et ailes brun foncé. — Couvertures supérieures des ailes blanches. — Miroir vert, noir et blanc. — Tarses brun rouge.

Plumage d'été pareil à celui de la femelle.

Femelle. — Tête et cou blanc jaune, tacheté de noir. — Corps brun foncé; plus petite que le mâle.

Jeunes. — Même robe que la femelle pendant la première année.

Œufs. — Jaunâtres, de six à huit.

Ponte. — De mai à juin.

Incubation. — De 24 à 26 jours.

CARACTÈRES. — Pour la forme, le Canard siffleur d'Amérique tient le milieu entre le Vingeon et le Pilet, ayant tous les caractères du premier avec les longues plumes de la queue du dernier.

DISTRIBUTION GÉOGRAPHIQUE. — Ce bel oiseau peut être considéré comme le type américain de notre Vingeon. Il arrive au commencement de l'hiver aux

États-Unis, les quittant à la fin d'avril pour rejoindre ses quartiers d'été sur les bords de la baie d'Hudson.

Mœurs. — Les mœurs et la nourriture du Canard siffleur d'Amérique sont les mêmes que celles de son congénère européen.

Acclimatement. — Ce Canard n'a été importé que bien rarement vivant en Europe; ce serait une belle conquête à faire pour l'ornementation de nos pièces d'eau.

Sous nos climats, il est un peu frileux et il est prudent de le traiter comme les espèces les plus délicates.

Canard siffleur du Chili. Marèque du Chili
(*Mareca chiloensis*).

Mâle. Bec gris légèrement bordé de noir. — Œil de petite dimension, brun foncé. — Une petite bande violette part de l'œil et va jusque par derrière la tête. — Tête et cou bleu verdâtre. — Taches blanches vermiculées de noir sur les joues. — Poitrine et gorge d'un beau brun crème finement vermiculé de noir, le devant de la poitrine est d'une nuance plus claire que le reste, presque blanc au bas. — Dos brun à reflets métalliques avec des plumes très pointues et bordées de blanc. — Dessus de l'aile blanche. — Miroir blanc et noir. — Flancs et dessous du corps crème et blanc pur. — Queue brune. — Tarses bruns. Plumage d'été semblable à celui de la femelle.

Femelle. — Presque pareille au mâle, mais avec des couleurs bien moins vives.

Jeunes. — Bruns avec des taches marron clair sur les joues.

Œufs. — Blancs, de 7 à 9.

Ponte. — De mai à juin.

Incubation. — De 24 à 25 jours.

DISTRIBUTION GÉOGRAPHIQUE. — Ce charmant petit canard nous a été apporté, il y a une cinquantaine d'années, de l'Amérique méridionale. On le rencontre dans les environs de Buenos-Ayres, au Chili et aux îles Chiloë et Falkland. Cet oiseau a été décrit pour la première fois par Azara, en 1803.

ACCLIMATEMENT. — Le Jardin zoologique de Londres le compte dans ses collections depuis 1831 ; mais il ne se reproduit régulièrement que depuis 1871.

Les Canards siffleurs du Chili supportent, pour peu qu'ils aient quelque abri à leur disposition, toute la rigueur de nos hivers et ne s'en trouvent nullement incommodés.

Ils sont plus herbivores que les Mandarins et sont surtout très friands de lentilles d'eau ; ils mangent avec grand plaisir blé, avoine, orge, maïs, panais, millet et sarrasin. — Mais ils sont loin de dédaigner aussi toute nourriture animale; matin et soir, à la fraîcheur, ils parcourent les pelouses pour faire la chasse aux vers et aux escargots.

Mme R. Hubbard cite même le cas d'une de ses Marèques du Chili qui fut trouvée morte étouffée par une souris qu'elle avait essayé d'avaler.

Le Canard siffleur du Chili est d'un caractère doux et paisible, il vit en bons termes avec tous ses congénères, ce qui n'est pas à dédaigner pour l'amateur; il devient rapidement familier avec les personnes qui sont chargées de le soigner; sa domestication complète ne saura tarder.

Si par hasard le mâle se met en courroux, il étend son cou, pousse un long sifflement et s'élance en nageant rapidement.

Les jeunes devront être traités comme ceux du Mandarin, en ayant soin de les tenir très chaudement et de ne les sortir de leur boîte d'élevage que par de belles journées.

Le plumage des canetons ne différant pas dans les deux sexes, il est très difficile de distinguer les mâles des femelles avant le printemps suivant.

LES PILETS
(*Dafila*).

CARACTÈRES GÉNÉRAUX. — Les Pilets offrent beaucoup de points de ressemblance avec les Marèques, mais ils en diffèrent principalement par les longues plumes caractéristiques de la queue du mâle.

CAPTIVITÉ. — Nous en connaissons quatre espèces, parfaitement habituées à la captivité.

Pilet acuticaude.
Coq de mer. — Canard faisan
(Dafila acuta).

Mâle. — Bec de couleur de plomb. — Œil brun. — Tête brune. — Cou et poitrine blanc de neige. — Dos et flancs bruns vermiculés et ondulés de noir. — Ailes brunes avec miroir orange, vert, noir et blanc. — Queue blanche et noire avec deux plumes noires très allongées. — Dessous blanchâtre. — Tarses brunâtres.

Plumage d'été semblable à celui de la femelle, un peu plus roussâtre toutefois.

Femelle. — Bec couleur de plomb. — Tête et cou brun, plumes bordées d'une nuance plus claire. — Dessus du corps, ailes et queue, les plumes allongées absentes, brun; dessous jaunâtre. — Tarses gris.

Jeunes. — Dessus brun. — Dessous jaunâtre. — Tarses jaunes.

Œufs. — Fauve clair, quelquefois blanc lavé de vert, de 7 à 8.

Ponte. — De février à mai.

Incubation. — De 23 à 25 jours.

CARACTÈRES. — Le pilet, appelé *Pennard* par les Picards et *Bouis* par les Provençaux, est aussi connu sous le nom de *Canard faisan*, *Faisan de mer*, *Canard paille-en-queue*, surnoms qui désignent suffisamment le trait distinctif de sa conformation; mais il y a un peu d'exagération à comparer à la queue du faisan les deux étroits filets qui lui servent d'appendice caudal.

Pendant les mois d'été, le mâle perd ses brillantes couleurs et ressemble à la femelle ; il ne peut s'en distinguer que par sa teinte plus rougeâtre.

Distribution géographique. — Le Pilet est un de nos visiteurs d'automne ; il est répandu par toute l'Europe, l'Asie, et le Nord de l'Amérique ; il habite l'hiver les pays chauds, pour passer l'été dans des contrées plus septentrionales.

Mœurs. — Ces Canards se réunissent surtout le long des côtes en bandes nombreuses de trois à quatre cents sujets et ne s'avancent dans l'intérieur des terres que contraints par le froid.

La femelle construit un nid garni de feuilles, à l'abri de quelque buisson, et y pond une douzaine d'œufs.

Domestication. — Le Pilet s'apprivoise facilement et reproduit souvent en domesticité ; la femelle couve elle-même ses œufs avec ardeur, mais il faut surveiller l'éclosion, pour empêcher la mère de mener de suite ses petits à l'eau, car on ne doit les y laisser aller qu'au moins trois jours après leur naissance.

Il faut, les premiers jours, leur donner pour nourriture une pâtée composée d'œufs durs, de mie de pain, de salade coupée ; plus tard on peut leur donner grains et pâtées, comme aux adultes.

Ils deviennent vite aussi familiers que les Canards domestiques ; ils sont en somme plus faciles et plus rustiques que les jeunes du Col-vert.

Produits. — La chair du Pilet est plus tendre et

plus succulente que celle du Col-vert; il figurait autrefois parmi les éléments maigres.

En résumé, c'est un bel oiseau d'ornement, qui pourra facilement devenir une ressource alimentaire.

Pilet à bec rouge. Bahama à bec rouge
(*Dafila erythrorhyncha*).

Mâle. — Bec rouge, avec une tache lilas. — Œil fauve. — Tête brun foncé, avec joues et menton blancs. — Dos et dessus du corps brun foncé, plus foncé encore sur les épaules. — Côtés et poitrine blancs, ornés de larges taches irrégulières de brun. — Dessous du corps blanc. — Miroir de l'aile très étroit, rose fauve et blanc. — Queue ardoisée. — Tarses ardoisés. Ressemble au Bahama ordinaire, mais il est de taille plus forte et ses ailes et queue sont moins pointues.

Plumage d'été semblable à celui de la femelle; il ne s'en distingue que par la nuance plus claire des tarses et du bec.

Femelle. — Plus sombre, teinte générale brune. — Bec rouge foncé. — Tarses ardoise foncé.

Jeunes. — Bruns, avec bec rose.

Œufs. — Blanc crème, de 6 à 10.

Ponte. — De juin à juillet.

Incubation. — De 23 à 25 jours.

DISTRIBUTION GÉOGRAPHIQUE. — Il est originaire du sud de l'Afrique et, après la saison des pluies, il est très commun dans la colonie du Cap.

MŒURS ET RÉGIME. — Les mêmes que le précédent.

CAPTIVITÉ. — Il serait à désirer que ce joli Pilet devînt plus commun chez les amateurs, car il est certain qu'il s'y reproduirait tout aussi bien, sinon mieux, que dans nos jardins zoologiques.

Prendre toutefois, dans les soins à donner aux jeunes, la précaution de leur continuer pendant plus longtemps une nourriture délicate, œufs de fourmi, vers, etc., et de tenir les jeunes au chaud, car ils sont un peu frileux.

Pilet spinicaude. Canard spinicaude
(Dafila Spinicauda).

Mâle. — Bec bleu à la base, jaune aux bords et noir au bout. — Tête et cou blanc fauve tacheté de fun. — Joues et côtés du cou d'une teinte plus claire. — Miroir de l'aile bleu entre deux raies blanchâtres. — Queue longue et pointue. — Tarses bruns.

Pendant l'été, le mâle perd le brillant de ses couleurs et revêt un plumage qui le fait ressembler à la femelle.

Femelle. — De couleurs plus ternes.

Jeunes. — Gris brun foncé.

Œufs. — Rougeâtres, de 7 à 9.

Ponte. — D'avril à août.

Incubation. — De 24 à 28 jours.

CARACTÈRES. — Il est de la taille d'un Carolin, mais la mode veut que l'on préfère les sujets qui n'atteignent pas cette taille, il n'est pourtant pas bien sensé de compter sur ceux-ci pour une bonne reproduction.

DISTRIBUTION GÉOGRAPHIQUE. — Le Spinicaude est

originaire du sud de l'Afrique, de la République Argentine et du Pérou, où il vient passer la saison froide, fuyant durant l'été dans les pays antarctiques.

Captivité. — En captivité, cet oiseau est très prolifique; la cane défend ses œufs avec ardeur et les couve avec grand soin.

Il faut éviter autant que possible que la mère ne mène de suite ses jeunes à l'eau, il faut les garder au sec pendant la première huitaine.

Une bonne nourriture à leur donner, d'après M. Baily, consiste à répandre à la surface d'un vase en bois enfoncé dans le sol et rempli d'eau des graines, des pâtées et des miettes qui y flotteront et seront facilement saisies par les canetons. A cela on ajoutera les pâtées d'œufs durs, de mie de pain et d'œufs de fourmi.

Dès qu'ils vont à l'eau, ils trouvent dans les mollusques et les insectes qu'ils prennent en barbottant une nourriture animale qui dispensera en partie des pâtées et des œufs de fourmi.

Ce joli canard commence à devenir assez commun, son élevage ne présentant pas de difficulté.

Canard de Bahama
(Dafila Bahamensis).

Mâle. — Bec couleur de plomb bordé d'une nuance plus claire avec deux taches triangulaires roses derrière les narines. — Œil jaune rouge. — Dessus de la tête brun. — Joues, menton et gorge blancs. — Poitrine gris fauve tacheté de brun foncé. — Dos brun. — Miroir de l'aile vert et violet à reflets métalliques bordé par devant d'une ligne étroite, par derrière d'une ligne plus large d'un beau jaune. — Queue brune avec scapulaires bordés d'une teinte plus claire. — Tarses gris de plomb.

Femelle. — Semblable au mâle.

Jeunes. — Gris jaune avec taches brunes.

Œufs. — Brun clair, de 7 à 10.

Pontes. — Deux : en mai et août.

Incubation. — De 24 à 28 jours.

CARACTÈRES. — Le plumage des deux sexes étant le même, on reconnaît la femelle à son cri plus rauque et plus bruyant que celui du mâle, qui est doux et flûté.

DISTRIBUTION GÉOGRAPHIQUE. — Originaire du Brésil.

CAPTIVITÉ. — Ce mignon canard, plus petit que le Mandarin, est un des plus gracieux habitants de nos pièces d'eau. Son allure vive, dégagée, sa démarche fine lui ont attiré les faveurs de bon nombre d'amateurs.

Il mérite aussi cette affection par sa rusticité et par la facilité avec laquelle s'élèvent les jeunes. Ceux-ci ne réclament pas tous les soins que l'on donne ordinairement aux Mandarins ou autres Canards de luxe.

La pâtée d'œufs durs pendant la première semaine, puis la nourriture des adultes à peu de choses près, voilà leur régime, mais une nourriture délicate continuée pendant plus longtemps ne leur fera aucun mal et si l'on suit les conseils que nous avons donnés pour les Mandarins, on ne sera que plus sûr de la réussite.

LES CANARDS PROPREMENT DITS
(Anas).

Caractères généraux. — Ce genre comprend 16 variétés, mais il est assez difficile de distinguer où s'arrête le genre Pilet, où sont les Canards proprement dits et où commence le genre Sarcelle. Voici les principaux caractères du genre *Anas* : corps vigoureux, cou court, bec large peu bombé, à onglet fortement recourbé, pattes de hauteur moyenne, ailes assez longues, queue arrondie à couvertures supérieures moyennes frisées arrondies et redressées chez le mâle, plumage variant suivant le sexe.

Distribution géographique. — Ce genre est répandu sur toute la surface de la terre.

Mœurs. — Ces canards vivent de racines, de graines, de mollusques, de vers et de toutes sortes de matières végétales ou animales ; on peut à juste titre leur donner le nom d'*omnivores* ; ils trouvent une grande partie de leur nourriture sous l'eau et ils la saisissent, soit en plongeant, soit généralement en enfonçant leur tête et leur cou sous la nappe liquide.

Ils nichent sur la terre, à l'abri de quelques buissons.

Canard Col-vert. Canard sauvage
(Anas boschas).

Mâle. — Bec vert jaune. — Œil brun clair. — Tête et cou d'un beau vert à reflets métalliques. — Collier blanc pur. — Partie supérieure de la poitrine et dos d'un beau gris roux très finement rayé de blanc et de noirâtre. — Reste de la poitrine, épaules blanc gris, finement vermiculé de noir. — Ailes brunes avec miroir bleu velouté bordé des deux côtés par une bande blanche suivie d'une bande noire. — Bas du dos et croupion vert noir. — A la queue, quatre plumes relevées et recourbées vert noir. — Queue grise. — Dessous du corps blanc sale rayé de brun. — Tarses d'un rouge pâle orangé. — Taille : 0.66 de long. — Plumage d'été pareil à celui de la femelle (fig. 56).

Femelle. — Gorge blanche. — Plumage d'un gris brun tacheté de noir brun et de blanc. — Ailes avec miroir comme chez le mâle. — Queue sans plumes relevées.

Jeunes. — Duvet jaune. — Premier plumage comme la femelle.

Œufs. — Blancs teintés de vert, de 11 à 16.

Ponte. — De mars à mai.

Incubation. — De 27 à 29 jours.

Du Col-vert descendent toutes nos variétés de Canards domestiques. Les variations du plumage de ceux-ci, allant du blanc le plus pur au noir foncé, ont été obtenues par des sélections judicieuses. Le Canard ordinaire est un de ces oiseaux qui durant l'été changent complètement de plumage ; de la fin mai au commencement d'octobre, le mâle est à peine reconnaissable de la femelle, dont il prend la robe.

DISTRIBUTION GÉOGRAPHIQUE. — Ce Canard se trouve dans toutes les régions du nord et son aire de dispersion s'étend depuis le milieu du cercle polaire boréal jusqu'aux tropiques, tout en n'apparaissant dans les contrées méridionales que pendant l'hi-

Fig. 56. — Canard sauvage (*Canas boschas*).

ver, lorsque les régions polaires sont inhabitables. Il arrive sur nos côtes en automne, quand les gelées commencent à se faire sentir et suivant les cours d'eau il se répand dans l'intérieur des terres, s'arrêtant sur les bords de nos ruisseaux et de nos marais.

Mœurs. — Il est omnivore, il mange les jeunes feuilles et les pousses tendres des herbes et des plantes aquatiques, les graines, les tubercules ; il fait la chasse à tous les animaux aquatiques, depuis les vers jusqu'aux poissons et aux reptiles. Il mange sans cesse, lorsqu'il ne se repose pas.

Le Col-vert ne s'établit jamais pour longtemps sur les bords de la mer et sur les eaux salées, il quitte vite ces endroits, pour venir sur les fleuves, les rivières, les marais, il recherche surtout les pièces d'eau qui sont en partie libres et en partie recouvertes de roseaux et de plantes aquatiques.

Le Canard sauvage construit sur la terre, généralement non loin de l'eau, son nid composé de roseaux et d'herbes aquatiques.

La mère couve seule avec ardeur et, l'éclosion faite, conduit ses jeunes à l'eau, après les avoir réchauffés au nid pendant un jour. Elle les soigne avec amour et prudence, évitant les dangers et fuyant les endroits découverts.

La croissance des canetons est très rapide ; à six semaines, ils peuvent voler.

Le mâle n'aide en rien à l'incubation ; la ponte faite, il quitte la femelle et va en chercher une autre ; ainsi de suite jusqu'à ce qu'il n'en trouve plus.

Chasse. — On rencontre les Canards généralement par bandes nombreuses sur nos rivières et on leur fait une chasse acharnée et quelquefois très productive.

Fig. 57. — Canardière mitrailleuse montée sur un bateau pour la chasse aux canards.

Les sens du Col-vert sont subtils, leurs facultés intellectuelles très développées; ils montrent toujours beaucoup de prudence et lorsqu'ils ont été poursuivis, ils deviennent extrêmement défiants et craintifs.

Il faut donc, pour réussir dans la chasse qu'on leur fait, du silence, une solitude apparente complétée de précautions infinies.

Ce gibier s'effarouche à la vue de tout animal, encore plus si c'est un chien qui quête et bien davantage si c'est un homme. Aussi emploie-t-on des rabatteurs qui s'en vont du côté opposé à celui que les chasseurs ont choisi pour tirer, afin de pousser plus sûrement les Canards vers l'embuscade qu'on leur prépare. Ces traqueurs disparaissent, dès qu'ils ont forcé les oiseaux à prendre leur vol.

La chasse à la hutte est la plus répandue : des chasseurs, cachés dans une hutte construite aux bords des eaux ou dressée au milieu d'un étang sur de gros pieux, attendent ces oiseaux pour les tirer de près.

On emploie généralement de longs fusils de gros calibre, appelés *canardières*.

La Manufacture française d'armes de Saint-Étienne fabrique des canardières à percussion annulaire et à 7 coups, qui sont montées sur des bateaux (fig. 57); le système est du genre Remington, avec armement automatique; le bloc de la culasse est actionné par le pontet, qui fait office de levier (fig. 58).

Elle fabrique aussi une canardière portative (fig. 59); les 7 coups partent à la fois et en ouvrant la culasse, les 7 cartouches sont extraites d'un seul coup, automatiquement. Pour faciliter le chargement et le rendre plus rapide, les 7 cartouches sont d'abord introduites dans une rondelle métallique, de façon qu'elles se placent toutes ensemble dans le tonnerre

Fig. 58. — Détails de la culasse de la canardière.

de l'arme, et cela aussi rapidement qu'une seule cartouche.

Dans le nord, on établit les huttes sur la glace même, au milieu d'îlots factices autour desquels on attire les Canards sauvages à l'aide de Canards privés dressés à les appeler par leurs cris et leurs battements d'ailes; — ou bien encore on se cache dans de grandes boîtes flottantes appelées *gabions* et garnies en haut de meurtrières par lesquelles on tire à bout pourtant.

Sur la Saône, un chasseur et un rameur se placent dans un bateau léger, long, étroit et pointu ; les deux hommes, couchés dans le fond du bateau, sont cachés par un fagot placé sur le devant; le bout de la canar-

268 LES CANARDS PROPREMENT DITS

Fig. 59. — Canardière mitrailleuse, à 7 coups, percussion annulaire.

dière passé à travers le fagot. En descendant ainsi la rivière, ils trouvent l'occasion de tirer des canards sans être aperçus.

Fig. 60. — Bottes et bateau américain en caoutchouc.

Enfin les Américains ont inventé une sorte de ba-

Fig. 61. — Chasseur à l'affût.

teau pneumatique, qui ressemble un peu à un collier de cheval flexible, muni de jambières en toile caoutchoutée formant bateau (fig. 60). Chaque jambière est

Fig. 62. — Bateau de chasse Berthon ouvert.

munie d'une palette qui fait rame, pendant le mouve-

Fig. 63. — Bateau de chasse Berthon, porté à la main.

ment des jambes. Ce curieux bateau se plie et se roule

comme une couverture de voyage. Une fois qu'il a été gonflé sur la rive à l'aide d'une pompe à air ou d'une

Fig. 64. — Périssoire Berthon pour la chasse aux canards, sous voile.

poire, le chasseur enfile les jambières et se dirige tranquillement, grâce aux palettes, vers les roseaux, derrière lesquels il tuera le canard (fig. 61); des atta-

Fig. 65. — Périssoire Berthon, pliée et portée à la main.

ches disposées autour de l'appareil permettent d'y fixer des branches, des roseaux, et donnent au tout l'aspect d'un buisson dans lequel le chasseur est complètement caché.

Ces bateaux pneumatiques ont été inventés par M. Layman, et se trouvent à Paris, au dépôt établi par l'inventeur.

Les bateaux Berthon sont très utiles pour la chasse aux canards ou la pêche (fig. 62) et sont employés avec succès dans les pays d'étangs comme la Sologne, leur extrême légèreté permettant de les transporter sans peine d'un étang à l'autre (fig. 63).

Les périssoires Berthon sont absolument sûres, il est presque impossible de les faire chavirer (fig. 64); pliées, elles n'ont que 0,15 centimètres d'épaisseur (fig. 65).

En Hollande, où les canards s'abattent en bien plus grande quantité qu'en France, à cause de l'abri qu'ils croient trouver au milieu de la multitude de canaux et de bras de mer qui découpent le Zuyderzée, il y a des propriétaires d'étangs qui tuent ou font tuer à leur profit pendant une seule saison jusqu'à trois mille pièces de gibier, tant Canards que Sarcelles et Oies. Ce sont les restes de ces grands passages qui arrivent sur nos côtes. Après avoir erré tout le jour sur les bancs arides et inabordables où ils ont trouvé un premier refuge, les Canards reviennent le soir par volées sur les queues des étangs et dans les prairies marécageuses pour y trouver leur nourriture, c'est ce moment que choisit le chasseur pour les tirer au passage; mais il a dû d'abord se cacher dans les roseaux, dans des trous où il se garantit du froid comme il peut.

On se sert aussi de huttes ambulantes composées soit de vrais branchages, soit de toile peinte en vert et représentant un feuillage et dans laquelle se cache le chasseur et qu'il porte avec lui dans ses marches et contre-marches.

Les Américains, grands chasseurs de gibiers d'eau, ont, depuis longtemps, cherché un moyen pratique de pouvoir approcher les Canards à portée de fusil ; parmi ceux qu'ils ont imaginés, le vêtement en jonc est certainement le plus parfait, s'il n'est la perfection même.

Ce vêtement bizarre (fig. 66 à 69) se compose d'une sorte de paletot, fait avec des herbes de marais très longues, très légères, très souples et très solides ; ces herbes sont tressées à l'intérieur, de telle sorte que le vêtement est très résistant.

Ce vêtement est complété par un capuchon-pèlerine fait avec les mêmes herbes, qui, lorsqu'il est placé sur la tête du chasseur déjà muni du paletot, le transforme en un véritable amas de jonc absolument méconnaissable pour les yeux les plus perçants. Ainsi dissimulé, le chasseur, sans être le moins du monde gêné dans ses mouvements, peut s'approcher lentement ou attendre les canards sans éveiller aucunement leur attention. Le *Vêtement américain en jonc* pèse à peine 2 kilos, et est presque imperméable et inusable.

Il y a encore un genre de chasse usité dans plu-

274 LES CANARDS PROPREMENT DITS

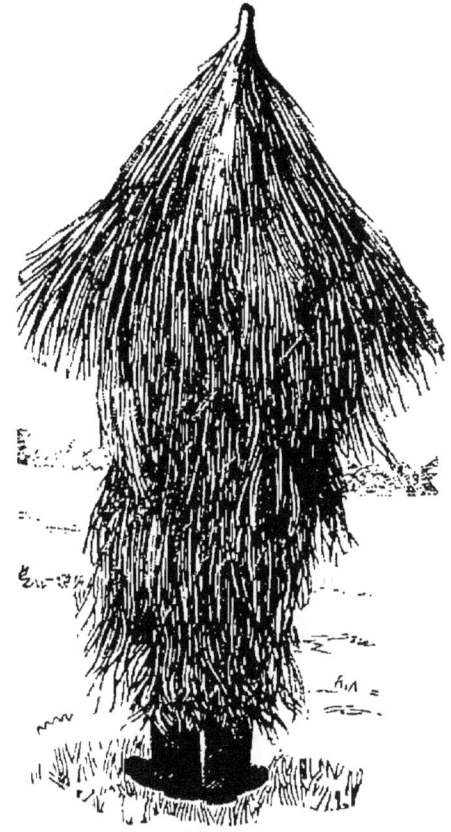

Fig. 66.

Fig. 67.

Fig. 66 et 67. — Vêtement américain en jonc pour la chasse aux canards. (Manufacture française d'armes de Saint-Etienne.)

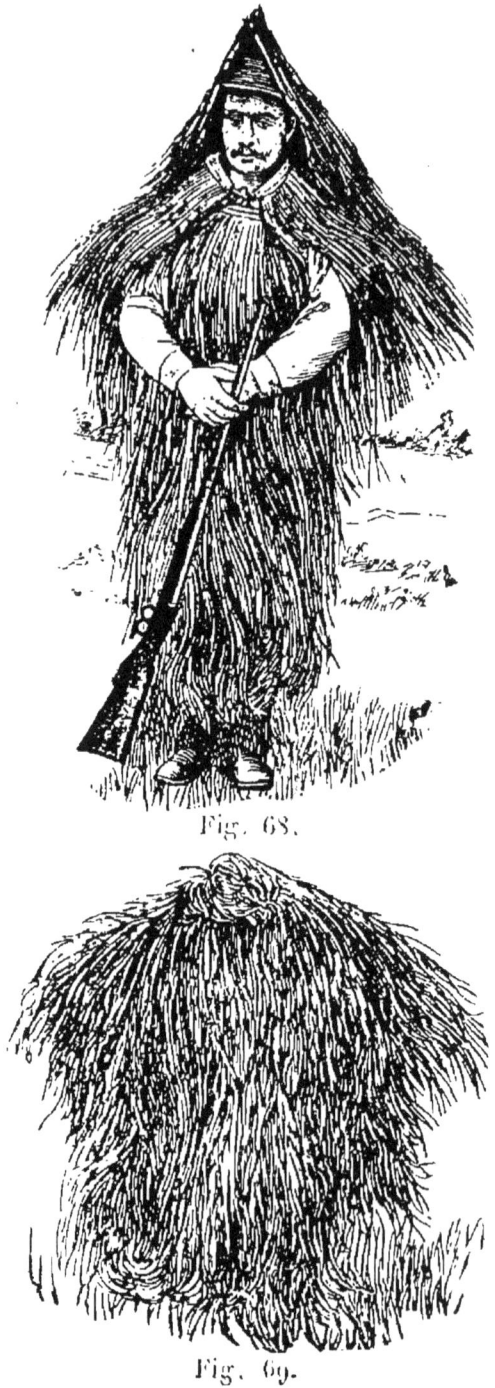

Fig. 68 et 69. — Vêtement américain en jonc pour la chasse aux canards. (Manufacture française d'armes de St-Etienne.)

sieurs provinces ; c'est la *chasse au reverbère*. On place un fallot devant un chaudron brillant qui fait l'office de réflecteur et l'on se promène ainsi sur le bord des eaux habitées par les Canards. Ils sont attirés et fascinés par la lumière qui sert en même temps à les découvrir, de telle sorte que l'on peut les approcher et les tirer commodément.

On leur fait aussi une chasse des plus intéressantes en exploitant l'aversion qu'ils éprouvent pour le renard, à l'instar de la plupart des oiseaux, aversion qui les porte non à s'enfuir, mais à s'avancer de son côté, comme pour le braver et le narguer.

A défaut du renard, que l'on dresserait difficilement, on se sert de ces chiens appelés communément *loulous*, à qui la taille, le museau pointu et les oreilles droites donnent certains points de ressemblance avec le renard ; mais comme ils sont généralement blancs de poils on les teint avec un peu d'ocre ou de couleur rousse.¹ On dresse ces chiens à quêter près des rives fréquentées par les Canards et entre les abris que les chasseurs se sont préparés à peu de distance de ces rives. Ceux-ci, munis de canardières, se sont partagés le tir, de manière à entamer de tous côtés la bande qui se présentera ; quelquefois, ils se servent aussi d'appelants pour venir en aide à la quête des chiens.

Pour déjouer les instincts méfiants des Canards sauvages, les chasseurs emploient quelquefois un artifice bizarre : ils se déguisent en vache au moyen d'une vache artificielle en toile peinte ou en carton dans laquelle ils pénètrent. A la faveur de ce travestissement et en imitant l'allure des vaches, on peut approcher le gibier.

On chasse aussi les Canards avec des collets, que l'on tend au fond de l'eau et où les Canards se prennent en barbottant.

On leur tend aussi diverses espèces de filets.

Le plumage des Canards et de tous les oiseaux d'eau en général étant très épais, il faut employer pour les tuer des plombs de fort numéro.

Captivité. — Le Canard sauvage, pris jeune, s'habitue parfaitement à la captivité, il s'y reproduit parfaitement bien, les jeunes ne sont guère plus délicats que les canetons domestiques, ils s'élèvent parfaitement avec le régime que l'on donne à ceux-ci.

Mais il ne faut pas négliger de les éjointer, car, au moment des passages, l'envie de rejoindre leurs congénères pourrait les prendre et l'on aurait beaucoup de chance de les voir s'envoler dans les airs.

Produits. — La chair du Canard sauvage est très estimée.

Le Canard col-vert domestique depuis longtemps a donné naissance à de nombreuses variétés de Canards domestiques, dont une sélection constante a fixé le plumage et a déterminé des races parfaitement distinctes.

Canard barbotteur

(Anas boschas var.).

Mâle. — Plumage du Col-vert, quoiqu'il ne soit

pas bien fixé et varie souvent. — Pattes noirâtres. — Plumes relevées sur le croupion.

Femelle. — Grisâtre, partie supérieure du corps rayé de brun foncé.

Jeunes. — Duvet gris jaune.

Œufs. — Blancs, de 30 à 40.

Incubation. — De 27 à 30 jours.

CARACTÈRES. — Descendant direct du Col-vert sauvage, le Canard barbotteur en a à peu près gardé le plumage dans les deux sexes, quoique de nombreux croisements l'aient souvent modifié; la domesticité en a augmenté le poids, qui est chez un sujet adulte un kilogramme environ.

Il existe une variété, de taille moindre, entièrement blanche.

MŒURS. — Cette race a le défaut d'ajouter à sa petite taille une humeur coureuse et vagabonde et d'exiger essentiellement de l'eau pour prospérer.

DOMESTICITÉ. — C'est pourtant le Canard le plus répandu et qui est adopté par nos paysans, faute de faire la dépense d'acheter des reproducteurs de races plus profitables.

PRODUITS. — Sa chair ferme, un peu noirâtre, manque de délicatesse.

La cane de cette race est assez prolifique et donne de trente à quarante et même soixante œufs assez estimés pour la pâtisserie.

Canard de Rouen
(Anas boschas var.).

Mâle. — Bec jaune tacheté de noir. (Une teinte bleue plutôt que jaune vert olive serait l'indice d'un croisement). — Tête verte avec un demi-collier blanc sur le devant du cou seulement. — Poitrine brun marron liseré de blanc. — Ailes gris marron. — Miroir à reflets blancs violets et verdâtres. — Ventre gris clair. — Dos gris foncé, à extrémités noir verdâtre. — Plumes vert noir relevées sur le croupion. — Pattes jaunes (fig. 70).

Femelle. — Tête et cou brun clair rayé de brun. — Reste du plumage brun rayé de brun plus foncé. — Bec, ailes et tarses même couleur que chez le mâle.

Jeunes. — Duvet brun et jaune. — Tarses jaunes.

Œufs. — Verdâtres, de 80 à 100.

Incubation. — De 28 à 30 jours.

Variété blanche. — Bec jaune, pattes fortes et jaunes.

CARACTÈRES. — Le Canard de Rouen n'est qu'un perfectionnement de la race précédente, dû à la sélection; il la surpasse beaucoup en grosseur et peut atteindre jusqu'au poids de 3 k. 500.

« On suppose généralement en France, nous dit M. Voitellier, que les Canards d'Ailesbury [1] ou de Pékin, par ce seul fait qu'ils viennent d'Angleterre, sont plus gros que les Rouen. C'est une erreur, due à ce sentiment de modestie exagéré chez nous, tendant à faire admettre comme supérieur tout ce qui

---

[1] Voy. p. 114.

nous entoure. A Ailesbury même, la patrie des Canards si renommés, nous avons vu des quantités de Canards de Rouen, d'une qualité telle qu'ils étaient incontestablement supérieurs aux indigènes.

« Nous sommes donc absolument dans notre tort en admettant que les Canards étrangers l'emportent sur nos Rouen par la taille et la qualité. Notre race française par excellence atteint le maximum de développement qu'il est possible de trouver et aucune espèce, fût-elle chinoise, ne produit un poids supérieur.

« On présente souvent sous le nom de *Canards de Rouen* des canards de taille moyenne, c'est qu'ils ne sont pas de bonne origine. On peut les obtenir gros, il faut les exiger tels et par la sélection conserver et développer cette aptitude. »

Mœurs. — Il est plus facile à élever que le Canard Barbotteur et demande moins d'eau.

Produits. — Sa chair est des plus fines et des plus délicates !

Les jeunes peuvent être livrés à la consommation dès l'âge de trois mois. C'est une des meilleures variétés que l'on puisse recommander, pour ne pas dire la meilleure.

Ce sont les Canards de Rouen qui font la base des fameux pâtés d'Amiens.

Aucune variété ne peut lutter avec le Canard de Rouen, pour les autres qualités. Les Labradors, si vantés par un ou deux marchands, ne sont ni plus prolifiques, ni plus précoces, ni plus fins de chair et il en faut deux pour faire un rôti équivalent.

Fig. 70. — Les canards de Rouen.

Un des avantages du Canard de Rouen est d'avoir un type nettement défini, dont il n'est pas possible de s'écarter : c'est le Canard sauvage domestiqué et doublé de volume.

Canard Duclair
(Anas boschas var.).

Mâle. — Bec vert-noir. — Tête et derrière du cou d'un beau vert bronzé brillant. — Deux traits blancs au-dessus des yeux et à la base du bec. — Devant du cou et poitrine blancs. — Corps brun en dessus. — Noir en dessous. — Miroir vert. — Tarses bruns.

Femelle. — Grise et brune.

Jeunes. — Duvet brun et jaunes.

Œufs. — Verdâtres, de soixante à cent.

Incubation. — De 28 à 30 jours.

CARACTÈRES. — Ce n'est peut-être qu'une variété du Canard de Rouen, mais elle est maintenant bien fixée.

PRODUITS. — De même taille et de poids équivalent, le Duclair s'engraisse, à ce que disent certains auteurs, encore plus facilement que le Rouen.

Ses jeunes seraient aussi plus précoces et rustiques.

Canard d'Ailesbury
(Anas boschas var.).

Mâle. — Bec d'un beau rose. — Plumage blanc pur à reflets argentés. — Deux plumes frisées et relevées sur le croupion. — Tarses jaune clair orangé.

Femelle. — Semblable au mâle, de taille moindre et sans plumes relevées sur le croupion.

Jeunes. — Duvet jaune. — Bec rose.

Œufs. — Verdâtres, quelquefois blancs, de 80 à 100.

Incubation. — De 28 à 30 jours.

Cette belle variété, qui prend son nom d'une ville d'Angleterre, où son élevage est pratiqué en grand, est le concurrent anglais de notre Canard de Rouen (1).

CARACTÈRES. — Comme forme et grosseur, il ressemble à nos plus beaux Rouen et n'en diffère que par son plumage blanc. Cette couleur donne une grande valeur aux plumes et le léger duvet qui reste adhérent à la peau après l'enlèvement des plumes étant d'un beau blanc, les volailles dressées paient mieux de mine que les races à plumage sombre. Les Anglais attachent une grande importance à la couleur rose unie et sans tache du bec. « Aucune description du plumage n'est nécessaire, lisons-nous dans un catalogue anglais, car il doit être simplement d'un blanc pur. Le bec doit être long et large. Il doit être d'une belle couleur rose de chair, « as pink as a lady's nail », rose comme l'ongle d'une dame, couleur qu'il a naturellement, mais qu'un terrain ferrugineux, une eau contenant quelque peu de fer changeront d'une manière si préjudiciable qu'il deviendra complètement jaune; l'usage de vases en fer pour contenir l'eau de leur boisson produira le même effet.

(1) Voy. p. 114.

« Toute tache de noir, toute trace de décoloration sur le bec est un sujet de disqualification dans les expositions.

« Les oiseaux qui doivent être exposés seront tenus à l'abri du soleil et ne devront pas trop courir sur l'herbe, de peur de voir la délicate couleur rose du bec se changer en jaune. Les tarses sont jaune orangé.

« Les Ailesbury de premier mérite peuvent atteindre le poids de 10 livres anglaises (4 k. 500). Mais ce poids est rarement atteint même par les meilleurs spécimens exposés à Birmingham. On peut considérer 7 livres (3 k. 150) comme le poids moyen de sujets d'une douzaine de mois. »

Produits. — Sa chair est des plus fines et des plus savoureuses, il s'engraisse très facilement et les canetons sont précoces. Sa ponte est abondante et ses œufs très gris.

Canard de Pékin
(*Anas boschas var.*).

Mâle. — Bec jaune orangé. — Tête grosse légèrement aplatie. — Plumage entièrement blanc à reflets jaunes. — Plumes relevées sur le croupion. — Pattes fortes et jaunes.

Femelle. — Semblable au mâle, mais de taille inférieure et sans plumes relevées.

Jeunes. — Duvet jaune.

Œufs. — Blancs, une centaine.

Incubation. — De 28 à 30 jours.

Caractères. — Sa démarche debout, sa tête haute

et son œil vif lui donnent un aspect particulier, que l'on ne rencontre pas dans les autres variétés.

Distribution géographique. — Originaire de la Chine, comme l'indique son nom, ce Canard a été importé depuis 1872.

Domesticité. — Au point de vue de la reproduction, il tient un des premiers rangs; la ponte des canes est des plus abondantes, les jeunes sont remarquables par leur précocité et la facilité avec laquelle on les élève.

Les Canards de Pékin atteignent les mêmes dimensions que les Rouen et les Ailesbury, ils s'engraissent d'une manière étonnante; leur rusticité est des plus grandes et ils sont moins délicats que les Ailesbury.

Produits. — Leur chair est loin d'être aussi fine que celle de ces deux races.

Canard du Labrador

(Anas boschas var.).

Mâle. — Bec court vert olive. — Plumage d'un beau noir brillant avec de magnifiques reflets métalliques sur la tête, le dos et les ailes. — Plumes relevées sur le croupion. — Tarses noirs.

Femelle. — Pareille au mâle, sans plumes relevées sur le croupion et sans reflets sur la tête.

Jeunes. — Duvet noir. — Jaunâtres sur le dos. — Bec et pattes noirs. — Entièrement emplumés à trois mois.

Œufs. — Gris-vert recouvert d'une teinte noire

qui disparaît lorsqu'on les gratte et qui les ferait croire recouverts de suie.

Incubation. — De 27 à 30 jours.

Caractères. — C'est un charmant petit oiseau, qui n'atteint que le poids de 900 à 1.300 grammes, mais qui joint à la beauté de son plumage une chair fine et délicate.

Distribution géographique. — Ce Canard, malgré son nom, est originaire de l'Inde.

Mœurs. — Il est assez prolifique, très rustique et possède de nombreuses qualités.

Malheureusement il est d'un caractère farouche et vagabond.

Les Labradors aiment beaucoup plus l'eau que les autres variétés; ils prennent souvent leur vol, qui est soutenu.

Ils recherchent de préférence une nourriture animale.

Par suite des nombreux croisements auxquels on a soumis cette variété, il est assez rare maintenant de trouver des exemplaires de race absolument pure.

Canard cayuga
(Anas boschas var.).

Mâle. — Bec vert jaune avec une fève noire bien marquée à l'extrémité. — Plumage entièrement noir à reflets violets et verts, sur la tête, le dos et les ailes. Plumes redressées sur le croupion. — Tarses orange.

Femelle. — Semblable au mâle, sans plumes retroussées.

Œufs. — Vert noir, de cinquante à soixante.

Incubation. — De 28 à 29 jours.

CARACTÈRES. — Les Cayugas peuvent atteindre après engraissage le poids de 3 k. 500 et 4 kilos. Mais leur poids maximum moyen est de 3 kilos.

DISTRIBUTION GÉOGRAPHIQUE. — Ces oiseaux nous viennent d'Amérique.

MŒURS. — Ils sont très rustiques, prolifiques et les jeunes sont très précoces.

Ils ne s'écartent pas de la basse-cour, comme les Labrador, avec qui, taille à part, ils ont de grands points de ressemblance, et demandent moins d'eau qu'eux.

ACCLIMATEMENT. — C'est pour nous une précieuse acquisition, déjà très estimée en Angleterre, mais encore peu connue en France.

PRODUITS. — La chair, plutôt foncée, est fine et parfumée.

Canard pingouin
(*Anas boschas var.*).

Mâle. — Bec jaune court. — Tête verte. — Corps gris sale. — Ailes très petites. — Queue retroussée formée de 18 rectrices. — Plumes relevées au croupion. — Tarses jaunâtres.

Femelle. — Grise, sans plumes retroussées.

Jeunes. — Gris jaune.

Œufs. — Blancs. Une cinquantaine.

Incubation. — De 27 à 30 jours.

Caractères. — Le Canard pingouin est curieux par la position très postérieure de ses pattes, qui lui donne l'air et la démarche du pingouin ; il marche le corps très redressé, le cou tendu et relevé.

Distribution géographique. — Originaire de l'archipel Malais.

Il se reproduit beaucoup en captivité et est très rustique.

Produits. — Sa chair est très estimée et ressemble un peu à celle du Canard sauvage.

Canard hollandais.

Caractères. — Il ressemble au Canard sauvage, dont il a à peu près la taille ; les pattes et les pieds sont jaunes.

Canard polonais.

Caractères. — Remarquable par la direction très infléchie de son bec, de taille assez petite, généralement blanc avec le bec et les pieds jaunes.

Il en existe une variété ornée d'une huppe ou chignon, dont la physionomie est assez grotesque.

Canards mignons.

Caractères. — Très petits Canards d'ornement, qui ont assez souvent une huppe assez forte.

Il existe deux variétés : l'une blanche, l'autre grise.

Canard mulet
(*Anas boschas. Cairina moschata*).

Mâle. — Bec rouge, sans aucune des caroncules, ni grosseur du Canard de Barbarie. — Couleur générale brun marron, quelquefois avec un collier blanc autour du cou, miroir vert.

Femelle. — Pareille au mâle, sans miroir ni collier.

Jeunes. — Bruns.

Œufs. — Blancs. Une centaine. Improductifs.

CARACTÈRES. — Le Mulet, ou *Mulard*, comme on l'appelle encore, est le produit du Canard de Barbarie et de la Cane commune ou mieux de la Cane de Rouen ou inversement du Canard commun et de la Cane de Barbarie; mais les plus beaux sujets viennent du premier mode de croisement, les produits héritant de la forte taille de leur père.

Les Mulets sont des métis sexués, mais inféconds, la cane pond un plus grand nombre d'œufs que sa mère, mais ces œufs, plus gros et plus délicats que ceux des autres Palmipèdes, ne contiennent pas de germes; néanmoins l'union d'une Cane métis et d'un Canard ordinaire donne des jeunes qui se rapprochent de leur père.

Pour obtenir ce métis, il suffit de renfermer au mois de février un Canard de Barbarie avec cinq ou six canes communes de belle taille ou mieux de Rouen ou de Pékin, car il est évident que la taille de la mère influe sur la taille du produit; le Canard est très ardent en amour et l'expérience a démontré que, si on ne lui donne qu'une ou deux canes, celles-ci sont rarement fécondées, tandisque les œufs de six à sept canes le sont constamment et les couvées réussissent à merveille.

Le Mulet est d'une forte taille, supérieure à celle des Canards de Rouen et d'Ailesbury.

Fort poids. — Grande propension à l'engraissement (les plus beaux Rouen ou Ailesbury engraissés ne dépassent que rarement le poids de 4 kilos, tandis que le Mulard atteint facilement 5 kilos). — Ponte abondante. — Chair fine et délicate. — Grande rusticité. — Absence du cri fort et désagréable des autres Canards. — Facilité de pouvoir se passer d'eau, telles sont en résumé les principales qualités de ce Canard; elles sont si nombreuses que l'on se demande pourquoi cet oiseau de basse-cour, élevé dans le midi seul, n'est pas répandu dans toute la France.

DOMESTICITÉ. — Les Mulets sont d'une grande rusticité et peuvent se passer absolument de mare ou de ruisseaux pour barbotter, comme l'exigent presque tous les autres Canards.

Les jeunes s'élèvent facilement et s'engraissent rapidement.

PRODUITS. — La chair du Mulet est très fine et très bonne et n'a pas l'odeur de musc du Canard de Barbarie.

La graisse est extrêmement fine et bien supérieure à celle de l'Oie.

Le foie est des meilleurs et sert à confectionner les fameuses terrines de Nérac et de Toulouse.

Canard obscur
(Anas obscura).

Mâle. — Bec verdâtre. — Œil brun. — Tête et

dessus du corps brun. — Gorge et poitrine d'une teinte plus claire. — Ailes et queues brunes. — Miroir de l'aile violet bleu. — Pieds et tarses jaune sale.

Femelle. — Pareille au mâle.

Jeunes. — Brunâtres.

Œufs. — Verdâtres, de 8 à 10.

Ponte. — De mai à juin.

Incubation. — De 28 à 30 jours.

CARACTÈRES. — C'est un fort joli oiseau, d'environ 55 centimètres de long.

DISTRIBUTION GÉOGRAPHIQUE. — Cet oiseau est originaire de l'Amérique du Nord, où il est connu sous le nom de *Canard noir*.

MŒURS. — Il demeure et construit son nid sur les bords de la mer, se dirigeant plus en avant vers le Nord, à mesure que les chaleurs se font sentir.

Sa principale nourriture se compose, d'après Wilson, d'insectes et de mollusques qu'il va chercher dans les bancs de sable.

Il plonge rarement, mais, en revanche, son vol est des plus rapides, il est très difficile à tirer.

ACCLIMATEMENT. — Son climat natal offrant de si grandes ressemblances avec le nôtre, il est aisé de conclure à son facile acclimatement chez nous. En effet il se trouve depuis longtemps dans nos jardins zoologiques, où il s'est parfaitement reproduit et a donné des métis avec le Col-vert.

Canard à sourcils blancs

(*Anas superciliosa*).

Mâle. — Bec noir. — Œil brun. — Tête et dessus du corps brun. — Une ligne blanche en forme de croissant allant depuis la base du bec jusqu'au derrière de la tête et ressemblant à de grands sourcils. — Gorge et devant du cou blanc jaune. — Miroir violet à reflets métalliques bordés de noir. — Dessous des ailes blanc. — Jambes et pieds bruns.

Femelle. — Semblable au mâle.

Jeunes. — Brunâtres.

Œufs. — Crème foncé, de 8 à 10.

Ponte. — En Europe, au mois de juin.

Incubation. — De 28 à 30 jours.

CARACTÈRES. — Le plumage du Canard à sourcils blancs n'a rien pour flatter le regard ; à première vue, il ressemble à la femelle du Col-vert.

Une remarque intéressante à faire : cet oiseau n'est pas soumis à une mue pendant l'été, comme tous ses congénères.

DISTRIBUTION GÉOGRAPHIQUE. — Cet oiseau, originaire d'Australie, est le Canard sauvage de ces contrées; on le rencontre aussi dans presque toutes les îles du Pacifique.

ACCLIMATEMENT. — Il a été importé en Europe en 1860 et on peut le considérer maintenant comme acclimaté dans nos pays, où il se reproduit parfaitement.

Canard à bec orangé
(Anas xanthorhyncha).

Mâle. — Bec jaune orange, avec une grosse tache noire au milieu, bout noir. — Œil brun. — Plumage général gris-brun griveté de gris plus clair. — Miroir orange vert et bordé de blanc. — Queue plutôt pointue. — Jambes et pieds brun bleuâtre.

Femelle. — Semblable au mâle.

Jeunes. — Sommet de la tête et dessus du corps gris brun. — Face, joues et dessous du corps blanc jaune.

Œufs. — Crème, de 4 à 8.

Ponte. — En Europe, de mai à juin.

Incubation. — De 27 à 30 jours.

DISTRIBUTION GÉOGRAPHIQUE. — Il est originaire des grands lacs et des vastes marais du sud de l'Afrique.

MŒURS. — Dans ces contrées, l'ordre des saisons étant changé, la ponte a lieu au mois d'octobre, qui est le commencement du printemps; le nid est construit dans un buisson épais au fond de l'eau; la femelle couve avec tant d'ardeur qu'elle attend littéralement qu'on lui marche dessus avant de quitter le nid. Une si bonne couveuse ne peut manquer d'être une bonne mère et c'est ce que l'on remarque chez les Canes qui ont élevé leur famille chez nous.

ACCLIMATEMENT. — Importé depuis plus de cinquante ans dans les collections de Lord Derby, le Canard à bec orangé s'est admirablement bien reproduit.

Canard à bec de lait
(Anas pacilorhyncha).

Mâle. — Bec noir, rouge à sa base, blanc à l'extrémité. — Œil brun. — Tête brune. — Cou blanc tacheté de brun. — Corps brun ardoisé, chaque plume bordée d'une teinte blanc jaunâtre. — Dessous blanchâtre, avec de nombreuses taches brunes de diverses grosseurs. — Ailes brun noir. — Miroir vert métallique noir, velouté et blanc. — Queue brun noir. — Tarses et pieds rouge orangé.

Femelle. — Pareille au mâle. — Bec et pieds de couleurs moins vives.

Jeunes. — Bruns dessus, jaunâtres dessous.

Œufs. — Blancs, de 8 à 10.

Ponte. — De juin à septembre.

Incubation. — De 28 à 30 jours.

CARACTÈRES. — Comme les espèces précédentes, le Bec orangé et le Sourcils blancs, le Bec de lait offre une grande ressemblance avec le Col-vert; les croisements entre eux sont fréquents, la forme, la grosseur, le cri sont les mêmes; il n'y a guère que la coloration et l'absence de a petite plume en crochet sur la queue pour les distinguer du Canard sauvage ordinaire; il semblerait donc qu'il y ait une unité d'origine pour ces mêmes espèces, ainsi qu'il en est pour l'espèce humaine, les colorations différentes provenant sans doute des climats de diverses contrées où elles ont fixé leur habitation.

Le Canard à sourcils blancs possède tous les caractères principaux du Col-vert, n'en différant que par la couleur et les jambes un peu plus basses, tandis que le Bec orangé et le Bec de lait, ayant les mêmes traits, s'en écartent seulement par leur coloration et des jambes au contraire un peu plus hautes, ainsi que par un cou plus allongé.

DISTRIBUTION GÉOGRAPHIQUE. — Le Bec de lait est originaire de l'Inde ; nous le connaissons en Europe depuis longtemps.

MŒURS. — Chez le Col vert, l'Obscur, le Bec de lait, le Bec orangé, le Sourcils blancs, on remarque le même cri chez le mâle et chez la femelle de ces diverses espèces ; ils ont tous les mêmes mœurs et réclament les mêmes soins en captivité, où ils s'habituent parfaitement.

CHASSE. — Les Canards à bec de lait sont capturés dans des lacs ou marais de l'Inde, leur chasse: ainsi que celle des autres oiseaux d'eau qui abondent dans ces parages, est assez curieuse et nous croyons intéresser nos lecteurs, en empruntant à M. le marquis de Brisay les détails suivants (1).

« ... L'Indien, dépouillé de ses vêtements, s'avance prudemment..., lentement, poussant devant lui une pièce de bois couverte de feuillage et de grandes herbes, la main qui fait mouvoir l'îlot flottant se perd dans la verdure. De rameaux verdoyants est également ombragée la tête du chasseur qui émerge seule du sein de l'onde... que l'on peut réellement en ce cas qualifier de perfide. Et il s'avance, bloc enverduré,

(1) De Brisay, *Bulletin de la Société d'Acclimatation*. 1889.

qui ne porte aucune menace apparente aux pauvres oiseaux dont pourtant la capture est prochaine. Avec une lenteur, une patience méthodique dont l'Indien seul est capable, notre chasseur approche des bandes reposant sur l'eau et les Canards croyant voir des détritus d'humus, poussés par le courant ou la brise et venant leur offrir la ressource délicate d'un repas facile, se dirigent d'eux-mêmes, sans défiance, vers le piège qu'ils ne devinent point. Dès qu'il peut étendre la main sous eux, l'Indien saisit par les pattes et entraîne brusquement dans l'eau un Canard, puis un autre... et il en prend ainsi autant que ses mains peuvent en tenir, sans que les compagnons des prisonniers s'effrayent de la disparition de ceux qu'ils voient entrer dans l'eau, car l'absence de tout danger apparent leur fait croire que les Canards ont plongé pour s'ébattre ou poursuivre une chose quelconque au sein de l'onde.

« Cette chasse,—cette pêche si on préfère,—se fait le matin au point du jour, à l'instant où les oiseaux se mettent en quête pour leur premier repas. Elle n'en est que plus fructueuse. Abondante est-elle encore la nuit, par un beau clair de lune, alors que la Sauvagine, la tête sous l'aile, se livre à un insouciant sommeil.

« La capture de la Sauvagine se fait aussi à l'aide de panelles, concourant au même résultat ; ce sont des marmites presque rondes munies d'un goulot étroit ; on en réunit une certaine quantité en chapelet et on les renverse le ventre en l'air, le bec dans l'eau.

On les recouvre alors de verdure et d'herbages aquatiques.

« Les canards, dans leurs randonnées immenses au-dessus des étangs, s'habituent vite à ces buissons flottants et descendent pour nager et picorer tout autour. Les chasseurs se coiffent d'une panelle enverdurée et s'en vont sous l'eau, la panelle seulement au-dessus du miroir liquide, — car enfin il faut respirer quoique amphibie, — rejoindre leurs bosquets fallacieux. Deux petits trous ménagés dans le fond de la panelle permettent au chasseur de voir et de juger de la position de l'ennemi et de se diriger à sa rencontre sans lui laisser soupçonner la savante manœuvre dont il sera bientôt la victime. Ils arrivent ainsi jusqu'aux oiseaux, dont les instincts de défiance ne sont point éveillés et, comme dans l'autre cas, ils les saisissent par les pattes, les noyent et en rapportent au rivage des grappes pendues par une ficelle à leur ceinture.

« Lorsque le gibier donne, cette chasse est très productive. Tous les matins, le marché de Pondichéry regorge d'oiseaux d'eau, dont le prix, extrêmement modique, ne s'élève pas au-dessus de 5 sous pour une Sarcelle et 10 sous pour un Canard. »

ACCLIMATEMENT. — C'est une précieuse acquisition, la cane est aussi bonne pondeuse que bonne mère.

Sa rusticité a été éprouvée. Ces beaux oiseaux supportent parfaitement nos froids; sur une pièce d'eau ou sur une pelouse, leur plumage brun rehaussé de blanc et leur bec peint de couleurs vives font un très bel effet.

Ils mériteraient d'être plus recherchés malgré leur humeur un peu aventureuse, qui les pousse, malgré l'éjointage, à courir à travers les champs jusqu'à des distances très considérables.

Produits. — La chair est délicieuse.

Canard marron
(Anas castanea).

Mâle. — Bec noir. — Œil rouge. — Tête et cou vert métallique. — Poitrine et reste du plumage marron. — Dos et queue brun foncé. — Pieds et jambes rouges.

Femelle. — Tête, cou et dessus du corps brun, chaque plume bordée de plus clair. — Dessous jaunâtre. — Miroir de l'aile vert, noir et blanc. — Ailes et queue brunes. — Bec et pieds comme le mâle.

Jeunes. — Tête et cou rayé de brun et de blanc, reste du plumage brun tacheté de noir.

Œufs. — Crème foncé, de 7 à 9.

Ponte. — En septembre.

Incubation. — 30 jours.

Distribution géographique. — Originaire de l'Australie.

D'après Gould, on le trouve par bandes nombreuses au sud des terres de Van Diémen.

Mœurs. — C'est, toujours d'après le même auteur, un oiseau essentiellement herbivore.

Le mâle, après la saison des amours, change de plumage et reste près de la moitié de l'année sous la livrée de la femelle.

Les jeunes ne prennent le plumage de leurs parents qu'à l'âge de deux ans.

CAPTIVITÉ. — Le Canard marron a été encore importé assez rarement en Europe. Les amateurs qui ont réussi à l'élever sont rares; M. Cornély a été assez heureux pour mener à bien des jeunes, dans son beau parc de Beaujardin, dès l'année 1885.

Canard de Muller ou de Sumatra
(Anas giberifons).

Mâle. — Bec noir. — Œil brun. — Tête brune avec quelques plumes plus claires. — Corps entièrement brun, avec l'extrémité de chaque plume marquée d'une teinte plus claire, ce qui lui donne un aspect général tacheté. — Miroir blanc. — Tarses brun noir.

Femelle. — Semblable au mâle.

Jeunes. — Brunâtres.

Œufs. — Blancs, de 6 à 10.

Ponte. — De mai à juin.

Incubation. — 30 jours.

DISTRIBUTION GÉOGRAPHIQUE. — Ce joli Canard est originaire de Sumatra, de l'Australie et de la Nouvelle-Zélande.

ACCLIMATEMENT. — Il est peu connu en Europe, quoiqu'il se soit parfaitement reproduit dans quelques jardins zoologiques.

Canard du Chili à huppe
(Anas cristata. Dafila pyrogasta).

Mâle. — Bec à mandibule supérieure noire, inférieure jaune. — Œil orange. — Sommet de la tête jaunâtre, continué par une longue huppe. — Dessus du corps brun rouge avec une teinte plus claire au sommet du dos. — Dessous et poitrine blanc sale, plumes terminées de brun. — Couvertures des ailes brunes. — Miroir pourpre et vert à reflets métalliques bordés de blanc. — Pieds et tarses noirs.

Femelle. — Semblable au mâle.

Jeunes. — Brun et jaunes.

Œufs. — Brunâtres, de 5 à 6.

Ponte. — D'octobre à novembre.

Incubation. — 30 jours.

CARACTÈRES. — Ce Canard de forte taille tient à peu près le milieu entre le genre *Anas* et le genre *Dafila*, ayant le corps volumineux et arrondi du premier, avec le bec mince et délicat ainsi que la queue effilée du second.

DISTRIBUTION GÉOGRAPHIQUE. — Il est originaire des îles Falkland, où il est fort commun.

MŒURS. — Il vit surtout de mollusques et de coquillages marins ; à la saison des amours, il quitte, paraît-il, les bords de la mer, pour aller nicher dans l'intérieur des terres.

ACCLIMATEMENT. — Très rarement importé ; peu d'amateurs ou d'établissements publics l'ont possédé.

LES SARCELLES

(*Querquedula*).

CARACTÈRES GÉNÉRAUX. — Les Sarcelles se distinguent des Canards par leur forme plus élancée, leur bec plus étroit, leurs ailes plus longues et plus pointues ; leur queue est coupée en biseau ou pointue, les plumes du dos sont plus longues et retombent souvent élégamment sur les ailes ; leur taille est de beaucoup plus petite que celle des Canards proprement dits.

Dans la plupart des variétés, les mâles perdent leurs brillantes couleurs après la saison des amours.

Mœurs. — Les Sarcelles se nourrissent de végétaux, de mollusques, d'insectes et de vers.

Elles fréquentent les lacs, marais et rivières, mais ne séjournent que très rarement sur les côtes. Très bonnes nageuses, elles plongent rarement ; leur vol est rapide et leur démarche sur terre ne manque ni de facilité, ni de grâce.

Leur nid est construit avec des herbes, des roseaux et garni d'un duvet épais et soyeux.

Sarcelle d'été
(*Querquedula circia*).

Mâle. — Bec noirâtre. — Œil brun. — Sommet de la tête et derrière du cou brun très foncé. — Une bande blanche en forme croissant s'étendant de l'œil à la nuque. — Gorge et poitrine brun jaune, chaque plume bordée d'une teinte plus foncée. — Dessus du corps brun gris, avec reflets verdâtres, chaque plume bordée de plus foncé. — Ailes gris bleus ; rémiges brun noir. — Scapulaires longues et retombantes, paraissant s'échapper en désordre, noires avec une bande centrale blanche. — Abdomen blanc. — Côtes vermiculées de noir. — Queue noirâtre. — Pieds et jambes bruns. — Longueur, 38 centimètres.

Femelle. — Brune, diversement teintée. — Ligne foncée autour des yeux. — Gorge blanche. — Dessous du corps blanc.

Jeunes. — Comme la femelle, mais plus rougeâtres.
Œufs. — Blanc jaune, de 10 à 12.
Ponte. — Avril et mai.
Incubation. — De 28 à 30 jours.

CARACTÈRES. — Cet oiseau mignon, aux belles couleurs, à l'air vif et gracieux, est un de nos hôtes, pendant les migrations bi-annuelles.

DISTRIBUTION GÉOGRAPHIQUE. — Il niche au Nord de l'Europe et va passer la saison froide dans des contrées plus méridionales ; il s'arrête souvent au sud de la France, comme il lui arrive aussi de passer l'été et de nicher au nord de notre pays.

MŒURS. — La Sarcelle choisit de préférence pour se reposer, lors de ses voyages, les eaux peu profondes, garnies de plantes aquatiques, aux bords couverts de roseaux ; elle affectionne les petites mares, les ruisseaux bourbeux où elle peut trouver sa nourriture en barbottant sans plonger ; elle passe la journée cachée dans les roseaux, mais pendant la nuit elle cherche sa nourriture, en parcourant les mares et ruisseaux du voisinage.

Son ordinaire se compose d'herbes aquatiques,

algues diverses, lentilles d'eau, escargots, limaces, vers, insectes et petits poissons.

Au moment des amours, vers le mois d'avril, elle construit dans les roseaux un nid grossier, qu'elle garnit d'un fin duvet et y dépose une dizaine d'œufs qu'elle couve avec assiduité.

Leurs migrations se font aux mois d'octobre, novembre et février et mars; quelquefois elles précèdent, quelquefois elles accompagnent l'apparition des premiers Canards. Jamais elles n'affectent dans leur vol les dispositions triangulaires de ceux-ci, elles traversent l'espace par bandes peu nombreuses, guère plus de huit à dix, qui volent irrégulièrement groupés et en changeant sans cesse d'ordre dans le peloton.

Chasse. — Moins craintives que les autres habitants des eaux, les Sarcelles se laissent approcher plus facilement du chasseur, quoique leur vol soit rapide et que la faculté de nager et de plonger soit très développée chez elles; une fois blessées, elles plongent, ce qu'elles ne font pas généralement, et sont très difficiles à retrouver.

Domestication. — Leur beau plumage, leurs manières agiles et gaies, leur humeur sociable et pacifique rendent ces oiseaux aptes à orner nos pièces d'eau et nos jardins; ils s'habituent vite à la captivité et s'apprivoisent même très facilement.

On leur donne comme nourriture du pain, du chènevis et de l'orge, pendant le moment de la ponte, surtout du millet, du blé et de la verdure.

Produits. — La chair de ces animaux est délicieuse;

les Romains, qui se connaissaient en fins morceaux, appréciaient tout particulièrement la Sarcelle et étaient arrivés à la domestiquer.

Cette dernière qualité, jointe à sa beauté, devrait attirer l'attention d'un plus grand nombre d'éleveurs ; en croisant la Sarcelle avec une autre variété de Canard, on obtiendrait sans aucun doute une race de taille plus forte et à chair succulente.

Sarcelle d'hiver

(Querquedula crecca).

Mâle. — Bec noir. — Œil fauve. — Tête d'un beau brun. — Une bande d'un beau vert brillant, bordée de blanc partant de l'œil, l'entourant et allant jusqu'à la nuque. — Poitrine blanchâtre tachetée de noir. — Dessus du corps cendré passant au brun sur le sommet du dos vermiculé de noir. — Couverture des ailes blanches. — Ailes brunes avec miroir orange, blanc et vert. — Queue cendrée et noire. — Tarses couleur de plomb. — Longueur, 32 centimètres.

Femelle. — Tête brun clair tacheté de plus foncé. — Teinte générale brune ; chaque plume ayant une raie plus foncée bordée par une autre plus claire.

Jeunes. — Comme la femelle, mais plus foncés.

Œufs. — Blancs tachetés de fauve, de 8 à 14.

Ponte. — D'avril à mai.

Incubation. — 30 jours.

CARACTÈRES. — Cette Sarcelle est de taille inférieure à la précédente.

DISTRIBUTION GÉOGRAPHIQUE. — Elle habite les mêmes contrées, nous rendant aussi visite deux fois l'an, elle préfère pourtant les régions plus septentrionales que la Sarcelle d'été, étant moins frileuse qu'elle.

MŒURS. — Mêmes mœurs et mêmes habitudes que la Sarcelle d'été.

CAPTIVITÉ. — Elle supporte la captivité tout aussi bien que celle-ci.

On peut même citer des cas de reproduction de Sarcelles d'hiver, éjointées et retenues dans une étroite captivité.

PRODUITS. — C'est aussi un manger des plus délicats.

Sarcelle soucroucou. Sarcelle de Cayenne
(Querquedula discors).

Mâle. — Bec ardoisé. — Œil brun. — Sommet de la tête noire. — Tête brun riche. — Œil entouré depuis le front par une large bande blanche en forme de croissant. — Cou pourpre et vert. — Poitrine rougeâtre, régulièrement marquée de bandes recourbées brun très clair, donnant au plumage une apparence tachetée. — Épaules bleu pâle. — Ailes d'un beau bleu. — Miroir blanc et vert. — Queue pointue. — Tarses jaunes.

Femelle. — Tête et cou ardoisé avec teintes jaunâtres ; le reste du plumage semblable à celui du mâle, avec des couleurs moins marquées.

Jeunes. — Comme la femelle, avec bec brun vert.

Œufs. — Jaunâtres, de 6 à 12.

Ponte. — De mai à juin.

Incubation. — 30 jours.

Distribution géographique. — D'après Wilson et Bonaparte (1), la Sarcelle soucroucou arrive dans l'Amérique du Nord dès le commencement de septembre, abandonnant ses quartiers d'hiver plus septentrionaux. On rencontre ces oiseaux sur la rivière Delamarre en bandes si nombreuses qu'un seul coup de fusil en abat de grandes quantités.

Mœurs. — Leur vol est rapide; ils s'abattent sur le sol avec la rapidité d'une flèche.

Ils se nourrissent surtout de végétaux et commettent de véritables dégâts dans les champs de riz, sur lesquels ils s'abattent et où on les prend à l'aide de trappes.

Captivité. — Cette Sarcelle s'élève parfaitement en captivité, quoique les jeunes soient un peu délicats et craignent le froid.

La nourriture de ces Palmipèdes est surtout végétale, ils montrent une grande passion pour les glands.

C'est en somme un charmant oiseau, au plumage élégant et à la chair délicate ; il mérite bien d'être essayé.

Sarcelle de Formose

(Querquedula formosa).

Mâle. — Bec noir. — Œil brun. — Dessus de la tête et menton noirs, réunis par une bande noire pas-

---

(1) Wilson et Bonaparte, *American Ornithology.*

sant par l'œil. — De l'œil à la gorge, bande vert brillant bordée en dessous par une ligne de fauve aux reflets argentés. — Reste de la tête blanchâtre. — Dessus de la tête gris et brun, à reflets marrons. — Bande étroite, blanche sur les épaules. — Miroir noir de velours vert brillant et blanc. — Longues plumes du manteau fauve rouge, avec bandes noires et dessous rose. — Abdomen blanc — Tarses jaunes.

Femelle. — Tête crème ombrée de couleur plus foncée. — Dessus du corps brun foncé. — Gorge blanche. — Poitrine rougeâtre, avec taches noires. — Dessous du corps noir.

Jeunes. — Comme la femelle.

Œufs. — Blanc crème, de 10 à 12.

Ponte. — De juin à juillet.

Incubation. — De 28 à 30 jours.

DISTRIBUTION GÉOGRAPHIQUE. — On trouve ce joli petit Canard dans le Nord-Est de l'Asie, jusque dans la Chine et le Japon. Il est très commun sur les bords du lac Baïkal, où, selon le docteur Jerdon, il niche habituellement, déposant simplement ses œufs, près du bord de l'eau, dans un creux garni de feuilles et de duvet.

ACCLIMATEMENT. — Importé depuis 1840 ou 1843, il s'est reproduit dans nos jardins zoologiques.

Mais il est encore très rare.

Mêmes soins et même nourriture que les variétés précédentes.

Sarcelle à faucilles
(Querquedula falcata).

Mâle. — Bec noir. — Œil brun. — Tête et huppe d'un beau rouge à reflets métalliques. — Dessous du menton et gorge blanche traversés par un collier pourpre. — Poitrine, dos et dessous du corps vermiculés de brun. — Plumes du manteau ou scapulaires très longues, frisées et retombantes, blanches et brunes. — Côtés noirs bordés de blanc. — Ailes brunes avec un brillant miroir blanc, vert et bleu. — Queue noire. — Tarses couleur de plomb.

Femelle. — Plumage brun marron à la poitrine et clair sur les côtés.

Jeunes. — Comme la femelle.

Œufs. — Blanc crème, de 6 à 12.

Ponte. — De mai à juin.

Incubation. — De 30 à 32 jours.

DISTRIBUTION GÉOGRAPHIQUE. — C'est là un des plus brillants habitants de la Sibérie et du nord du Japon, émigrant durant l'hiver dans l'Inde et la Chine.

MŒURS. — On la rencontre généralement par bandes de huit à dix.

Ses mœurs ne diffèrent guère de celles de l'espèce européenne.

CAPTIVITÉ. — Cette Sarcelle est très rare ; c'est vraiment dommage, car elle ferait un ornement charmant pour un petit bassin.

Sarcelle à ailes bleues
(*Querquedula cyanoptera*).

Mâle. — Bec noir. — Œil orange. — Sommet de la tête brun foncé. — Tête, cou et poitrine d'un beau marron à reflets. — Plumes du dos brunes terminées de noir. — Couvertures des ailes d'un beau bleu. — Miroir vert métallique. — Plumes du vol et queue noirs. — Tarses orange.

Femelle. — Semblable à celle de l'espèce à faucilles.

Jeunes. — Brunâtres.

Œufs. — Blanc jaune, de 8 à 9.

Ponte. — De mai à juin.

Incubation. — De 30 à 32 jours.

DISTRIBUTION GÉOGRAPHIQUE. — Très commune dans le sud de l'Amérique et au Chili.

ACCLIMATEMENT. — Cette Sarcelle est encore peu connue en Europe; délicate autant que jolie, elle mériterait des soins tout particuliers et obtenir sa reproduction serait une tâche méritoire, comme l'a dit M. A. Porte, directeur du Jardin d'acclimatation de Paris.

Sarcelle du Brésil
(*Querquedula brasiliensis*).

Mâle. — Bec rouge. — Œil brun. — Tête et parties supérieures du corps brunes, chaque plume bordée d'une teinte plus brillante. — Gorge grise. — Dos, petites couvertures des ailes noir velouté. — Grandes couvertures et miroir vert métallique. — Les deux rémiges extérieures noires. — Queue noir de velours. — Tarses rouges.

Femelle. — Couleurs moins brillantes que chez le mâle, bec brun avec une tache rouge à la base. — Tarses marrons.

Jeunes. — Comme la femelle.

Œufs. — Vert d'eau, 8 à 10 par ponte, qui peut se renouveler plusieurs fois.

Ponte. — D'avril à juin.

Incubation. — De 30 à 32 jours.

DISTRIBUTION GÉOGRAPHIQUE. — Cette jolie Sarcelle est très commune dans les diverses contrées de l'Amérique du Sud, où elle habite, les régions marécageuses ; elle est surtout très abondante dans tout le Brésil et le Paraguay ; elle a été importée en 1864 de Para, ville du Brésil.

ACCLIMATEMENT. — Elle est encore assez rare en Europe, mais quelques éleveurs ont été assez heureux d'obtenir de magnifiques résultats qui nous font présager sa prompte propagation.

« Mes Sarcelles du Brésil, nous dit M. Audop (1), sont en très bon état et des plus familières ; elles viennent à mon sifflet, me suivant partout dans mon jardin et ne se sont pas ressenties de la longueur de l'hiver.

« La ponte a commencé le 9 avril, dans le même nid que l'année dernière ; elle a été de huit œufs ; le 19 avril, la femelle a commencé à couver ; le 18 mai, sept petits sont nés et ont paru à sa suite ; un œuf a été emporté par une belette et un autre étouffé dans la coquille.

(1) Audop, *Bulletin de la Société d'Acclimatation*. 1887.

« Le lendemain de la naissance, un petit a été emporté par une pie.

« Les quatre survivants, dont trois mâles et une femelle, sont en bonne santé et venant bien, le père ne les abandonne pas et continue à les conduire seul, la mère ayant commencé une deuxième ponte, le 9 juin, dans le même nid ; elle y couve depuis le 21 juin.

« J'espère voir paraître cette deuxième couvée vers le 20.

« La saison étant peu avancée, je compte sur une troisième ponte.

« Il est difficile, je crois, d'arriver à une plus complète domestication de cet intéressant petit canard exotique. »

« Nous devons encore citer les deux sarcelles suivantes, qui sont d'une extrême rareté pour le moment.

Sarcelle hottentote
(Querquedula punctata).

Mâle. — Bec rouge pourpré. — Œil jaune rouge. — Dessus de la tête brun foncé. — Cou et menton jaune rosé. — Gorge, poitrine et dessous du corps fauve tâcheté de brun. — Ailes brun foncé, ailes vertes à reflets métalliques avec miroir noir et blanc. — Tarses gris jaune.

Femelle. — Plus petite que le mâle, plumage plus clair.

Œufs. — Verts.

CARACTÈRES. — Plus élancée et plus petite que l'espèce européenne.

Distribution géographique. — Cette Sarcelle est originaire du sud de l'Afrique.

Sarcelle du Cap
(Querquedula capensis).

Mâle. — Bec rouge à la base, noir aux bords. — Tête gris cendré avec des marques plus foncées. — Dessous du cou et poitrine gris cendré, rayés d'une multitude de raies brun rouge qui donnent aux plumes l'apparence d'écaille. — Gorge blanche. — Plumes du dos brun rouge, chaque plume bordée d'une nuance plus claire. — Épaules grises. — Couvertures des ailes et queue bleu ardoisé. — Miroir vert brillant bordé de blanc. — Tarses rouges.

Femelle. — Pareille au mâle.

Œufs. — Vert sale.

Distribution géographique. — Originaire du sud de l'Afrique.

LES SOUCHETS
(Spatula).

Caractères généraux. — Les Canards de ce genre sont remarquables par leur bec élargi en forme de cuiller, ce qui indique une alimentation animale composée d'insectes et de vers qu'ils cherchent dans la vase. Leurs ailes sont longues et aiguës, leur queue cunéiforme, leur plumage varié et brillant.

Souchet commun.

(Spatula clypeata).

Mâle. — Bec brun. — Œil orange. — Tête et haut du cou d'un beau vert foncé. — Nuque, dos, petites scapulaires bordées de gris clair. — Bas du

Fig. 71. — Canard Souchet.

cou, gorge, sus-ailaires, les plus internes blanches, les autres d'un bleu clair. — Miroir vert à éclat métallique, limité en avant par une large bande blanche. — Bas du dos et croupion d'un vert noir. — Poitrine et ventre d'un brun châtain. — Couvertures inférieures des ailes noires. — Rémiges brunâtres. — Rectrices médianes brunes à hachis blanchâtre. — Rectrices latérales blanches sur une plus ou moins grande surface. — Tarses d'un jaune orange. — Longueur, 52 centimètres.

Plumage d'été presque pareil à celui de la femelle (fig. 71).

Femelle. — D'un gris fauve, varié de taches foncées, elle a la partie supérieure de l'aile grise. — Le miroir étroit et d'un vert gris, le bec noirâtre avec les bords d'un rouge pâle.

Jeunes. — Pareils à la femelle.

Œufs. — Jaunes, tachetés de gris vert, de 10 à 12.

Ponte. — En mai.

Incubation. — De 30 à 33 jours.

DISTRIBUTION GÉOGRAPHIQUE. — Le Canard Souchet, que l'on appelle aussi *Rouge de rivière*, est assez commun en France et dans toute l'Europe centrale, où il arrive au commencement d'octobre, pour passer l'hiver sur nos fleuves et nos étangs; au mois de mars, il va rejoindre des contrées plus septentrionales. Il habite toute l'Europe depuis la Norvège, et l'Amérique du Nord depuis le Canada.

MŒURS. — Il ne diffère pas par ses mœurs et ses habitudes des autres Anatidés.

Il est peut-être un peu plus carnivore et il préfère de beaucoup l'eau douce à l'eau salée, les étangs marécageux aux grands fleuves.

Il marche assez facilement, il nage rapidement, il ne plonge que rarement.

Son vol est rapide et bruyant; sa voix croassante et peu harmonieuse.

Sa nourriture consiste surtout en insectes, vers, mollusques, jeunes poissons ou reptiles, qu'il trouve en barbottant dans la vase.

Le nid, généralement établi sur un bouquet de joncs ou d'herbes, au milieu d'un marais ou dans un buisson près de l'eau, est grossièrement fait avec des herbes sèches, des roseaux ou des herbes; il est soigneusement garni de duvet. — Après avoir pondu, la femelle se met à couver avec ardeur; mais si, par malheur, on la dérange, elle abandonne vite le nid et les œufs. Les petits très vigoureux croissent rapidement et sont gros et forts au bout de 4 semaines.

Chasse. — La chasse au Souchet est plus facile que celle des autres Canards; car cet oiseau, assez confiant, se montre plus souvent à découvert et se laisse plus facilement approcher, du moins dans les premiers temps, avant qu'une poursuite acharnée ne l'ait rendu craintif.

Domestication. — Le Souchet est un des Anatidés les moins timides et les moins sauvages; pourtant on n'a pas obtenu de bons résultats en essayant de le domestiquer.

Il est vrai que plus le régime d'un Canard est éloigné du régime granivore, plus il offre de difficultés à la domestication.

C'est dommage, car son brillant plumage lui donnerait un bon rang parmi les oiseaux d'ornement, tandis que sa chair lui assurerait une des premières places dans la basse-cour.

Souchet du Cap
(Spatula capensis).

Mâle. — Bec noir. — Œil jaune. — Tête grise finement tachetée de brun foncé. — Dessus du corps brun avec un reflet vert. — Chaque plume bordée de blanc faisant paraître l'oiseau comme recouvert d'écailles. — Plumes du vol brunes. — Miroir bleu azuré, blanc et vert métallique. — Tarses orange.

Femelle. — De couleurs moins brillantes.

Jeunes. — Bruns.

Œufs. — Gris jaune, de 7 à 10.

Distribution géographique. — Ce Souchet, que l'on rencontre seulement dans l'intérieur de la colonie du Cap, est fort peu connu.

Mœurs. — On ignore et ses mœurs et ses habitudes ; mais rien ne fait présumer quelque différence avec son congénère d'Europe.

Souchet d'Australie
(Spatula rhyncollis).

Mâle. — Bec noir pourpré, mandibule inférieure terminée de jaune. — Œil jaune vif. — Sommet de la tête et base du bec noir brun. — De chaque côté de la face, entre le bec et l'œil, une large ligne noire. - - Reste de la tête et cou gris avec reflets bleus. — Gorge et poitrine brun marron tacheté de noir. — Tout le dessous du corps brun marron. — Dos brun noir. — Couvertures des ailes noires terminées de blanc. — Ailes brunes. — Dessous blanc. — Queue brune.

Femelle. — Tête brune striée de noir, le reste comme chez le mâle, avec des couleurs moins vives.

Jeunes. — Bruns et jaunes.

Œufs. — Blanc crème.

Ponte. — De novembre à décembre.

Incubation. — De 30 à 32 jours.

CARACTÈRES. — Connu aussi sous le nom de *Souchet de la Nouvelle-Zélande*, ce Canard ne le cède en rien aux espèces précédentes et par sa beauté et par la finesse de sa chair.

Après la saison des amours, le mâle perd sa brillante livrée et ressemble à la femelle, à tel point qu'on ne peut les distinguer.

DISTRIBUTION GÉOGRAPHIQUE. — Il est des plus communs dans le sud de l'Australie.

MŒURS. — Il habite les marais et les ruisseaux, cherchant sa nourriture dans les boues et les sables.

Souchet tacheté
(Spatula platalea).

Bec brun foncé. — Œil jaune. — Tête brune. — Menton blanc. — Dessus du corps brun rouge tacheté de points noirs. — Dessous marron. — Épaules et petites couvertures des ailes gris bleu, se terminant par une large bande blanche. — Miroir vert brillant. — Scapulaires, croupion et queue noirs.

Distribution géographique. — Originaire du Paraguay et du Chili ; peu connu.

LES METOPIANA

Ce genre ne comprend qu'une seule espèce, tenant le milieu entre le genre *Anas* et le genre *Fuligula*.

Canard peposaca
Canard à bec-rose
(*Metopiana peposaca*).

Mâle. — Bec d'un beau rose brillant, avec une protubérance à la base jaune vif. — Œil écarlate. — Tête et cou pourpre bleu à reflets métalliques. — Poitrine violette avec reflets de diverses nuances. — Dos et côtés bruns avec reflets bleus et cendrés. — Flancs gris finement vermiculés de noir. — Miroir vert métallique bordé de noir et de blanc. — Dessous gris et blanc. — Tarses orange.

Femelle. — Bec ardoisé. — Œil orange. — Tête et dessous du corps marron, passant au fauve. — Épaules blanches. — Côtés et poitrine marron foncé. — Dessous jaunâtre. — Tarses orange foncé.

Jeunes. — Bec couleur de plomb. — Tête brun foncé. — Cou, dos et croupion noirâtres. — Gorge et queue brunes. — Abdomen et poitrine blanchâtre tacheté de brun. — Tarses couleur de plomb.

Œufs. — Ronds, blanc sale, de 7 à 10.

Ponte. — De juin à septembre.

Incubation. — De 28 à 30 jours.

Caractères. — Connu depuis longtemps, ce beau Canard se recommande à l'attention des amateurs par le charmant effet que produit son bec rose, orné d'une protubérance jaune à sa base.

Il a en outre l'avantage de n'être pas soumis à une mue pendant l'été, le mâle garde donc pendant toute l'année sa belle livrée, ce qui n'a pas lieu chez la plupart des espèces qui, une fois la saison des amours, prennent la livrée plus terne des femelles.

Distribution géographique. — Originaire du Paraguay.

Mœurs. — Les mœurs sont les mêmes que chez les autres Anatidés.

Captivité. — Quoiqu'un peu timide, il se reproduit parfaitement en captivité, il supporte parfaitement nos hivers sans aucun abri.

Il réclame les mêmes soins que les Canards d'ornement.

LES FULIGULES

Caractères généraux. — Les mâles sont plus gros que les femelles et leur plumage n'est pas le même.

Leur bec est large, renflé à la base, leur corps cylindrique est ramassé, couvert de plumes courtes et serrées et admirablement faits pour se mouvoir dans l'eau. — Les ailes sont d'une longueur modérée, les pieds sont larges et palmés.

Mœurs. — La plupart des Fuligules fréquentent les bords de la mer, se nourrissant de mollusques, d'herbes marines, et de petits poissons, tandis que d'autres passent leur vie sur des marais et des lacs d'eau douce, mangeant les herbes et les insectes qu'ils rencontrent; ce sont tous des plongeurs remarquables, descendant jusqu'à des profondeurs de cinquante à soixante brasses.

Les Fuligules sont des oiseaux migrateurs, revenant dans les mêmes pays et se réunissant généralement en bandes nombreuses pour nicher les uns près des autres.

Fuligule milouin
(Fuligula ferina).

Mâle. — Bec gris, noir aux deux extrémités. — Œil rouge orange. — Tête et partie supérieure du cou marron rougeâtre, reste du cou et poitrine noir de velours. — Dos et côtés gris cendré, finement vermiculés de noir. — Dessous du corps blanc. — Ailes et queues grises de différentes nuances.— Tarses gris vert. — Prend en été le plumage de la femelle. — Longueur, 52 cm.

Femelle. — Bec noir. — Tête et cou brun rouge. — Dos, poitrine et côtés gris jaune marqué de taches rondes peu visibles. — Ventre blanc. — Ailes gris cendré.

Jeunes. — Comme la femelle.

Œufs. — Gris-vert arrondis à l'extrémité, de 8 à 12.

Ponte. — Avril à mai.

Incubation. — De 28 à 30 jours.

DISTRIBUTION GÉOGRAPHIQUE. — Le Milouin, connu en Bourgogne sous le nom de *Rouget*, habite le nord de l'Europe et de l'Amérique.

Il arrive chez nous en octobre par bandes de 20 à 40 individus, voyageant en peloton serré et triangulaire comme les Oies; il s'arrête quelque temps, pour aller gagner plus tard des contrées plus septentrionales pour y passer l'hiver; il repasse rapidement en mars.

CHASSE. — On le chasse surtout à la hutte; il est très méfiant, mais on en tue souvent plusieurs d'un coup, car ils se tiennent très serrés.

CAPTIVITÉ. — Les Milouins s'habituent aisément à la captivité.

Mais il faut leur donner une nourriture un peu animale et de temps en temps quelques poissons.

La femelle fait son nid dans un endroit caché et couve avec grand soin, défendant énergiquement ses petits, s'ils sont attaqués.

Les jeunes croissent rapidement mais ils ne peuvent voler que lorsqu'ils ont atteint leur taille définitive.

PRODUITS. — La chair des Milouins est fort délicate.

Brante roussâtre
(*Fuligula rufina*, *Branta rufina*).

Mâle. — Bec marron rouge. — Œil rouge. — Tête

et gorge d'un beau roux marron, avec une crête en huppe soyeuse, retombante, qu'il relève lorsqu'il est excité. — Poitrine, dos et abdomen noir pourpré. — Ailes grises. — Miroir blanc. — Remiges brunes. — Épaules et flancs blancs. — Queue grise et marron. — Jambes rouge orange.

En été, semblable à la femelle.

Femelle. — Tête et cou bruns. — Crête peu développée. — Gorge et devant du cou blancs. — Dessus du corps et ailes brun rouge. — Dessous brun jaune clair.

Jeunes. — Comme la femelle.

Œufs. — Vert brillant, arrondis, 5 à 11.

Ponte. — D'avril à juin.

Incubation. — De 28 à 30 jours.

DISTRIBUTION GÉOGRAPHIQUE. — On le trouve dans les diverses contrées de l'Europe, de l'Afrique et de l'Asie ; cet oiseau est assez commun sur le lac de Genève ; on le rencontre par bandes d'une centaine, dans l'Inde.

MŒURS. — Ses mœurs sont les mêmes que chez les autres Fuligules.

CAPTIVITÉ. — Le Brante s'habitue assez bien à la captivité, mais sa reproduction dans cet état est très rare.

Fuligule Milouinan
(Fuligula Marila).

Mâle. — Bec couleur de plomb. — Œil jaune. — Tête et cou noirs. — Dessus du corps gris blanc vermiculé de noir. — Ailes brunes. — Miroir blanc. — Côtés et dessous blancs. — Tarses couleur de plomb.

En été, plumage de la femelle.

Femelle. — Bec couleur de plomb, terminé de noir brun, avec une ligne blanche entourant la base du bec et s'étendant sur les joues.

Jeunes. — Comme la femelle.

Œufs. — Verdâtres, de 8 à 10.

Ponte. — De mai à juin.

Incubation. — De 26 à 27 jours.

Mœurs. — Mêmes mœurs que le Milouin, avec lequel il vient nous visiter pendant l'hiver.

Captivité. — Ce sont de charmants petits Canards qui font l'ornement des pièces d'eau ; leur démarche n'est pas très gracieuse sur terre, mais ils sont d'excellents plongeurs et sont très amusants à voir disparaître et rester sous deux eaux.

« Comment se fait-il qu'on ne trouve pas plus communément ce petit Canard, qui se fait aisément à la captivité et au régime de la basse-cour.

« N'aurions-nous pas dans cet animal, qui, en liberté se nourrit exclusivement de mollusques, l'un des plus acharnés et des plus habiles auxiliaires de nos jardins ? Comment les cultivateurs maraîchers n'y ont-ils pas pensé ? Cette raison devrait suffire pour faire cultiver l'espèce. Et d'ailleurs qui peut dire que, sous l'influence d'une alimentation plus végétale, plus féculente, la chair du Milouinan ne prendrait pas plus de qualités (1) ? »

Produits. — Sa chair est peu estimée.

(1) De La Blanchère, *Manuel d'Acclimatation.*

Morillon

(Fuligula cristata).

Mâle. — Bec bleuâtre. — Œil jaune. — Tête, avec une huppe longue et retombante, noir violacé. — Cou et poitrine noirs à reflets violets. — Dessus du corps noirâtre. — Ailes brunes avec miroir blanc. — Dessous blanc. — Queue noire. — Tarses bleuâtres.

Plumage d'été, les parties qui étaient blanc jaunâtre deviennent brunes.

Femelle. — Plus petite que le mâle. — Huppe plus petite. — Bec brun. — Robe rougeâtre. — Poitrine jaunâtre. — Miroir blanc.

Jeunes. — Plumage de la femelle; ils ne prennent la huppe qu'à l'âge adulte.

Œufs. — Fauves, ronds, de 8 à 13.

Ponte. — D'avril à mai.

Incubation. — De 25 à 30 jours.

Distribution géographique. — Les Morillons sont des habitants des régions du Nord et on les trouve dans les régions les plus septentrionales de l'Amérique et de l'Europe. Chaque année, nous les voyons par deux venant et retournant en Suède, qu'ils quittent pendant l'hiver, pour aller dans les climats plus tempérés de l'Italie et de l'Espagne.

Mœurs. — Ce plongeur remarquable est monogame à l'état sauvage; la femelle dépose, au mois de mai, une douzaine d'œufs dans un nid grossièrement construit au bord de l'eau.

Captivité. — D'une grande rusticité, ces Canards

dignes à la fois d'être des hôtes de la pièce d'eau et de la basse-cour, supportent facilement la captivité, mais il est important de les éjointer, car, malgré leur familiarité, ils n'hésiteraient pas à se rejoindre aux bandes qui passeraient au-dessus de leurs têtes.

A l'état domestique, le Morillon est polygame, d'une humeur très pacifique, il vit en bonne intelligence avec les autres Anatidés.

Au mois d'avril, il construit un nid avec des matériaux grossiers, la femelle y pond 6 à 10 œufs de la grosseur de ceux du Canard ordinaire.

Les jeunes éclosent une trentaine de jours après, et tout aussitôt se livrent à leurs ébats, cherchant leur nourriture et plongeant au milieu des herbes, à la recherche d'insectes et de petits coquillages ; ils sont aussi très friands de lentilles d'eau. La mère ne les quitte pas et leur prodigue les soins les plus intelligents, cherchant querelle aux mâles qui veulent s'emparer de la nourriture des petits. La croissance de ceux-ci est très rapide et au bout de deux mois, les canetons ont atteint la taille des parents ; à ce moment, ils plongent avec la même ardeur que les adultes, et possèdent les mêmes attributs, sauf celui de la reproduction ; en effet, ils ne reproduisent qu'à l'âge de 2 ans ; dans la suite, ils pondent et couvent régulièrement tous les ans.

La nourriture des Morillons est la même que celle des autres Canards, ils s'accommodent de toutes sortes de graines et sont très friands de pain ; — ils ont aussi une grande passion pour les vers et les insectes qu'ils peuvent trouver en plongeant et en barbottant.

Produits. — Ils ont le double avantage de présenter à l'œil un véritable charme et d'offrir aux gourmets un excellent plat pour la saison d'automne, époque à laquelle ils sont plus gros et plus délicats.

Canard Nyroca
Milouin d'Afrique. Sarcelle d'Egypte
(Fuligula Nyroca).

Mâle. — Bec couleur de plomb. — Œil blanc semblable à une perle. — Tête, cou et sommet de la poitrine rouge fauve brillant. — Menton blanc. — Collier noir. — Dos et ailes brun foncé. — Miroir blanc. — Côtés et abdomen blancs. — Couverture et dessous de la queue marrons. — Queue brune. — Tarses gris de plomb.

En été, plumage de la femelle.

Femelle. — Pas de collier, couleurs plus ternes.

Jeunes. — Encore plus ternes que la femelle.

Œufs. — Vert-jaune, de 7 à 12.

Ponte. — De mai à juin.

Incubation. — De 27 à 30 jours.

Caractères. — Ce petit Canard est de toute petite taille, moindre que le Mandarin, qui est loin d'être un géant.

Son plumage est assez élégant, et il est surtout remarquable par son œil blanc qui lui donne une expression toute particulière.

Distribution géographique. — Il est originaire du nord de l'Europe et de l'Amérique, il émigre en hiver au nord de l'Afrique et on le trouve en grande quantité en Égypte.

Mœurs. — Sa nourriture est plus végétale que celle des autres Fuligules.

Captivité. — Il se reproduit très bien en captivité.

Produits. — Sa chair est assez délicate.

Fuligule Valesneria
(*Fuligula Valesneria*).

Bec brun. — Tête et cou rouge. — Gorge et poitrine noirs. — Dessus gris vermiculé de noir. — Dessous blanc.

Distribution géographique. — Originaire de l'Amérique du Nord.

Fuligule de la Nouvelle-Zélande
(*Fuligula Novæ Zelandiæ*).

Bec couleur de plomb, avec taches blanches à la mandibule inférieure. — Tête et cou noirs, à reflets verts. — Poitrine et côtés marron teinté. — Dos et ailes vertes. — Miroir blanc.

Distribution géographique. — Originaire de la Nouvelle-Zélande.

LES GARROTS

Caractères. — Ce genre comprend quelques espèces de Canards aux couleurs brillantes, à la taille exiguë.

Distribution géographique. — Ce sont tous des habitants des régions septentrionales.

MŒURS. — Ils sont remarquables par leur faculté de plonger.

Garrot ordinaire
(Clangula glaucion).

Mâle. — Bec couleur de plomb. — Œil jaune or brillant. — Tête et partie supérieure du cou vert, avec une large tache blanche au-dessous de l'œil. — Dessus du corps noir. — Dessous blanc. — Tarses orange. — Taille de la Sarcelle.

Femelle. — Tête et dessus du corps brun ardoisé. — Reste du plumage semblable au mâle, mais avec des nuances plus ternes.

Jeunes. — Comme la femelle.

Œufs. — Gris-vert, de 8 à 13.

Ponte. — De mai à juin.

Incubation. — De 28 à 30 jours.

CARACTÈRES. — Le Garrot est parfois désigné sous le nom de *Canard aux yeux d'or*, à cause de l'éclat de son iris. Dans quelques provinces, on lui a donné le surnom de *Canard pie*, parce que son plumage, vu d'une certaine distance, semble uniquement composé de blanc et de noir.

MŒURS. — Le vol du Garrot est bas et rapide.

Au mois de novembre, il arrive en France par petites troupes, pour y séjourner jusqu'au printemps.

C'est un bon nageur et un excellent plongeur. Le garrot aime le bord de la mer, mais il vient nicher dans les marais et sur les bords de la mer.

CHASSE. — Comme il se laisse facilement approcher, les chasseurs du littoral de Picardie et de Normandie en tuent de grandes quantités.

DOMESTICATION. — Leur amour de l'eau salée n'est pas un obstacle à leur domestication.

Le Garrot supporte bien la captivité et s'y reproduit mais il demande une nourriture animalisée.

PRODUITS. — Sa chair est plus que médiocre; il ne peut servir que comme oiseau d'ornement et il mérite d'attirer l'attention de l'éleveur.

Garrot albéole.
Sarcelle de la Louisiane

(Clangula albeola).

Mâle. — Bec court bleu de plomb. — Œil brun. — Tête et cou pourpre à reflets verts. — Bande blanche à l'œil. — Dos et dessous du corps noir. — Gorge, poitrine, et dessous blancs. — Ailes noir et blanc. — Tarses rouges.

Femelle. — Brune avec dessous blancs. — Beaucoup plus petite que le mâle.

Jeunes. — Livrée de la femelle.

Œufs. — Jaune clair, de 7 à 10.

Ponte. — En juin.

Incubation. — De 27 à 30 jours.

DISTRIBUTION GÉOGRAPHIQUE. — Surtout commun en Amérique, le Garrot albéole se rencontre aussi quelquefois en Europe.

MŒURS. — Mêmes mœurs et même régime que le précédent.

PRODUITS. — Sa chair n'est pas très estimée, quoiqu'à certains moments il soit si gras que les Américains l'appellent *Butter-ball* (boule de beurre).

Garrot histrion
(*Clangula histriona.*)

Mâle. — Bec gris. — Œil fauve. — Tête, cou gris-bleu. — Tache blanche à l'oreille. — Bande blanche de chaque côté de la gorge. — Étroit collier blanc autour du cou. — Depuis l'œil jusqu'au bas du cou, double ligne de marron et de blanc lardé de noir. — Dessus du corps gris-bleu. — Flancs rouges. — Dessous gris. — Ailes et queue bruns. — Tarses brun-bleuté.

Femelle. — Brune avec deux taches blanches sur la face, dessous tacheté de brun.

Jeunes. — Comme la femelle.

Œufs. — Blancs, de 7 à 10.

Ponte. — De mai à juin.

Incubation. — De 28 à 30 jours.

Ce Canard doit son nom d'*Histrion* aux singuliers mouvements qu'il fait avec sa tête.

DISTRIBUTION GÉOGRAPHIQUE. — C'est un habitant du nord de l'Europe.

MŒURS. — Sa nourriture consiste essentiellement en mollusques, insectes, poissons, etc., mais il est très friand de jeunes pousses d'herbes et de plantes aquatiques.

CAPTIVITÉ. — Il s'habitue très bien à la captivité.

DOMESTICATION. — La domestication du Garrot histrion serait à essayer sérieusement, car son plumage brillant et excentrique en fait un bel oiseau d'ornement.

LES HARELDES, LES MACREUSES, LES HARLES, LES EIDERS

Captivité et domestication. — Ces Canards, véritables oiseaux de mer, ne s'habituent que difficilement à la captivité et au séjour sur des pièces d'eau douce. — Leurs pieds, excessivement tendres, sont aussi un obstacle à leur domestication.

Leur nourriture, qui consiste presque absolument en mollusques marins et en poissons, n'est pas aisée à trouver.

Harelde glaciale. — Canard de Miquelon
(*Harelda glacialis.*)

Mâle. — Bec rose à extrémité et base noires. — Sommet de la tête, partie supérieure du cou, gorge blancs. — Joues grises avec une tache brune sur l'oreille. — Poitrine, dos et ailes, sans miroir, marron de diverses nuances. — Couvertures des ailes et abdomen noirs. — Queue très allongée, noire.

Caractères. — Cet oiseau est surtout remarquable par la longueur de sa queue.

Distribution géographique. — Originaire du nord de l'Europe.

Macreuse ordinaire
(*Oidemia nigra*).

Mâle. — Bec orange à extrémité et base noires. — Plumage noir. — Dessous des ailes gris. — Tarses gris. — Longueur 60 centimètres.

Femelle. — Bec noir. — Plumage brun gris.

DISTRIBUTION GÉOGRAPHIQUE. — Originaire des régions polaires.

MŒURS. — La Macreuse ordinaire est mauvaise marcheuse.

CAPTIVITÉ. — Elle n'offre guère d'intérêt en captivité.

PRODUITS. — Sa chair est médiocre.

Macreuse brune
(*Oidemia fulva*).

Plumage brun. — Croissant blanc autour des yeux. Mêmes origine et mœurs que la précédente.

Macreuse à lunettes
(*Oidemia perspecillata*).

Plumage noir, avec une tache blanche de chaque côté de la face.

DISTRIBUTION GÉOGRAPHIQUE. — Originaire de l'Amérique.

Harle bièvre
(*Mergus mergana*).

Mâle. — Bec rouge vif. — Œil brun. — Tête avec une huppe et cou d'un beau vert brillant. — Dessus du corps noir. — Poitrine et dessous blanc jaune avec une teinte rosée. — Ailes blanches avec des taches brunes et noires. — Croupion et queue gris. — Tarses orange. — Longueur 82 centimètres.

Fig. 72. — Harle bièvre.

Femelle. — Tête, dessus du cou brun-rouge. — Gorge blanche. — Poitrine gris-jaune. — Dessous du corps gris. — Abdomen jaunâtre (fig. 72).

CARACTÈRES. — L'Harle bièvre a la taille d'un Canard ordinaire.

Distribution géographique. — Originaire du nord de l'Europe.

Captivité. — Il s'habitue bien à la captivité, mais il a un appétit insatiable et dame ! une nourriture de jeunes truites et même de vulgaires goujons est hors de prix. — On y supplée partiellement en lui donnant des morceaux de viande crue.

Produits. — Chair peu estimée.

Harle couronné
(*Mergus cucullatus.*)

Mâle. — Bec rouge. — Œil jaune. — Tête noir brillant surmontée d'une huppe soyeuse et retombante d'un beau noir aussi. — Tache blanche derrière l'œil. — Poitrine blanche, deux bandes noires veloutées de chaque côté. — Ailes blanches avec les plumes du vol noires. — Abdomen jaunâtre. — Bas du dos noir. — Queue brun-noir.

Femelle. — Plus petite que le mâle. — Tête, cou, huppe et dos bruns de nuances variées. — Gorge et dessous blancs.

Distribution géographique. — Originaire du nord de l'Amérique.

Harle huppé
(*Mergus serrator.*)

Mâle. — Bec orange. — Œil orange. — Tête ornée d'une grosse huppe retombante noir vert ainsi que les parties supérieures du cou. - - Reste du cou blanc. — Poitrine rouge-brun tacheté de noir. — Dessus du corps noir. — Épaules blanches avec les plumes largement bordées de noir. — Ailes brunes. — Dessous blanchâtre. — Abdomen blanc. — Tarses orange.

Femelle. — Tête, huppe, dessus du corps bruns. — Épaules brunes. — Dessous blanc.

DISTRIBUTION GÉOGRAPHIQUE. — Originaire du nord de l'Europe.

MŒURS. — C'est un terrible mangeur de poissons, redouté de tous les pisciculteurs.

Harle piette
(*Mergus albellus*).

Bec gris bleu. — Œil brun. — Tête blanche avec une tache noire à chaque côté de la joue. — Huppe retombante blanche terminée de noir. — Reste du plumage blanc avec une bande noire s'étendant tout le long du dos entre les deux ailes. — Plumes du vol et queue noires.

Femelle. — Tête, joues, derrière du cou brun-rouge. — Devant du cou, gorge et dessous du corps blancs. — Dos et ailes grises.

DISTRIBUTION GÉOGRAPHIQUE. — Originaire du nord de l'Asie.

MŒURS. — Nourriture presque exclusive de poissons et de crustacés marins.

PRODUITS. — Le Harle piette est un magnifique oiseau d'ornement, mais d'ornement seulement. Sa chair n'est pas mangeable.

Eider vulgaire
(Somateria mollissima).

Mâle. — Tête noir velouté. — Derrière de la tête blanc. — Iris brun. — Joues et cou blancs. — Haut du dos, scapulaires et côtés du croupion blancs. — Moitié inférieure du dos et les sous-caudales d'un beau noir. — Poitrine cendré vineux. — Abdomen, flancs et sous-caudales d'un beau noir. — Rémiges et rectrices noir brunâtre et les plumes formant le miroir noir velouté. — Tarses jaune-vert. — Longueur 66 centimètres (fig. 73).

Femelle. — Plus petite, roussâtre.

Eider superbe. — Eider à tête grise
(Somateria spectabilis.)

Mâle. — Bec rouge foncé renflé sur les côtés et entouré d'une bande noire. — Dessus de la tête gris-bleu. — Cou blanc, ainsi que le dessus du dos. — Dos noir. — Épaules blanches. — Ailes et queue noires. — Tarses rougeâtres.

Femelle. — Roussâtre.

Captivité. — Les Eiders ne supportent pas la captivité. — Quelque bien traités qu'ils soient, ils dépérissent rapidement, même lorsqu'on leur donne des coquillages et des poissons en quantité suffisante. C'est en outre un oiseau absolument marin.

Produits. — Le nid de l'Eider est grossièrement fabriqué avec des plantes marines, mais il est garni d'une couche épaisse de duvet que l'oiseau arrache de son ventre. Ce précieux duvet, qui est recherché et appelé *édredon*, fait l'objet d'un grand commerce. Les Islandais, les Lapons et les habitants de la mer du

Fig. 73. — Eiders.

Nord recherchent activement les nids de ces oiseaux et le duvet qu'ils y trouvent leur procure un abondant revenu.

Dans certains pays, où l'Eider est protégé en vue de

la récolte de son duvet, il vit dans une sorte de demi-domesticité. En Islande, où la loi défend sa chasse, il peut être compté parmi les oiseaux domestiques, bien qu'il vive en liberté. Il laisse prendre ses œufs et son duvet sans quitter son nid. Un eidelhorn (endroit où nichent les eiders) bien fréquenté est d'un revenu considérable, mais à la condition de l'exploiter intelligemment et de veiller avec soin à la conservation et à la tranquillité des oiseaux qui en font la richesse.

Quant à la nourriture, le propriétaire n'a pas à s'en occuper, la mer se charge d'y pourvoir; il n'a d'autre peine que de récolter le duvet.

FIN

TABLE DES MATIÈRES

Introduction.................................. 5

PREMIÈRE PARTIE

Installation. — Nourriture. — Elevage. — Maladies. — Transport

Chapitre I. — **Installation**...................... 9
Basse-cour, 10. — Habitation, 10. — Bassin, 16. — Pièce d'eau, 18. — Cabanes et maisonnettes, 19. — Habitation d'hiver, 25. — Parc.................. 26

Chapitre II. — **Nourriture**....................... 29
Blé, orge, maïs, 29. — Pommes de terre, 29. — Verdure, 29. — Nouriture animale, 30. — Mangeoire, 30. — Régularité dans la nourriture, 31. — Régime.... 32

Chapitre III. — **Incubation**...................... 33
Ponte des œufs, 33. — Incubation par la mère, 33. — Dindes couveuses, 35. — Poules couveuses, 35. — Boîtes à couver, 37. — Mirage des œufs, 42. — Couveuses artificielles, 43. — Eclosion des œufs...... 47

Chapitre IV. — **Elevage**......................... 47
Premiers soins, 47. — Boîtes d'élevage, 49. — Première nourriture, 54. — Manière de se procurer les diverses sortes de nourritures, 55. — Lentilles d'eau, lunilles, lenticules, 60. — Œufs de fourmi, 61. — Sauterelles, grillons, blattes, hannetons, 62. — Vers de farine, 62. — Asticots, 63. — Sang desséché..... 64

Chapitre V. — **Ejointage**........................ 64
Théorie de l'éjointage, 64. — Pratique de l'éjointage, 67. — Attache des 5 ou 6 premières pennes, 68. — Entrave Voitellier, 69. — Entrave Dannin........ 70

CHAPITRE VI. — **Maladies**.................... 71
Anémie, 72. — Boiterie, 72. — Constipation, 73. — Diarrhée et Dyssenterie, 73. — Diphtérie, 74. — Empoisonnement, 77. — Goutte et rhumatismes, 78. — Maladie du foie, 78. — Ophtalmie ou maladie des yeux, 79. — Plaies et fractures, 79. — Vers, 80. — Vertige.. 80

CHAPITRE VII.—**Transport des oiseaux et des œufs.** 80
Transport des oiseaux, 80. — Déballage, 82. — Transport des œufs................................. 82

CHAPITRE VIII. — **Acquisition d'oiseaux**......... 83
A qui s'adresser, 83. — Prix moyen des palmipèdes. 87

CHAPITRE IX. — **Elevage des Oies domestiques**... 106
Intelligence de l'Oie, 89.—Logement, 92.—Nourriture, 93. — Ponte, 95. — Incubation, 96. — Eclosion des œufs, 96.—Élevage des jeunes, 96.—Engraissement, 78. — Empâtement et gavage, 100. — Produits...... 104

CHAPITRE X. —**Élevage des Canards domestiques.** 106
Intelligence du canard, 106. — Logement, 107. — Nourriture, 108. — Ponte, incubation, 109. — Eclosion, 111. — Elevage des jeunes, 111. — Engraissement, 112. — Produits............................. 118

DEUXIÈME PARTIE

Les Cygnes ou Cygnidés

Cygne muet ou blanc, 124. — Cygne né blanc, 129. — Cygne Chanteur, 130. — Cygne de Bewick, 132. — Cygne Trompette, 136. — Cygne Coscoroba, 137. — Cygne noir, 138. — Cygne à cou noir.............. 142

TROISIÈME PARTIE

Les Anséridés : Oies et Bernaches

Les Cereopses.. 150
Cereopse cendrée..................................... 151

Les Plectroptères.. 154
Plectroptère de Gambie, 154. — Plectroptère de Ruppell, 156. — Plectroptère noir.......................... 154
Les Sarcidiornes... 157
Oie Cabouc, 158. — Sarcidiornis carunculatus....... 159
Les Chenalopex... 159
Oie d'Egypte, oie armée, 160. — Chenalopex à crinière, oie de l'Orénoque................................ 164
Les Oies proprement dites.................................. 166
Oie cendrée, 167. — Oie commune, 170. — Oie de Toulouse, 171. — Oie d'Embden, 174. — Oie du Danube ou de Sébastopol, 176. — Oie cygnoïde de Siam, Oie cygne, Oie de Guinée, Oie chinoise, 178. — Oie des moissons, 181. — Oie à bec court, 182. — Oie à front blanc, 183. — Oie naine, 184. — Oie à tête barrée, 185. — Oie hyperboréenne, 186. — Oie à épaules bleues, 188. — Oie des neiges, 188. — Oie de Ross.. 188
Les Bernaches... 189
Bernache nonnette, 191. — Bernache du Canada, Oie du Canada, Bernache à collier, 193. — Bernache Hutchin, 195. — Bernache cravant, 196. — Bernache de Magellan, 198. — Bernache chilienne, 201. — Bernache à tête grise, 202. — Bernache à tête rouge, 203. — Bernache de Sandwich, 204. — Bernache mariée, Bernache à crinière, 205. — Bernache à cou roux, 208. — Bernache à ailes noires, 209. — Bernache antarctique... 209

QUATRIÈME PARTIE

Les Anatidés

Tadornes. — Canards. — Sarcelles. — Fuligules

Les Dendrocygnes... 212
Dendrocygne veuf, Canard percheur à face blanche, Canard de Maragnan, 213. — Dendrocygne à bec rouge, 216. — Dendrocygne percheur, 217. — Dendrocygne fauve, 218. — Dendrocygne des arbres, 219. — Dendrocygne à lunules, 220. — Dendrocygna

guttula, 221. — Dendrocygne virgata, 221. — Dendrocygna vagans, 222. — Dendrocygna Eytonii..... 222

Les Cairinas ou Canards musqués................. 222

Canard de Barbarie, Canard musqué, Canard muet, Canard d'Inde, 222.— Canard de Barbarie blanc..... 225

Les Tadornes.. 226

Tadorne vulgaire, 226. — Casarka, Tadorne Casarka, Casarka roux, 230. — Casarka de Paradis, 233. — Casarka Tadornoïde, 236. — Casarka Rajah, 237. — Casarka à ailes blanches, 237. — Casarka à front blancs... 238

Les Aix... 238

Canard mandarin, 239. — Canard de la Caroline..... 241

Les Marèques, les canards siffleurs, les vingeons..... 248

Canard siffleur, marèque Pénélope, 248. — Canard siffleur d'Amérique, marèque d'Amérique, 251. — Canard siffleur du Chili, Marèque du Chili........ 252

Les Pilets.. 254

Pilet acuticaude, coq de mer, canard faisan, 255. — Pilet à bec rouge, Bahama à bec rouge, 257. — Pilet spinicaude, canard spinicaude, 258. — Canard de Bahama... 259

Les Canards proprement dits....................... 261

Canard sauvage, canard col-vert, 261. — Canard barbotteur, 277. — Canard de Rouen, 279. — Canard Duclair, 282. — Canards d'Ailesbury, 282. — Canard de Pékin, 284.— Canard du Labrador, 285.— Canard Cayuga, 286. — Canard pingouin, 287. — Canard hollandais, 288.— Canard polonais, 288. — Canards mignons, 288. — Canard mulet, 288.— Canard obscur, 290. — Canard à sourcils blancs, 292. — Canard à bec orangé, 293. — Canard à bec de lait, 294. — Canard marron, 298.— Canard de Muller ou de Sumatra, 299. — Canard du Chili à huppe...... 299

Les Sarcelles....................................... 300

Sarcelle d'été, 301. — Sarcelle d'hiver, 304. — Sarcelle soucroucou, Sarcelle de Cayenne, 305. — Sarcelle de Formose, 306. — Sarcelle à faucilles, 308. Sarcelle à ailes bleues, 309. — Sarcelle du Brésil, 309. — Sarcelle Hottentote, 311. — Sarcelle du Cap. 312

TABLE DES MATIÈRES 343

Les Souchets.. 312

Souchet commun, 313. — Souchet du Cap, 316. — Souchet d'Australie, 316. — Souchet tacheté............ 317

Les Metopiana.. 318

Canard peposaca, Canard à bec rose................. 318

Les Fuligules.. 319

Fuligule milouin, 320. — Brante roussâtre, 321. — Fuligule milouinan, 322. — Morillon, 324. — Canard Nyroca, milouin d'Afrique, sarcelle d'Afrique, 326. — Fuligule Valesneria, 327. — Fuligule de la Nouvelle-Zélande.. 327

Les Garrots.. 327

Garrot ordinaire, 328. — Garrot albeole, Sarcelle de la Louisiane, 329. — Garrot histrion................. 330

Les Hareldes, les Macreuses, les Harles, les Eiders... 331

Harelde glaciale, Canard de Miquelon, 331. — Macreuse ordinaire, 332. — Macreuse brune, 332. — Macreuse à lunettes, 332. — Harle bièvre, 332. — Harle couronné, 334. — Harle huppé, 334. — Harle piette, 335. — Eider vulgaire, 336. — Eider superbe, Eider à tête grise... 336

TABLE APHABÉTIQUE

	Pages.
Abreuvoir syphoïde	31
Abri à cygne	25
Acquisition d'oiseaux	83
Aile (anatomie de l')	65
Aix	238
Aix galericulata	239
— *sponsa*	244
Anas	261
— *boschas*	261
— *castanea*	298
— *cristata*	299
— *giberifons*	299
— *obscura*	290
— *pacilorhyncha*	294
— *superciliosa*	291
— *xanthorhyncha*	293
Anatidés	211
Anémie	72
Anser albatus	188
— *albifrons*	183
— *brachyrhincus*	182
— *cœrulescens*	188
— *cinereus*	167
— *ferus*	167
— *cygnoïdes*	178
— *erythropus*	184
— *frontalis*	184
— *gambeii*	184
— *hyperboreus*	186
— *indicus*	185
— *Rossi*	188
— *segetum*	181
Anserinés	149
Asticots	63
Attache des 5 ou 6 premières pennes	68
Bahama à bec rouge	257
Basse-cour	10
Bassin	16
Bateau américain en caoutchouc	269
Bateau de chasse Berthon	271
Bernache aux ailes noires	209
— antarctique	209
— du Canada	193
— chilienne	201
— à collier	193
— à cou roux	208

	Pages.
Bernache cravant	196
— à crinière	205
— Hutchin	195
— de Magellan	198
— à tête grise	202
— mariée	205
— nonette	191
— de Sandwich	204
— à tête grise	202
— à tête rouge	203
Bernaches	189
Bernicla	189
— *antarctica*	209
— *brenta*	196
— *canadensis*	193
— *dispar*	201
— *Hutchinii*	195
— *jubata*	205
— *leucopsis*	191
— *magellanica*	198
— *melanoptera*	209
— *nigrecium*	198
— *poliocephala*	202
— *rudiceps*	203
— *ruficollis*	208
— *Sandwichensis*	204
Blattes	62
Blé	29
Boiterie	72
Boîtes à couver	37
Boîtes d'élevage	49
Boîtes américaines en caoutchouc	269
Bouis	255
Branta rufina	321
Brante roussâtre	321
Butter Ball	330
Cabanes	19
Cafards	62
Cairinus	222
Cairina moschata	222
Canard d'Ailesbury	282
— de Bahama	259
— de Barbarie	222
— blanc	225
— barbotteur	277
— à bec de lait	294
— à bec orangé	293
— à bec rose	318
— des Brahmines	231

TABLE ALPHABÉTIQUE

	Pages.
Canard de la Caroline	244
— Cassart	231
— Cayuga	286
— du Chili à huppe	299
— col-vert	261
— Duclair	282
— faisan	255
— hollandais	288
— d'Inde	222
— du Labrador	285
— mandarin	239
— de Maragnan	213
— marron	298
— de Miquelon	334
— muet	222
— mulet	288
— de Muller	299
— musqué	222
— nyroca	326
— obscur	290
— paille en queue	255
— de Pékin	284
— peposaca	318
— percheur à face blanche	213
— pie	328
— pingouin	287
— polonais	288
— de Rouen	279
— sauvage	261
— siffleur	248
— — d'Amérique	252
— — du Chili	252
— à sourcils blancs	292
— spinicaude	258
— de Sumatra	299
— aux yeux d'or	328
— domestiques	106
— mignons	288
— musqués	222
— proprement dits	261
— siffleurs	248
Canardières	266
Casarka	230
— à ailes blanches	237
— à front blanc	238
— de Paradis	233
— rajah	237
— roux	230
— tadornoïde	236
Casarka cana	238

	Pages.
Casarka leucoptera	237
— rutila	230
— variegata	233
Cereopse cendrée	151
Cereopses	150
Cereopsis Novæ Hollandiæ	151
Chen hyperboreus	186
Chenalopex	159
— — à crinière	164
Chenalopex ægyptiana	160
— — jubata	164
Clangula albeola	329
— glaucion	328
— histriona	330
Col vert	261
Constipation	73
Coq de mer	255
Couveuses artificielles	43
Cri-cri	62
Cygne de Bewick	132
— blanc	124
— — de Hollande	129
— chanteur	130
— coscoroba	137
— à cou noir	142
— muet	124
— né blanc	129
— noir	138
— de Passmori	137
— trompette	136
Cygnes	120
Cygnidés	120
Cygnus atratus	138
— Bewickii	132
— buccinator	136
— coscoroba	137
— immutabilis	129
— musicus	130
— nigricollis	142
— olor	124
— Passmori	137
Dafila	254
— acuta	255
— Bahamensis	259
— erythrorhynca	257
— pyrogasta	299
— spinicauda	258
Déballage	82
Dendrocygna arborea	217
— arcuata	220
— autumnalis	216

TABLE ALPHABÉTIQUE

	Pages.
Dendrocygna discolor ..	217
— *Eytoni* ...	222
— *fulva*. ...	218
— *guttula* ..	221
— *major*	219
— *vagans* ...	222
— *viduata* ..	213
— *virgata* ...	221
Dendrocygne des arbres.....	219
— à bec rouge..	216
— fauve....	218
— à lunules.	220
— percheur.	217
— siffleur..	220
— veuf.....	213
Dendrocygnes........	212
Diarrhée.............	73
Dindes couveuses.....	35
Diphtérie............	74
Dyssenterie..........	73
Eclosion des œufs.....	47
— — des oies domestiques.	96
— — des canards domestiques......	111
Eider superbe.........	336
— à tête grise.....	336
— vulgaire.........	336
Eiders...............	331
Ejointage............	64
— théorie..........	64
— pratique.........	67
Elevage..............	47
— des Canards domestiques.....	106
— des Canetons domestiques.....	111
— des Oies domestiques.........	89
— des jeunes oisons.............	96
Eleveuse artificielle....	54
Empâtement des oies domestiques.........	100
Empoisonnement......	77
— par la belladone.	77
— par la ciguë.....	77
— par les graines d'ailante......	78
— par la morelle..	77

	Pages.
Empoisonnement......	78
— par les orties....	78
— par les solanées.	77
Engraissement des canard domestiques...	112
— des oies domestiques	98
Entonnoir pour gavage à la main........	101
Entrave Dannin.......	70
— Voitellier........	69
Epinette......... 99,	113
Faisan de mer........	255
Foie (maladie du).....	78
Fractures............	79
Fuligula cristata......	324
— *ferina*.........	320
— *marila*.........	322
— *novæ Zelandiæ*...	327
— *nyroca*.........	326
— *rufina*.........	321
— *Valesneria*......	327
Fuligule milouin.......	320
— milouinan.......	322
— de la nouvelle Zélande........	327
— Valesnerie.......	327
Fuligules.............	319
Garrot albeole.........	329
— histrion..........	330
— ordinaire........	328
Garrots..............	327
Gavage des oies domestiques..............	100
Goutte...............	78
Grillons.............	62
Habitation...........	10
— d'hiver..........	25
Hannetons...........	62
Harelda glacialis.....	331
Harelde glaciale.......	331
Hareldes.............	331
Harle bièvre..........	332
— couronné........	334
— huppé...........	334
— piette...........	335
Harles...............	331
Huttes pour canards...	20
Incubation...........	33
— par la mère......	33
— des canards do-	

	Pages.		Pages.
mestiques	109	Nourriture (première)	54
Incubation des oies domestiques	96	— des Canards domestiques	108
Inflammation de la paupière	79	— des Oies domestiques	93
Installation	9		
Intelligence du canard	106	Œuf clair	43
— de l'oie	89	— après 3 jours d'incubation	43
Lemnas	57	Œufs (transport d')	82
Lenticules	60	— de fourmi	61
Lentilles d'eau 57,	60	Oidemia fulva	332
Logement du canard domestique	107	— nigra	332
— de l'oie domestique	92	— perspecillata	332
Lunilles	60	Oie armée	160
		— à bec court	182
Macreuse brune	332	— cabouc	158
— à lunettes	332	— du Canada	193
— ordinaire	332	— cendrée	167
Macreuses	331	— chinoise	178
Maïs	29	— cygne	178
Maisonnettes	19	— cygnoïde de Siam	178
Maladies	71	— du Danube	176
Mangeoire submersible	30	— d'Égypte	160
Mareca	248	— d'Embden	174
— Americana	251	— à épaules bleues	188
— chiloensis	252	— à front blanc	183
— Penelope	248	— de Guinée	178
Marèque d'Amérique	251	— hyperboréenne	186
— du Chili	252	— des moissons	181
— Pénélope	248	— naine	184
Marèques	248	— des neiges	188
Mergus albellus	335	— de l'Orénoque	164
— cucullatus	334	— de Ross	188
— merganser	332	— de Sébastopol	176
— serrator	334	— à tête barrée	185
Metopiana	318	— de Toulouse	170
— peposaca	318	Oies domestiques	89
Milouin d'Afrique	326	— proprement dites	166
Mirage des œufs	42	Oiseaux (transport des)	80
Mire-œufs	42	Ophtalmie	79
Morillon	324	Orge	29
Mulard 224,	289	Ovoscope	42
		Parc	26
Nourriture	30	Pennard	255
— animale	30	Périssoire Berthon	271
— (manière de se procurer les diverses sortes de)	55	Pièce d'eau	18
		Pilet acuticaude	255
		— à bec rouge	257
		— spinicaude	258
		Pilets	254
		Plaies	79
— (régularité dans la)	31	Plectroptère de Gambie	154

TABLE ALPHABÉTIQUE

	Pages
Plectroptère noir	157
— de Ruppell	156
— de Sclater	157
Plectroptères	154
Plectropterus gambensis	154
— *niger*	157
— *Ruppelli*	156
Pommes de terre	29
Ponte	33
— des canards domestiques	109
— des oies domestiques	95
Poules couveuses	35
Premiers soins	47
Prix moyen des Palmipèdes	87
Produits des canards domestiques	118
— des oies	104
Querquedula	300
— *brasiliensis*	309
— *capensis*	312
— *circia*	301
— *crecca*	304
— *cyanoptera*	309
— *discors*	305
— *falcata*	308
— *formosa*	306
— *punctata*	311
Régime	32
Rhumatismes	78
Sang desséché	64
Sarcelle à ailes bleues	309
— du Brésil	309
— du Cap	312
— de Cayenne	305
— de la Chine	240
— d'Egypte	326
— d'été	301
— à éventail	240
— à faucilles	308
— de Formose	306
— d'hiver	304
— hottentote	311
— de la Louisiane	329
Sarcelle soucrourou	305
Sarcelles	300
Sarcidiornes	157
Sarcidiornis melaneta	158
— *africana*	158
— *carunculata*	159
Sauterelles	62
Sécheuse	49
Société nationale d'acclimatation	88
Société nationale d'aviculture	86
Somateria mollissima	336
— *spectabilis*	337
Souchet d'Australie	316
— du Cap	316
— commun	313
— de la Nouvelle-Zélande	317
— tacheté	317
Souchets	312
Stapula	312
— *capensis*	316
— *clypeata*	313
— *platalea*	317
— *rhyncollis*	316
Tadorna cana	238
— *casarka*	230
— *cornuta*	226
— *Radjah*	237
— *rutila*	230
— *sculata*	237
— *tadornoides*	236
— *variegata*	233
— *vulpanser*	226
Tadorne casarka	230
— vulgaire	226
Tadornes	226
Transport des oiseaux et des œufs	80
Verdure	29
Vers	80
— de farine	62
Vertige	80
Vêtement américain en jonc	273
Vingeons	248
Volières	12
Yeux (maladie des)	79

Poitiers. — Imp. BLAIS, ROY et Cⁱᵉ, 7, rue Victor-Hugo, 7.

www.ingramcontent.com/pod-product-compliance
Lightning Source LLC
Chambersburg PA
CBHW060455170426
43199CB00011B/1208